영지주의자 예수와의 대화

삶의 지혜와 영지 가르침

김 태 항

하 모 니

영지주의자 예수와의 대화

삶의 지혜와 영지 가르침

김 태 항

하 모 니

영지주의자 예수와의 대화: 삶의 지혜와 영지 가르침

2020년 10월 12일 초판 1쇄 발행

저자   / 김태항
펴낸이 / 金泰恒
펴낸곳 / 하모니

출판등록 2009 5월 7일   제 2009-03호
충청북도 제천시 하소로 88, 203-605
전화   (043)920-7306, 010-4289-0093
E-mail: kthcross@hanmail.net

ISBN   979-11-85010-10-6   03230

서 문

양몰이 개에 순종하는 양 떼처럼 세상의 흐름에 저항 없이 따르는 사람들에게, "왜 사는 걸까?", "삶의 의미는 무엇일까?" 같은 질문은 사치일지 모른다. 세상은 사람들에게 돈과 명예와 성을 던져놓고 그것이 행복이라고 속삭이고 사람들은 마약에 취한 듯, 꿈을 꾸듯, 그렇게 세상이 던져준 미끼에 매여 살아간다. 세상은 끊임없이 사람들을 자신이 원하는 방향으로 몰아가고 그 끝에 몰락이 기다리고 있어도, 사람들은 눈을 감고는 미래 언젠가에 행복이 오겠지 그런 허황된 희망을 안고 도도히 흐르는 세상이라는 강물에 몸을 맡기고 살아간다.

진짜 성공이 무엇인지, 진짜 행복이 무엇인지 모르고, 성공하겠다고, 행복하겠다고, 죽어라 공부를 하고, 취업을 하고, 결혼을 하고, 자식을 낳고, 돈을 모으고, 그렇게 바쁘게 살아간다. 그리고 그 끝은 무엇인가? 이런 그릇된 삶의 방향성은 사람들에게 의미 없는 삶을 살게 하고 영적 성장 없는 일생을 보내게 한다.

왜 우리는 삶의 방향성을 잃었는가? 그것은 인류를 바르게 인도할 종교가 제 역할을 못하기 때문이다. 종교가 올바른 가르침을 전해주어 사람을 바른 방향으로 인도하여야 하는데 현실은 그렇지 못하다. 특히 배타성과 맹목적인 믿음으로 세상을 갈등과 편협함으로 몰고 가는 기독교가 더욱 그러하다.

예수의 원래 가르침과는 많이 다른 기독교 교리에 따라 살아가는 수십억 명의 기독교인을 보면서, 과연 이들이 올바른 방향으로 나아가고 있는지 심히 우려된다. 인류에게 엄청난 영향력을 미치는 기독교 사상임을 고려하면 이들만이 아니라 지구인 대부분이 기독교 교리의 영향력 안에 있다고 보아야 한다. 이처럼 인류 삶에 지대한 영향력을 미치는 기독교 교리를 고려하면 우리는 당연히 예수나 그의 가르침에 대해 철저한 검증을 해야 한다. 만약 예수나 그의 가르침에 문제가 있다면 수많은 사람이 잘못된 가르침에 따라 그릇된 방향으로 살아갈 것이기 때문이다.

우리는 예수에 대한 믿음을 유일한 구원으로 받아들여 타 종교의 가르침을 무시하고 기독교를 믿지 않는 사람들을 사탄 취급하는 광경을 자주 목격한다. 사랑과 배려가 아닌 미움과 편협함으로 무장한 이런 사람들을 보면서 "과연 예수의 가르침이 이런 것인가?"라는 의문이 들지 않을 수가 없다.

그러기 위해서는 예수의 가르침을 검증하여 바르게 알 필요가 있다. 성경 형성과정과 그것이 전해지는 과정에서 일어난 수많은 왜곡은 이미 성서학자들이 증명한 것인데도 이런 사실을 모르거나 이런 성경 왜곡을 인정하지 않고 성서를 신의 말씀으로 받아들이는 사람들이 너무도 많다. 그리고 무엇보다 심각한 것은 많은 사람이 교회교리(예수 신성론, 삼위일체, 원죄론, 구원론)가 예수의 말씀이 아니라 바울의 사상에 근거하여 교부들이 만든 것임을 모르고 그것을 진리로 받아들여서 그것에 따라 살아간다는 것이다.

잘못된 가르침에 근거하여 세워진 삶은 필연적으로 그 방향성을 잃을 수밖에 없다. 예수에 대한 제자들의 신앙고백의 글인 성경에서 예수는 우리가 알고 있는 그런 교회 교리를 말하지 않았다. 교회 교리는 바울과 교부들의 주관적인 해석일 뿐이다. 세상의 갈등과 혼란 그리고 방향 상실에는 잘못 알려진 기독교 가르침도 큰 몫을 한다.

예를 들면 기독교인들은 무엇을 하든 예수 믿고 회개하면 구원 받는다는 터무니없는 사고를 지니기에 쉽게 범죄에 유혹되고, 회개하면 죄가 사해진다고 믿기 때문에 죄의식이 덜하다.

또한 기독교인은 믿음만 강하면 구원이 된다고 믿어서 세상의 소중한 많은 가르침을 공부할 필요성을 못 느낀다. 그래서 무지한 상태에 놓이게 된다. 오직 아는 것은 목사들이 전하는 성경구절과 그 해석 내용이어서 성경과 하느님에 대한 맹목적인 믿음만이 남게 된다.

예수는 자신이 전한 영지주의 가르침에서 영지지식을 통하여 스스로 노력해서 구원을 얻으라고 했다. 영지지식은 창조자와 우주와 인간의 관계, 우주법칙, 인체의 신비, 마음의 작동원리 등 방대한 지식을 포함하는데, 이런 앎을 통하여 우리가 하느님에게 돌아가게 한다. 기독교 교리와 영지주의 가르침이 얼마나 다른지 알 수 있다.

필자는 여러 책("도마복음과 카발라", "4복음서와 예수의 영지주의 가르침", "예수에게 던진 질문, 바울은 누구입니까?", "영지주의 복음서와 카발라")을 통하여 예수가 준비된 제자들에게 영지가르침을 전했고 이 가르침에서 구원은 믿음이 아닌 영지지식임을, 그리고 바울이 예수를 자신의 시각에서 이해하고 정립한 것이 바울신학임을 논리적으로 분명하게 밝혔다. 심지어 왜곡이 있는 성경에도 영지주의 가르침이 생생하게 남아있음을 여러 자료를 분석하여 밝혔다.

그래서 이번에는 예수가 영지주의자 입장에서 교회 교리를 비판하면서, 삶의 방향성을 잃고 살아가는 사람들에게 올바른 방향을 제시하는 방법을 생각하였고, 그래서 "영지주의자 예수와의 대화"를 생각하게 되었다.

많은 연구 자료와 비밀 전승 자료의 도움으로 대화 형식의 이 책을 기획했지만 어디까지나 작가의 머리에서 나온 픽션임을 알았으면 한다. 그러나 분명히 말하지만, 예수는 인류 최고의 스승이었고 지혜로 완전하신 분이셨다.

영지주의 가르침의 목적은 영지를 통하여 어둠에 묶인 영혼을 해방시켜 영혼이 하느님에게 돌아가게 하는 것이다. 그래서 외부로만 향하는 물질 욕망 추구는 삶의 목적이 될 수 없고 행복의 수단이 될 수 없다. 방향을 내면으로 돌려서 모든 것을 지켜보는 주인공이 누구인지 아는 일이야말로 우리 삶의 목적이 되어야 한다. 편하게 보이는 그러나 영적 몰락으로 이끄는 세상의 흐름에 용감히 저항하여 스치는 한 줄기 바람, 호흡 하나, 내딛는 발걸음 하나에서 존재의 의미를 찾는 시간이 필요하다.

방황하는 영혼, 길 잃은 삶! 이것이 오늘날 사람들의 모습을 대표하는 단어가 아닌가 한다. 이것은 잘못된 가르침으로 삶의 방향성을 잃어서 일어나는 일이다.

사람들이 예수님의 참 말씀을 통하여, 기독교 교리의 감옥에서 벗어나서 무한하게 사유하는 자유인으로 살아갔으면 한다.

이 책이 나오는데 도움을 주신 스승님과 여러 조력자 그리고 가족에게 감사의 말씀을 전한다. 이 책이 하느님에게 돌아가는 작은 지침서가 되었으면 한다.

우타 김태항

인생극장

인생은 연극 같은 거야.
저마다 치열하게 연기를 하지.
그런데 늘 죽음으로 연극은 막이 내려.

누구나 연극의 주인공이 되고 싶어 하지.
그러나 누구는 스포트라이트를 받고
누구는 구석진 곳에서 있는 듯 없는 듯 살아가야 해.

그러나 연극이 끝나면 장막이 내려오고
주인공이든 조연이든 모두 어둠 속으로 사라져.
그것이 인생이지, 연극 같은 인생.

인생은 대본 없는 연극 마당이야,
그러나 배경과 주변 인물은 어느 정도 정해져 있어.
그것을 운명이라 불러도 좋아.

그러니 대본은 만들어 가는 거야.
하기에 따라 연극의 주인공이 될 수도 있어.
그래서 사람들은 끝까지 희망을 놓지 않지.
사람들은 재력가나 유명인이 연극의 주인공이라 생각해.

자신이 왜 연극 무대에 끌려 나와 연극을 하는지
알려고 하지 않아.
그냥 주인공이 되면 좋다고 생각해.

주변에는 수많은 연극마당이 펼쳐져.
끝나가는 마당, 시작하는 마당, 한창 전개되는 마당.
그런데 앞에 끝난 연극의 등장인물들이 다른 분장을 하고
다른 연극 마당에 계속 나오는 거야.
그런데 사람들은 이전의 연극은 까맣게 잊어버리고
지금 분장한 모습이 자신인 줄 알아.

사람들은 왜 쉼 없이 연극이 공연되는지 몰라.
그저 스포트라이트 받는 주인공만 되려고 해.
죽어서 장막이 내려오기 전까지는 무대에서 내려올 줄 몰라.

그러나 인생이 연극임을 알아차리는 순간
무대가 객석으로 변하고
연극을 즐기는 관객이 되고 연출자가 되는 거야.

우주

우주는 거대한 화판
하늘도 별도 달도
산도 바다도 나무도
모두가 화판에 그려진 그림

화판을 뜯어내면
하늘이 찢어지고
땅이 무너진다.

하늘과 땅이 사라진 곳에
심연(深淵)이 드러나고

심연이 낳은 우주 공간에는
바람이 지나간 것처럼
아무런 흔적이 없다.

그러다 심연에서 바람이 불어와
공간에 온갖 것을 그려낸다.

목 차

서문   5

부활 사건   16

신과 우주 그리고 인간, 신과학   25

카발라 창조신화   30

영혼, 윤회, 원죄   38

성령의 참 의미   43

카르마와 운명   47

회개   57

자유의지   66

영지주의와 구원론 비판   70

진짜 믿음   81

꿈의 세계, 환영에서 벗어나기   92

요한 계시록   100

시간의 환영성   104

생각의 신비와 개념   108

느낌과 감정, 생각, 의식   114

생각의 속성과 생각 통제   116

정신 치유 기법   128

단어의 힘과 단어 명상   131

삶의 목적　135

행복의 조건　141

이성과 믿음　147

동성애　157

금기음식, 음주, 안식일　171

구도자의 자세　182

용서명상, 자애명상　183

양심범 문제, 정의의 여신상　195

성서 왜곡과 바울　204

기도와 지성소 그리고 송과선　215

성 에너지　225

삼위일체, 성육신　234

건강과 호흡　240

치유와 생각의 힘, 위약효과　243

신의 이름, 진언의 비밀　252

문제 해결법　259

사이비 구분법　264

최면과 잠재의식　267

예수가 전하는 삶의 지혜　277

참고 문헌　303

영지주의자 예수와의 대담

사회자: 세상에서 가장 많이 팔리는 책이 성경이고, 가장 많은 신도를 보유하고 있는 종교가 기독교이고, 오늘날 세계를 이끄는 주도적인 나라가 기독교 국가입니다. 이처럼 기독교는 인류의 삶에 엄청난 영향을 미치고 있습니다.

만약 인류 문화와 인간 사고를 지배하는 기독교 교리에 문제가 있다면 이것은 기독교만의 문제가 아니라 인류 운명에 관한 문제이기도 합니다. 그래서 기독교 창시자인 예수님과 예수의 말씀이 담긴 성경에 대한 학술적이고 이성적인 탐구는 우리 모두에게 반드시 필요한 일입니다.

그래서 우리는 예수는 누구이며 그분의 가르침은 진리인가? 또한 지금 성경은 믿을 만하고 기독교 교리는 예수의 가르침을 반영하고 있는가? 등을 알고자 이 자리에 예수님을 모시고 여러 분야의 시민과 대담을 기획하였습니다.

종교 교리만이 아니라 우주의 신비나 삶의 문제 등에 대해서도 진솔한 대화가 있기를 바랍니다. 평소 하고 싶었던 질문을 예수님에게 하시면 예수님께서 답을 하시는 방식으로 오늘 이 모임을 이끌어 나가겠습니다.

원활한 진행을 위하여 제가 선정한 주제를 제시하면 그것에 대하여 질의응답이 있겠지만, 선정된 주제를 넘어서는 질문도 가능합니다. 필요하다고 생각이 들어 선택한 주제는 예수의 정체, 십자가 사건, 부활, 구원론, 예수 신성, 삼위일체, 성경왜곡, 바울의 진실, 윤회, 영지주의, 우주론, 신과 인간의 관계, 삶의 실상, 영혼 등입니다. 오늘 이 자리에는 직장인, 무종교인, 비교종교학자, 과학자, 심리학자, 승려, 목사, 인권활동가, 철학자께서 참석하였습니다. 그럼 본격적으로 대담에 들어가기 전에 예수님으로부터 한 말씀 듣도록 하겠습니다.

예수: 시공간을 떠나 이렇게 한자리에 모여 이야기를 나눌 수 있어 반갑습니다. 나에 대하여 다양한 의견이 있는 것으로 알고 있습니다. 신화 속의 인물로 바라보는 사람, 하느님의 아들로 이 땅에 와서 복음을 전한 역사적 인물로 바라보는 사람, 붓다처럼 깨달은 성자로 바라보는 사람, 사회개혁을 꿈꾼 혁명가로 바라보는 사람 등이 있는 것 같습니다. 부분적으로 맞는 것도 있지만 어느 것 하나 나를 충분하게 표현하지는 않습니다.

난 신화 속의 인물도 아니고 기독교인이 주장하는 하느님 아들로 이 땅에 와서 사람들의 죄를 대신하여 죽은 것도 아니며, 혁명가도 아니고, 깨달은 성자와도 조금은 다릅니다. 물론 역사적 인물은 맞고, 십자가에 못 박혀 죽은 지 사흘 만에 부활한 것은 맞고 깨달은 영혼인 것은 맞으나 좀 더 설명이 필요한 부분입니다. 이것은 대화하면서 언급이 될 것입니다.

부활 사건

사회자: 방금 부활에 대한 언급이 있어서 먼저 이것을 주제로 삼겠습니다. 누가 먼저 질문을 하시겠어요?

과학자: 예수님 말씀을 듣고 즉시 이런 의문이 들었습니다. 과연 인간이 부활할 수 있는가 하고 말이지요? 물론 예수께서 신의 아들이어서 그렇다면 할 말이 없겠지만 말입니다.

예수: 여기 계신 목사님이 한번 말씀해 보시지요?

목사: 당신은 하나님의 독생자이시고 죄 많은 저희를 대신하여 십자가에 못 박혀 돌아가셨다가 3일 만에 부활하셨습니다.

예수: 누구에게 그런 말을 들었습니까?
목사: 하나님 말씀을 기록한 성경에 그렇게 기록이 되어있습니다.
예수: 성경은 누가 저술하였는가요?
목사: 하나님의 말씀을 기록한 사도들입니다.

예수: 정말 그렇습니까? 신학교에서 성경을 누가 썼고 그것이 전해지는 과정에서 어떻게 변개와 왜곡이 일어났는지를 배우지 않으셨나요? 심지어 지금 정경이 어떤 과정을 통하여 채택되었는지도 말이지요. 복음서는 열렬한 나의 추종자들의 신앙고백이었고 정경은 당시 로마 교회의 정치적 승리물이 아니었나요.

목사: 그렇게 말씀하시다니 많이 놀랍고 당혹스럽습니다. 성서학자들의 그런 주장을 알고는 있지만, 저의 믿음은 확고합니다.

예수: 무슨 믿음이요!

목사: 죄인인 저희를 대신하여 십자가에 못 박혀 돌아가셨다가 3일 만에 부활한 예수님을 믿으면 구원을 받는다는 것 말입니다.

예수: 다시 묻지요, 누가 그런 말을 했나요? 부활한 나를 믿으면 구원받는다는 말을 한 적이 없습니다.

목사: 왜 그러시나요. 당신께서 바울에게 나타나시어 복음을 전해 주시지 않으셨나요. 바울이 그런 말을 했습니다.

예수: 그것이었군요. 바울이 문제였군요. 바울에 대한 것은 뒤에 이야기하기로 하고 과학자께서 질문한 것에 대해 이야기해 보지요. 여기 참석한 분 중에 부활에 대해 의견을 내실 분이 계시나요.

비교종교학자: 고대 이집트, 중동, 그리스 시대에 비의 단체가 있었고 이들의 신화에는 죽어서 부활하는 신인(神人)의 이야기가 있습니다. 이 신인은 지역에 따라 오시리스(이집트), 미트라스(페르시아) 같은 다른 이름으로 불렸습니다. 예수의 부활도 이런 신화가 반영된 것으로 보고 있습니다.

저는 당신이 신화 속의 인물이라고 생각하지는 않지만, 당신 제자들이 당신을 돋보이게 하려고 이런 부활 이야기를 날조하여 성경에 기록하였을 수도 있다고 생각합니다. 당신도 아시겠지만, 복음서에는 당신의 찬란한 족보, 동정녀 출생, 죽은 자를 살린 기적 등과 같이 당신을 미화하는 내용이 얼마나 많이 담겨있습니까?

목사: 부활 사상은 기독교의 근간입니다. 학자께서 언급한 내용은

대중의 관심을 끌고자 하는 소수 학자의 허황한 주장입니다. 이것은 기독교를 폄훼하려는 악의 세력의 책략입니다.

과학자: 목사님은 우리가 당신처럼 성경을 맹목적으로 믿어야 한다고 생각하시나요. 당신은 예수께서 인간의 죄를 대신하여 죽었다가 하느님이 은총으로 다시 살아난 것을 우리가 믿으면 구원을 얻는다고 합니다. 예수 부활이 기독교 교리의 근간이라는데 현대과학 문명 시대에서 그것이 가능한 일인가요? 제정신 가지고서는 교회 다닐 수가 없습니다. 이성은 버리고 오직 믿음만을 주장하시는데 그것은 세뇌와 다를 바가 없지요.

사회자: 잠깐만 진정해주시고요, 이런 문제를 열린 마음으로 다루고자 모인 자리입니다. 그러므로 의견을 말할 때 상대방을 자극하는 언어나 어법은 삼가하여 주시기 바랍니다. 이제 예수님께서 의견을 주시기 바랍니다.

예수: 매우 흥미롭습니다. 나에 대한 불신도 알겠고 또 나에 대한 믿음도 보았습니다. 과학의 눈으로 보면 육체 부활이 불가능하게 보일 수도 있을 것입니다. 부활을 인정하고 있는 성경학자들도 있지만 적지 않은 학자들이 독실한 제자들이 만든 허구라고 주장하기도 합니다. 내가 부활하였다고 말해도 누가 믿겠습니까? 결국 나도 복음서에 근거하여 나의 부활을 증명해야 하는 입장에 있습니다.

부활의 증거는 4복음서에 일관되게 드러나는데 나는 죽은 후에 제자들에게 여러 번 나타납니다. 물론 4복음서 자체를 부정한다거나, 부활 구절이 창작된 것이라거나, 아니면 제자들이 환상을 보았다고 주장하는 사람들도 있지요. 4복음서가 있었던 사실을 그대로 전하는 완전한 자료는 아니지만, 전체적으로 볼 때 십자가에 못 박힘과 부활이라는 사건은 실제로 있었다는 것을 보여줍니다. 환상은 개인적인 현상인데 많은 제자가 동시에 같은 환상을 경험할 수는 없기 때문이지요.

4복음서 외에도 바울의 글에서도 부활에 대한 증거가 나옵니다. 물론 바울이 경험한 것이 아니라 제자들에게 들은 것을 전하는 간접적인 자료입니다. 그러나 바울이 개인적으로 베드로, 야고보, 요한 등 사도들을 알고 있었다는 증거가 성경에 나옵니다.

사도행전(15:1~35)에 보면 바울은 예루살렘 회의에 참가하여 베드로와 야고보 등 사도들을 만납니다. 갈라디아서(1:18~19)에 보면 바울은 회심 후 3년 만에 베드로와 야고보를 만납니다. 이 시기는 십자가 사건이 있고 수년이 지나지 않은 시기입니다. 바울은 이들로부터 나 예수 부활에 대한 생생한 증언을 듣고 서신에 인용했을 것입니다.

과학자: 제 질문은 복음서의 언급을 떠나서 이것이 과연 가능하냐는 말이지요?

예수: 분명히 부활했지만, 이것을 현대인에게 믿으라고 말하기가 쉽지는 않습니다. 제자들도 처음에는 부활한 나를 보고 의심했습니다. 도마는 내 몸의 상처까지 확인했습니다. 사실 나는 이전의 육체로 부활한 것이 아니라 새롭게 육체를 만들어 나타났습니다. 그래서 제자들은 처음에 나를 몰라보았습니다.

이 말은 더욱 믿기가 어려울 수도 있겠군요. 어떻게 육체를 만들 수 있냐고 말이지요. 이것을 기억하세요. 내가 행한 수많은 치유와 심지어 죽은 자를 살려낸 기적까지 말입니다. 그리고 빵 5개와 물고기 2마리로 5천 명을 먹인 일까지 말입니다. 사람들은 이런 나의 이적도 복음서 제자들의 창작으로 바라보고 있습니다. 과연 그럴까요?

    나는 부정에 휩싸인 적이 없는 완전한 빛의 존재였습니다. 인간의 시각으로 불가능하게 보이는 일도 우주법칙의 작동원리를 아는 나에게는 가능했습니다. 사람들에게는 이런 일이 기적으로 보이겠지만 우주법칙에 정통한 나에게는 법칙의 운용일 뿐이었습니다.

과학자: 그렇게 말씀하시니 할 말이 없습니다. 빛의 존재란 말도 이해가 되지 않고요. 그러면 이렇게 묻고 싶습니다. 일반인이 할 수 없는 부활의 기적을 보여주어서 사람들이 당신을 신으로 그리고 그리스도로 믿게 하려는 것이 목적이었나요?

예수: 그런 의도는 아니었습니다. 육체의 죽음과는 상관없이 영원히 존재하는 영혼이 있고, 부활 전이나 부활 후나 나는 그런 영혼으로 존재하였습니다. 영혼에게는 죽음이 없다는 것, 그래서 누구나 자신의 신성을 깨달으면 죽음도 극복할 수 있음을 보여주려는 의도였지요. 영혼이 깨어나는 것, 즉 모두에게 내재하는 그리스도 의식의 부활을 보여주고자 했습니다. 그러나 사람들의 수준이 낮아서 나의 의도를 이해 못하고 결국 이 사건은 육체의 부활만 중시하는 맹목적 믿음의 근거가 되었습니다.

    깨달으면 누구나 나와 같은 위대한 존재가 될 수 있다는 메시지는 그 당시 대중에게는 무리였습니다. 그래서 수준이 되는 소수의 제자에게만 나의 비밀 가르침인 영지가르침이 전해졌지요.

비교종교학자: 그리스도 의식의 부활은 제가 듣고 싶었던 말입니다. 당신을 예수 그리스도라 부르지만, 저의 내면 의식이 깨어나면 즉 부활하면, 불교에서 깨달은 사람을 붓다로 부르듯이 제 이름 뒤에 그리스도란 호칭을 사용할 수 있다는 말 아닌가요.

예수: 맞습니다. 누구나 영혼이 깨어나면 그리스도로 불릴 수 있습니다. "기름이 부어진 사람"을 의미하는 그리스도는 고유명사가 아니라 깨달은 자를 칭하는 보통명사입니다. 그리스도 재림도 같은 의미입니다.

미래에 예수란 사람이 다시 온다는 말이 아니라 지금은 부정 속에 갇혀 자신의 모습을 드러내지 못하는 영혼이 원래의 모습을 되찾을 때, 즉 그리스도 의식이 드러날 때, 그 사건은 그리스도 재림으로 불립니다. 그래서 그리스도 재림은 누구에게나 언제 어디서나 일어날 수 있는 일이지요. 그리스도란 명칭이 나를 지칭하는 고유명사처럼 사용되고 있다는 것이 많이 아쉽습니다.

승려: 예수님 말씀을 들으니 진리가 하나임을 실감합니다. 불자들은 서로 "부처님 되세요."라고 덕담을 합니다. 누구나 부처님이 될 수 있기에 가능한 말입니다. 기독교인들도 서로에게 "그리스도 되세요."라고 말할 수 있는 날을 기원합니다. 그런데 부정에 휩싸인 적이 없는 완전한 빛의 존재란 무엇인가요? 너무 생소한 개념입니다.

예수: 불교에서는 인간이 무지하여 불성을 보지 못한다면서, 8정도로 내면을 닦아 깨달으라고 하지요. 그러면 왜 인간이 무지한 상태에서 태어나는가요?

승려: 불교의 핵심에는 12연기법이 있습니다. "이것이 있어 저것이 있다"라는 상호 연결성으로 세상을 바라봅니다. 모든 것의 시작은 무명이며 이것으로 인하여 집착이 생기고 생로병사를 경험합니다. 그리고 무명은 전생의 업 때문입니다.

예수: 그러면 처음부터 무명이 없었던 인간은 없었나요! 석가모니 붓다는 그런 존재였습니까? 내 질문은 왜 인간은 태초에 완전하지 못하고 무명을 가지고 태어나서 윤회를 하는가 하는 것이지요. 무지를 있게 한 근원적인 원인은 무엇인가요?

승려: 불경의 "화살 맞은 형이상학자의 이야기"에서 보듯이 붓다는 현실적인 문제인 고통의 해방에 중점을 주었지 답할 수 없는 형이상적인 질문에는 답을 하지 않으셨습니다. 붓다는 그런 사람을 화살을 맞고 치료할 생각은 하지 않고 그 화살이 어떤 화살인지 어디서 날아왔는지, 누가 쏘았는지 알고 싶어 하는 바보와 같은 사람으로 비유하였습니다. 세계는 영원한가, 아닌가, 세계는 유한한가, 무한한가 여래는 사후에 존재하는가, 아니면 그 어느 것도 아닌가, 등에 붓다는 답하지 않았습니다.
　이것은 신이 있다면 그 신을 있게 한 그 너머 존재가 있어야 하고 또 그 존재를 있게 한 그 너머 존재를 상정해야 하듯이 답이 없는, 아니 그 누구도 알 수 없는 것이기 때문입니다. 저에게 예수님의 질문은 답할 수 없는 영역입니다. 중요한 것은 깨달으면 무명의 사슬에서 벗어나 더 이상 윤회가 필요 없게 됩니다.

예수: 일리가 있습니다. 위대한 붓다가 살았던 시대에 인도사상계에서는 초경험적인 문제에 관한 것이 활발하게 논의되었지요. 그래서

여러 학설이 날카롭게 대립하여 많은 논쟁을 낳았습니다. 이들은 핵심을 놓치고 자신의 지식을 과시하는 사변적인 문제에 너무 몰입하여 있었습니다.

붓다는 이러한 논쟁의 부질없음을 알고 형이상학적인 문제에 대해서는 침묵으로 답변했지요. 몰라서가 아니라 그 시대에 가장 어울리는 대응이었다고 생각합니다. 그러나 시공간에 따라 그런 의문에 대한 답변은 다르게 표현되기도 합니다. 붓다가 다른 시기에 살았다면 이런 질문에 답을 했을 수도 있습니다.

내가 왜 이런 질문을 하는지 알겠습니까? 인간은 원래 깨끗한 신적인 존재였는데 어떠한 계기로 추락을 하게 되었고 그래서 원래 상태를 되찾기 위하여 윤회를 하게 되었다는 것을 말하고자 함이었습니다. 이 추락에 대해서는 성경에 에덴동산에서 추방으로 나오지요. 물론 엄청난 상징이 숨겨진 신화입니다. 인간 영혼의 추락 시기에 추락하지 않은 영혼들이 있었습니다. 이들은 빛의 존재, 아바타, 사람의 태양 등으로 불렸습니다. 무명이 없어서 윤회도 필요 없는 신과 하나로 존재한 빛의 존재들이지요. 내가 바로 그런 영혼이란 말이었습니다.

승려: 그러면 추락 전의 완전했던 영혼들은 다 어디에서 왔습니까?

예수: 시대가 바뀌었다지만 붓다가 형이상학적인 사안에 침묵하였듯이 나도 이런 주제에 대해서는 신중한 마음입니다. 오해를 불러일으킬 수 있고 내가 제시하는 새로운 개념이 누구에게는 깨달음의 방해로 작용할 수 있기 때문입니다. 어떤 개념이든 개념은 진리가 아니기 때문이지요. 도덕경에 "도를 도라 하면 도가 아니다."라고 하지요. 인간이 사용하는 개념의 한계성과 대중의 낮은 의식수준 때

문에 진리를 설명하는 즉시 그것은 진리가 아닐 것입니다. 그래도 나는 이번 모임에서 이런 사안에 관해서 이야기해 볼 계획입니다.

비교종교학자: 이런 위험성을 알면서도 굳이 형이상학적인 주제에 대하여 설명하시려는 이유가 있으시나요?

예수: 우주의 큰 그림을 몰라서 방향을 잃고 헤매는 영혼들에게 올바른 방향을 제시하려는 것입니다. 그러나 모든 개념은 일종의 상징이므로 내가 설명하는 개념에 매이지 말고 진실을 찾았으면 합니다.

신과 우주 그리고 인간, 신과학

사회자: 이런 주제는 필연적으로 우주 창조론과 신과 인간의 관계 등을 다루어야 할 것으로 보입니다. 그럼 이 주제로 논의를 하겠습니다. 누가 질문하시겠어요?

과학자: 매우 흥미로운 논의가 되겠군요. 어느 누구도 만족할 만한 답을 얻을 수 없는 것이 신의 존재 여부 아니겠습니까? 예수님이 어떻게 설명하실지 궁금합니다.

예수: 이것에 답을 하려면 신 혹은 근원에 대한 개념을 바로 정의해야 합니다. 하늘에서 사람 닮은 모습으로 옥좌에 앉아 세상을 다스리는 그런 신이라면 신은 없습니다. 감정적으로 분노하고 질시하고 벌하는 그런 신이라며 신은 없습니다. 형상도 없고, 이름 지을 수도 없고, 속성도 없고, 한계도 없는 그런 어떤 근원적 존재를 신으로 정의한다면 신은 있습니다. 우주는 우주 법칙으로 질서 정연하

게 운영되고 신은 이 법칙으로 자신의 존재를 드러냅니다.

　인간의 한정된 의식으로 근원적인 존재에 대한 그림을 그릴 수는 없습니다. 물질계 너머의 어떤 것을 물질 개념으로 표현한다는 것은 정말 어려운 일이지요. 그러므로 이것을 이해한다는 것도 어려운 일입니다. 지금 여러분의 의식수준에서 내가 설명한 신을 이해하기가 쉽지 않을 것입니다. 이것은 말이 아닌 체험이 문제입니다. 여러분이 신과 하나가 되어 보면 비로소 알 수 있는 영역입니다. 이것은 불교의 공과 같은 개념입니다. 스님께서 공에 관해 설명해주시지요.

승려: 붓다께서는 니르바나에 이르면 모든 것이 적멸하고 공의 상태에 이른다고 하셨습니다. 사람들은 모든 것이 사라진 공의 상태를 두고 허무한 것이 아니냐고 생각합니다. 이것은 공을 잘못 이해하고 있는 것입니다. 공은 아무것도 없는 것이 아니라 세상의 언어로 표현할 수 없는 그 어떤 상태입니다. 물질세계에서 공의 세계를 알 수도, 판단할 수도 없습니다.

　그 어떠한 표현도 공을 표현할 수 없고 그 어떠한 판단도 공을 바로 판단할 수가 없습니다. 공은 모든 개념으로부터 자유롭게 되는 절대적인 존재방식을 의미합니다. 모든 잠재성이 존재하는 충만한 상태를 의미합니다. 모든 것의 공함을 알고 현상에 집착함이 없이 깨어서 지켜본다면 물질세계 너머 즉 환영의 세계 너머의 공과 만나게 된다고 합니다.

예수: 스님께서는 붓다의 가르침을 잘 이해하셨습니다. 사실 근원과 관련하여서는 유대 신비가르침으로 알려진 카발라를 알아야 합니다. 이것은 아주 소수의 사람만이 알고 있는 철학이지만 붓다의 비의

가르침인 티베트 밀교만큼이나 심오합니다. 세상 그 어느 철학도 카발라의 가르침을 따라갈 수 없다고 생각합니다.

불교에서 말하는 공은 카발라에서는 아인(무)과 같은 개념입니다. 아인은 "무"란 뜻으로 모든 것이 이곳에서 나오고 이곳으로 돌아갑니다. 한계 지을 수 없고, 정의할 수 없고, 개념 지을 수 없고, 그 어떤 것도 아니며, 인간의 지각과 개념의 범위 안에 있는 어떤 것이 아닙니다.

우리는 물질계 너머 알 수 없는 공간을 편의상 공이라고 부르지만, 카발라에 따르면 아인(공)으로부터 4개의 세계(물질계, 아스트럴계, 멘탈계, 영계)가 나왔고, 물질계에서 보면 아스트럴계가 공의 영역이고, 아스트럴계에서 보면 멘탈계가 공의 영역이며, 멘탈계에서 보면 영계가 공의 영역이 됩니다. 그리고 영계에서 보면 모든 것이 근원 하는 아인이 공입니다. 이처럼 모든 것은 상대적입니다.

카발라에서는 인간의 영혼을 아인 즉 신에서 발출되어 나온 신성한 불꽃으로 봅니다. 이처럼 공의 속성을 띠고 있는 아인의 직접적인 발출이 우리 영혼입니다. 그래서 카발라에서는 내면을 밝혀 신과 합일을 추구합니다. 이처럼 우리는 신적 속성을 띠고 있는 공이고 무한입니다. 불교에서 말하는 깨달음은 공성을 찾은 것을 이르는 말입니다. 니르바나는 공 즉 근원에 머무는 것이고, 이것은 카발라에서 말하는 근원과 합일이라 말할 수도 있겠습니다.

과학자: 모든 것이 공이라는 불교 교리는 물리학에서 증명이 되고 있습니다. 물질을 분해하면 분자, 분자를 분해하면 원자가 나옵니다. 원자는 핵과 그 주위를 도는 전자로 이루어지고 원자핵은 중성자와 양성자로 이루어집니다. 수소 원자핵을 농구 공 크기로 보면 전자는 약 32킬로미터 주변에서 그 주위를 돌고 있는 모습입니다.

이처럼 원자핵과 전자 사이는 엄청나게 빈 공간이 존재합니다.

틈이 없어 보이는 인간의 몸은 인간 감각이 아닌 있는 그대로 본다면 은하계 간의 공간만큼이나 텅 비어 있습니다. 우리 몸은 99.999%가 텅 빈 공간입니다. 우리 몸을 구성하는 모든 원자를 서로 닿을 정도로 밀착시킨다면 우리는 너무 작아져서 시야에서 사라집니다. 아마 1,000분의 몇 밀리미터의 극도로 작은 모습일 것입니다. 이처럼 우주는 99.99%가 텅 빈 공간입니다.

물질을 분해하여 마지막 입자까지 파헤쳐나가면 물질의 최후 경계인 전자나 쿼크에 도달하는데 이것은 견고한 실체가 아니라 거대한 허공 속에 홀연히 나타났다가 사라지는 유령과 같은 성질을 띱니다. 전자는 일반적인 물체가 움직이는 것처럼 궤도 사이의 공간을 거치지 않고 순간적으로 이동합니다. 즉 하나의 장소, 궤도에서 사라졌다가 갑자기 다른 곳에서 나타납니다. 이것을 양자도약이라 합니다. 물리학자 그리취카 보그다노프는 최종 입자에 대하여 이렇게 설명합니다.

"입자는 그 자체로 존재하는 것이 아니라 그것이 낳는 결과를 통해서만 존재한다. 그리고 그 결과 일체를 우리는 장(場)으로 부른다. 그러니까 우리를 둘러싸고 있는 물체란 장의 집합체(전자기장, 중력장, 양자장, 전기장)에 불과한 것이다. 본질적이면서도 근원적인 의미에서 현실이라는 것도 끊임없이 상호작용하는 장의 총체이다. 엄격히 말해서 장에는 진동 이외에 실체가 없다. 일체의 전위(電位)의 진동이고 여기에 다양한 성격의 기본입자들이 결합하여 있다. 물질의 근본은 발견이 불가능하다."

또 다른 물리학자 이고르 보그다노프는 "기본 입자는 엄격한 의미에서 존재하지 않으며 다만 비물질적인 장이 일시적으로 드러난 것에 불과하다."라고 말합니다. 광활한 공간은 아무것도 없는 무(無)가 아니라 물질을 낳고 사라지게 하는 근원이고 엄청난 정보와 미묘한 에너지로 차 있습니다. 여기에 이르러 물리학은 과학적 탐구를 멈추고 우리를 물질이 아닌 의식의 영역으로 안내합니다. 물질 입자가 나오고 사라지는 거대한 공간의 세계와 그 너머의 세계는 인간의 개념으로는 표현할 수 없고 인간 감각으로 체험할 수 없는 영역입니다.

승려: 비물질적인 장은 많은 것을 시사하고 있군요. 반야심경에 나오는 색즉시공(色卽是空) 공즉시색(空卽是色)은 현상 즉 색과 그 이면의 공에 대한 확실한 관계를 보여줍니다. 이것은 비물질적인 장 즉 공과 공에서 드러난 색(만물)에 대한 설명입니다. 물질에 해당하는 색은 공의 자성을 띠고 있습니다. 드러난 모든 것은 공의 속성을 지닙니다.

예수: 궁극 물질을 탐구하다 보면 물리학자가 유신론자가 된다고도 하지요. 물리학자들의 탐구는 물질계에 한정되어 있습니다. 왜냐하면 그 너머는 다른 차원이기 때문이지요. 상위 차원에서는 다른 형태로 물질이 존재합니다.

비교종교학자: 앞에서 에덴동산에서 아담이 추방당한 것을 인간 영혼의 추락으로 말씀하셨는데 그러면 신의 일부인 영혼이 왜 추락하였는지 구체적으로 설명해주시겠습니까?

카발라 창조신화

예수: 이것은 카발라 철학으로 말씀드리지요. 좀 어려운 개념입니다.

시작도 없고 끝도 없고, 공간도 없고 존재도 아닌 보이드(Void, 심연)에서 홀연히 빛이 나타났습니다. 이 빛은 주변의 보이드(Void)를 밀어내며 한동안 계속 확장하였고 빛이 확장하면서 조화로운 움직임과 무질서한 빛의 움직임이 나타났습니다. 확장을 끝낸 빛은 중심에 조화로운 빛, 바깥에 조화롭지 못한 빛(부정)으로 나뉘어서 존재하였습니다. 조화로운 빛은 우주 알 또는 모든 것의 근원, 횃불을 든 자, 왕 중의 왕 등으로 불렸습니다.

이것이 바로 존재하는 모든 것의 첫 번째 원인이며 근원적 존재입니다. 이 첫 번째 원인인 조화로운 빛은 무질서한 빛을 자신처럼 조화롭게 변형시키기 위하여 첫 번째 빛을 발출하는데 여기서 창조가 시작됩니다. 이 첫 번째 빛은 창조의 숨이며 근원자의 의지이며, 우주법칙으로 모든 것은 여기에서 시작되어 여기로 돌아갑니다.

첫 번째 빛은 무질서한 빛(부질서)을 밀어내고 창조의 공간을 설정했습니다. 창조 공간이 생기고 첫 번째 빛에서 순서적으로 9개의 신성한 빛이 확장되어 나와 우주창조를 시작하였습니다. 그러므로 우주는 상징적으로 10개의 빛으로 구성되었다고 할 수 있습니다.

우주공간에 수많은 행성이 만들어지자 우주 중심에 있는 영 태양(우리가 보는 물질 태양은 영태양의 물질 통로이다)의 문이 열리고 신성한 에너지는 우주로 흘러들어왔으며 행성들은 물질 태양 주변을 돌고 마침내 우주는 살아 숨쉬기 시작했습니다.

창조의 숨으로 식물과 동물이 탄생하고 모든 것이 뜻대로 작동되자 '왕 중의 왕'의 확장인 '우주의식'은 자신을 무수히 많은 빛(영혼)으로 나누어 행성에 나타나 무질서한 빛(부정)을 조화로운 빛으로 변화시키는 일을 시작하였습니다.

한동안 뜻대로 우주는 작동하였고 모든 것이 좋았습니다. 자유의지를 가진 태초 영혼들이 일에 대한 욕심으로 부정(부조화한 빛) 속에 너무 깊게 몰입하다가 그만 무질서한 빛 속에 갇히는 일이 벌어집니다. 상징적으로 말하면 에덴동산에 더 이상 머물 수 없는 일이 일어난 것입니다. 이 일로 인간은 신성 힘을 잃고 신성 상태에서 추락하여 지금 우리의 영혼이 거주하는 물질 육체로 들어왔습니다.

이후 인간은 윤회를 통하여 다양한 삶을 살아가면서 영적 진화의 길을 걷고 있으며 이것은 원래의 신성을 회복하는 과정입니다.

비교종교학자: 영지주의 창조신화와 유사한 점도 조금 보이지만 거의 처음 들어보는 이론입니다. 신과 인간의 합일을 주장하는 것은 넓은 의미에서는 깨달음을 추구하는 동양종교와 같고 신의 천지창조가 있는 점은 유일신 종교와 같군요. 이 말이 맞는다면 예수님의 가르침은 오늘날 기독교 교리와는 아주 다릅니다.

승려: 윤회 이론은 불교와 같아서 다행입니다. 그런데 목사님, 기독교는 탄생 시에 영혼이 창조된다고 주장하시지 않나요. 예수께서는 윤회를 인정하시는데 목사님은 어떻게 생각하시나요?

목사: 이 대담에 참가하고부터 충격의 연속입니다. 저의 믿음의 근간이 산산이 흔들리고 있습니다. 신학교에서 이단의 이론으로 배웠던 영지주의 가르침의 일부를 보고 있는 기분입니다. 많이 혼란스럽습니다.

불교 무아론

비교종교학자: 스님, 붓다의 무아론을 인정하면 윤회의 주체가 없는 것이 되는데 어떻게 생각하세요.

승려: 무아에 대하여 이것이 말 그대로 무아(나라는 것이 없음)라고 주장하거나, 비아(즉 오온이 내가 아니라는 것, 이 말은 참나가 있다는 의미)를 의미한다고 이해하는 학자들도 있고, 14무기(無記)에서처럼 형이상학적 문제에서 붓다가 대답하지 않았듯이 그렇게 무아를 이해하는 학자들도 있습니다.

무아론은 사람들이 자신으로 믿고 있는 에고가 진짜 자신이 아니라는 말이지 참나(영혼)가 없다는 말은 아니라고 생각합니다. 영혼은 카르마 즉 습에 따라 윤회합니다.

과학자: 예수님의 말씀은 결국 붓다의 말씀과 같군요. 그런데 무한의 존재인 신은 어떻게 존재하게 되었습니까? 신을 인정하는 순간 이런 질문에 직면하게 됩니다.

아인(공) 너머

비교종교학자: 제가 하고 싶었던 질문입니다. 예수께서는 공을 모든 것이 근원한 아인과 같다고 하셨습니다. 카발라에서 아인은 제1원인으로 불리고 경우에 따라서는 신으로 불린다고 하셨지요. 붓다의 연기법에 따르면 개개의 결과는 그 자체로 다른 것과 상관없이 생기는 것이 아니라 어떤 조건에 의해서 발생하는 것입니다. 이것이 있다면 저것이 있고 이것이 없으면 저것이 없습니다. 이것이 생기면 저것이 생기고 이것이 소멸하면 저것이 소멸합니다.

즉 모든 것은 서로 의지해 있으니 독립되어 홀로 있는 것은 없다는 말입니다. 그러면 모든 것은 상호 의존적인데 과연 홀로 존재하는 근원 혹은 제1원인이 존재할 수 있는가요? 연기법에 따르면 우주는 시작도 없고 끝도 없이 연기에 따라 생겨나고 소멸하고 다시 생겨나는 것 아닌가요? 어떤 것도 스스로의 원인이 될 수 있다고 생각하지 않습니다.

예수: 이것이 바로 물질 언어로 답하기 어려운 형이상학적 질문이 아니겠습니까? 물질 개념과 언어로 물질 너머 공에 대해서 평가한다는 것은 거의 불가능하다는 것을 말씀드렸지요. 연기법에 따른다면 창조주인 제1원인은 홀로 생겨나거나 존재할 수가 없게 되는 것은 맞습니다. 유신론자에게 신의 존재를 논박하기 위하여 사용하는 것이 바로 "신이 있으면 그 신을 있게 한 존재가 있어야 한다."는 주장입니다. 그런데 이런 논리가 모든 것을 초월한 존재에도 적용이 되어야 할까요? 유일신교는 당연히 신은 모든 논리를 넘어섰다고 주장하지요.

이런 문제를 해결하기 위하여 근원 상태를 원으로 상징하기도 합니다. 원은 시작과 끝이 하나이므로 끝이 시작의 원인이고 시작이 끝의 원인이 되어 상호의존성이 충족됩니다. 오래전부터 여러 문화권이나 종교 단체에서 사용되는 자신의 꼬리를 집어삼키는 뱀(우로보로스)은 좋은 상징입니다.

이것에는 여러 가지 의미가 주어지나 가장 대표적인 것이 영원성과 우주의 상징입니다. 즉 우주는 시작과 끝이 같으며 영원하다는 것입니다. 시작과 끝이 같다는 말은 다른 말로 시작과 끝이 없다는 말이기도 합니다.

카발라를 깊이 들어가면 모든 것의 근원인 아인(공)마저도 이것을 존재하게 하는 어떤 원인이 있어서 생겨나서 우주를 창조하고 성장하다가 소멸합니다. 그리고 이 소멸을 원인으로 하여 새로운 아인이 생겨나서 우주창조를 하는 방식으로 아인은 끊임없이 성장합니다.

이것은 고대 이집트 신화로 전해 내려오는 영원한 생명과 부활의 상징인 불사조 "피닉스"를 상기시킵니다. 피닉스는 종말에 가까워지면 향기 나는 나뭇가지로 둥우리를 틀고 거기에 불을 붙여 몸을 태워 죽습니다. 그러면 타고 남은 재의 속에서 새로운 피닉스가 탄생하여 솟구쳐 오릅니다. 이처럼 모든 것은 질적으로 성장하면서 영원히 존재합니다.

비교종교학자: 제1원인의 원인을 말씀하셨는데 이 말은 아인이 제1원인이 아니라는 말씀인가요?

예수: 이 우주에서 볼 때 아인은 제1원인이 맞습니다. 이것은 우리가 감히 생각할 수 없는 지극히 높은 상태에 있기 때문입니다. 여기서 만물 즉 이 우주가 나왔고 이것으로 돌아갑니다. 붓다가 형이상학적 질문에 답을 하지 않았듯이 제1원인의 원인은 미지로 남겨두세요. 논쟁거리만 만들 것입니다. 내가 설명한 개념만으로 의식이 한 단계 성장할 수도 있을 것입니다.

과학자: 저는 과학으로 신을 증명할 수도 있지 않을까 그런 생각을 해보았습니다. 사실 종교는 과학과 평행선을 달려왔습니다. 문명의 발전과 함께 과학은 종교의 영역을 비판하는 입장에 있었습니다. 옛날에 쓰진 경전의 내용은 오늘날 과학의 입장에서 보면 너무도 터무니없는 내용이 많았기 때문입니다.

예측 가능하고 반복 실험이 가능한 객관적 결과를 중시하는 과학이 신이나 우주창조 같은 불가지론적 영역을 대상으로 하는 데는 한계가 많습니다. 이러한 분야는 과학보다는 형이상학의 영역입니다. 그러나 신물리학의 대두와 여러 발견으로 인하여 우리는 과학을 통하여 신의 영역으로 좀 더 다가갈 수 있게 되었습니다. 양자물리학은 모든 것 뒤에 존재하는 초월적 존재에 대하여 생각하게 합니다.

위대한 기독교 사상가인 쟝 기통(Jean Guitton)과 과학자 보그다노프 형제와의 대화를 담고 있는 책이 〈신과 과학: 형이상학 실재론을 향하여〉입니다. 앞에서 공을 말하면서 내용을 조금 언급하였습니다. 이 책에서는 양자물리학이 밝혀낸 창조주의 비밀과 정신과 물질 간의 경계를 허무는 신세계관 그리고 종교와 과학 사이에 진정한 혁명이 일어나고 있음을 보여줍니다. 책에 이런 내용이 나옵니다.

생명을 지닌 최초의 피조물은 40억 년 전에 대양의 물결과 파도 속에서 우연히 탄생하였다고 믿는 생물학자와 철학자가 오늘날에도 여전히 많다는 것에 놀란다. 어떤 우연으로 몇몇 원자들이 상호 화합하여 최초의 아미노산 분자를 형성하였고, 그리고 어떤 우연에 의하여 이런 분자들이 결합하여 DNA라는 가공하리만큼 복잡한 구조에 이르게 되었다고 믿는가! 어떻게 최초의 세포들이 번식의 기적을 낳게 한 무수한 책략을 고안해냈는가? 우연은 존재하지 않는다는 것이 내 느낌이다. 우리가 우연이라고 부르는 것은 더 고차원의 질서를 이해하지 못하는 무능의 소치이다. 우주는 우연을 내포하는 것이 아니라 다양한 수준이 질서를 담고 있으며 우리가 할 일은 이 질서 간의 계급을 규명하는 일이다. 창조의 기원에는 요행도 우연도 없고 다만 우리의 상상을 월등히 초월하는 고도의 질서, 즉 물리학 상수, 태초 상황, 원자 활동 그리고 별들의 생명을 조정하는 최상의 질서가 있을 뿐이다. 이제 물리학자들은 기본입자는 물체가 아니라 비물질의 장(場)에서 끊임없이 일어나는 상호작용이 초래한 일시적인 결과로 생각한다.

물질의 최후 경계인 쿼크에 도달하고 이 너머에는 무엇이 있을까? 거기서부터 정신의 영역이 시작된다. 거의 무에 가까운 것, 그것이 바로 실제의 본질이다. 그런데 이는 무엇과 관계가 있는가?

일체의 사물은 원자의 광란일 뿐이고 무에 지니지 않는다. 입자나 사물에는 그것이 그럴 수밖에 없는 균형의 원형 같은 것이 존재한다. 이 균형은 물리적 세계에 속하지 않는 듯 보인다. 장(場)이라는 것은 멀고 먼 배경, -어쩌면 신일지도 모르는- 을 향해 열린 창문과 다름없다.

이처럼 물리학을 통하여 우리는 물질 뒤에서 모든 것을 균형 잡아 존재하게 해주는 실체 즉 신을 얼핏 엿볼 수가 있습니다. 물론 이러한 존재가 기독교의 하느님이란 것이 아니라 그 이름이 무엇이든 절대적 존재라는 것입니다.

예수: 훌륭한 이론입니다. 사실 우주의 질서 정연한 움직임, 생명을 생존 가능하게 하는 자연법칙, 생명의 신비 등을 고려하면 이런 것은 우연의 산물이기보다는 그것을 가능하게 하는 존재를 생각하게 만듭니다. 모든 것이 우연히 발생하여 진화하여 지금의 모습을 갖추었다는 과학계의 주장은 확률적으로 거의 불가능합니다.

창조론이 맞고 진화론이 틀린다는 말이 아닙니다. 창조론과 진화론은 서로 모순되지 않게 설명이 가능합니다. 사람들은 이 두 개의 이론을 반대로 보고 있습니다. 그러나 영혼과 육체를 분리해서 이해해야 합니다. 영혼은 앞에서 설명했지만, 신의 발출물이고 육체는 단세포에서 진화하여 지금과 같은 복잡한 육체로 진화하였습니다. 영혼이 그 육체로 들어와서 살게 된 것입니다.

거시와 미시의 세계

과학자: 물리학에 대한 말이 나왔으니 오늘날 과학의 화두인 양자역학에 관해 예수님께 질문하고 싶습니다. 물리학자들은 원자 수준에서 일어나는 운동도 뉴턴의 고전역학으로 설명될 수 있다고 믿었습니다. 그러나 고전역학은 소립자 범위에서 벌어지는 현상을 설명할 수 없었고, 그래서 양자역학 시대가 열렸습니다. 양자역학은 물질의 중심에는 불확정성이 지배하고 있다는 것을 밝힙니다.

양자역학은 기존의 많은 것을 바꾸었습니다. 양자역학은 우주를 거시세계와 미시세계 나누고 거시세계는 뉴턴이 만든 고전역학이 지배하고 미시세계는 양자역학이 지배한다고 주장합니다. 과학자들이 발견한 것은 소립자는 우리가 그것을 어떻게 바라보느냐에 따라서 입자처럼 움직이기도 하고 파동의 성질을 띠기도 합니다.

우주에 빛보다 빠른 것은 존재하지 않는데 양자물리학에서 아원자 입자들은 공간 속에 아무리 멀리 떨어져 있더라도 동시에 정보를 교환할 수 있는 것으로 드러났습니다. 정보교환이 어떻게 일어나는지 놀랐습니다. 이 모든 것을 설명할 수 있는 원리가 존재합니까?

예수: 나에게 고전적인 방법으로는 해석이 불가능한, 그런 현상에 관해 설명해 달라고 하시는데, 이 현상의 원리를 설명하면 사람들이 물질의 본질에 대한 이해를 할 수 있을까요? 물질의 최후 경계인 쿼크에 도달하면 그 너머에는 무엇이 있을까요? 우주는 4계로 구성된다고 말했지요. 물질계의 최종 입자는 그 바로 위인 아스트럴계에서 오고. 아스트럴계의 물질은 그 위의 멘탈계에서 오고 멘탈계의 물질은 영계에서 옵니다. 4계의 물질은 진동수에 따라 결정됩니다. 상위계로 갈수록 진동수는 높아집니다.

그래서 물질 입자가 갑자기 사라지는 영역은 아스트럴계와 경계선이고 여기서 입자가 끊임없이 생겨났다가 사라집니다. 물질이란 말이 이상하게 들릴 수 있는데 4계마다 그것에 어울리는 질료가 있습니다. 그리고 이들 모두는 진동의 차이로 달라 보이나 근본적으로 같은 속성을 지닌 질료입니다. 이 근원적 질료는 문화에 따라 에테르, 아카사, 멤(Mem) 등으로 불립니다. 이것은 원초질료이고 모든 물질은 이것에서 온 것입니다. 여기 참석한 다른 분들이 이런 내용에 대해 이해를 할지 모르겠습니다.

과학자: 감사합니다. 그리고 저의 지엽적인 질문으로 다른 분들의 시간을 뺏어 송구합니다.

비교종교학자: 아닙니다. 저는 이런 질문 덕분에 많이 배웁니다.

영혼, 윤회, 원죄

사회자: 예수님 말씀처럼 저의 의식이 새로운 영역으로 확장된 기분입니다. 그러면 이제 영혼에 관해 이야기를 나누어보지요.

목사: 저는 인간이 태어날 때마다 하나님이 영혼을 창조하는 줄 알았습니다.

예수: 성경에서 나는 그런 말을 한 적이 없습니다. 교부들이 만든 이론일 뿐입니다. 사실이 아닌 것이 진실로 받아들여져서 가치판단의 기준이 되어 있다는 것은 비극입니다. 영혼의 근원에 대한 여러 학설이 존재하는 것으로 알고 있습니다. 비교종교학을 공부하신 학자님께서 아시는 것을 설명해주시지요.

비교종교학자: 기독교 교부들의 영혼에 대한 견해는 크게 세 가지로 나눌 수 있습니다. 첫째로 이미 창조되어 존재하고 있는 영혼이 출생 시에 육체에 들어온다는 견해로 영혼선재설이라 합니다. 둘째로 부모로부터 영혼과 육체를 함께 물려받는다는 영혼유전설이 있습니다. 이 설은 원죄를 설명하기 위하여 주장되었습니다.

    이 설에 따르면 출생을 통하여 영혼은 육체와 함께 존재하게 됩니다. 영혼은 비물질적이므로 분할될 수 없고 아버지와 어머니의 영혼 중 누구의 것을 유전 받는지 명확하지 못하며 특히 예수가 마리아에게서 영혼을 유전 받았다면 예수의 신성이 문제가 되는 모순이 생겨납니다. 물론 교회는 예수가 성령에 의한 동정녀 출생이므로 마리아의 원죄를 물려받지 않았다는 주장을 폅니다.

    셋째로 임신이나 출생 시에 하나님이 영혼을 매번 창조한다는 영혼창조설이 있습니다. 이 이론은 신이 새로 창조한 영혼은 순수할 터인데 왜 원죄를 지니게 되냐는 문제에 봉착하지요. 원죄/악이 자리 잡은 곳은 육체라고 주장하여 이런 문제를 비켜나가려 합니다.

    기독교에서는 영혼선재설을 받아들일 수 없습니다. 왜냐하면 영혼선재설은 모든 인간은 아담의 후손이며 모든 인간은 아담의 범죄로 말미암은 원죄를 지니게 되었다는 성경의 가르침에 모순되기 때문이지요. 그래서 기독교에서 주장하는 것이 영혼창조설과 영혼유전설입니다.

전자는 가톨릭에서 받아들이고 후자는 주로 개신교 신학자들이 지지하는 것으로 알고 있습니다. 성경구절에 구체적 명시가 없으니 논쟁은 일어날 수밖에 없는 일이고 어느 학설을 취하든 만족할만한 이유가 되지 못합니다. 결국 문제는 신의 아담 창조와 원죄에 있지요. 이 논리 때문에 만들어진 것이 영혼창조설과 영혼유전설입니다.

예수: 자세한 설명에 감사드립니다. 결국 아담의 원죄가 근거가 없다고 밝혀지면 영혼창조설과 영혼유전설은 존재 근거를 상실하겠군요. 목사님께서 원죄에 대하여 아시는 것을 설명해주시지요.

목사: 모든 인간은 나면서부터 최초의 인간인 아담의 죄 때문에 죄를 지니게 된다는 것이 원죄 이론입니다. 신학자들은 이 교리의 주된 성서적 근거로 바울의 저작인 로마서 5장 12~19절에서 찾고 있고, 이것을 창세기 2~3장과 연결해서 이해합니다. 원죄 때문에 죄의 사함이 필요하고 인간의 죄를 대신한 예수님의 죽음과 부활로 비로소 우리가 원죄에서 벗어나 구원을 얻을 수 있기에 이 교리가 없으면 교회의 근간은 무너집니다.

비교종교학자: 목사님, 아담이 에덴동산에서 쫓겨난 창세기 2~3장에는 아담의 죄가 유전적으로 모든 인류에 전해진다는 구체적인 언급은 없습니다. 사실 원죄라는 개념은 초대 교부시대부터 성경의 가르침을 중심으로 기독교 교리를 정리해 나가는 과정에서 생겨난 것입니다. 원죄론을 처음 주장한 사람은 터툴리안이었고 원죄론을 적

극적으로 받아들인 사람이 어거스틴이었습니다. 원죄론은 AD418년 카르타고 회의에서 그 교의가 확인되었고, 트리엔트 공의회에서 재확인되었습니다.

원죄론의 근거가 된다는 바울서신이 신의 말씀이라도 되는지 기독교인들은 그 구절에 얽매여 자신을 죄인으로 받아들이고, 거기서 더 나아가 다른 사람들마저 자신과 같은 죄인 취급을 합니다.

백번 양보하여 창세기 구절을 원죄 근거로 인정한다 하면, 우리는 정의롭다는 신의 처사를 이해할 수가 없습니다. 아담의 타락에 신은 책임이 없는가요? 신은 왜 죄를 지은 아담과 이브 대에서 끝내지 못하고 자손 대대로 그 죄를 이어받게 하였는가요? 전지전능한 신이 그 정도 일을 처리할 수 없단 말인가요?

출생 시에 신에 의하여 창조된 영혼은 깨끗하나 육체에 아담의 원죄가 유전되어 전해진다는 핑계를 대기도 하는데, 신은 영혼보다 못한 육체의 죄도 없애지 못하는가요? 그렇다면 참으로 무능력한 신이 아닌가요? 바울을 무조건 신뢰하는 것이 과연 온당한 일인가요? 앞에서 예수님께서 잠깐 언급하셨는데 바울은 문제가 있는 사람 아닌가요? 원죄론은 정상적인 사유 능력을 지닌 사람이라면 조금만 생각해도 받아들일 수 없는 참으로 기이한 논리입니다.

예수: 오늘 목사님께서는 비판의 중심에 있을 것입니다. 지금의 기독교 교리는 문제가 많기 때문입니다. 학자님의 해박한 지식으로 오늘 대담이 풍요롭습니다.

원죄와 관련하여 바울서간도 문제지만 창세기 해석도 문제가 많습니다. 토라는 역사적 사실이 아니라 거의가 상징입니다. 원죄론은 창세기에 나오는 아담의 타락을 문자 그대로 이해해서 생겨난 것이지요. 토라의 숨겨진 의미를 보여주는 카발라에 따르면 아담은 인류의 조상이 아니라 인간을 상징하는 대표 이름이었습니다.

　에덴동산에서 아담의 추방은 모든 영혼에게 일어난 일이었고 아담은 바로 우리 자신이었습니다. 앞에서 신은 수많은 불꽃으로 퍼져 나와 인간의 영혼이 되었다고 했지요. 즉 처음부터 영혼의 숫자는 결정되어 있었으며 그 숫자는 변동이 없습니다. 이 많은 영혼들이 일시에 특정 사건으로 인하여 추락한 것을 비유로 표현한 것이 구약의 아담 설화입니다. 이 특정 사건을 카발라에서는 이렇게 설명합니다.

　에덴동산의 생명나무는 신과 우리 영혼을 연결하는 생명선이었으며 선악과는 부정 즉 조화롭지 못한 빛이 들어오는 통로였다. 사람의 영혼이 이 부정의 문을 열다가 조화롭지 못한 빛에 휩싸여 버린 것이 아담의 추락이었다. 추락으로 신과 연결되어 있던 생명나무가 제 기능을 하지 못하게 되자 영혼은 신성 능력을 상실하게 되며 이때부터 물질 육체에 들어가 죽음을 맛보게 되었다. 그리고 윤회를 통하여 원래의 상태를 되찾기 위한 긴 여정이 시작되었다.

　그러므로 원죄를 굳이 인정한다면 그것은 개인이 해결해야 할 업의 다른 이름입니다. 신성한 영혼이 부정에 둘러싸여 자신의 신성함을 바로 보지 못하는 것이 원죄이며 업입니다. 영혼은 유전과는 상관이 없는 불멸의 존재이며 윤회의 주체이기도 합니다.

　그런데 오늘날 기독교인들은 스스로 죄인임을 소리 높여 떠들면서 사람들에게 불필요한 죄의식을 심고 있습니다. 생각하는 대로 된다는 말이 있듯이, 자기 긍정은 대단히 중요한데 스스로 죄인으로 부르고 신과 자신의 관계를 피조물 위치에 두니 그 폐해가 상당합니다. 의식에 어떤 한계를 두게 되면 그것은 넘어서기 어려운 운명이 되기 때문이지요.

원죄라는 것은 초기 기독교가 신도들을 옭아매어 자신들의 종교 지배권을 강화하려고 고안해낸 것입니다. 죄가 없으면 사람들이 교회에 올 필요가 없게 되고 그러면 교회의 정치적, 사회적, 경제적 지배력은 사라집니다. 그러니 없는 죄를 만들어 사람들이 평생 죄의식 속에 살게 하고, 이들이 교회에 나와 자신의 죄를 용서해 달라고 돈도 바치고 충성도 바치게 만듭니다. 없는 죄를 만들어 사람들이 이것에 구속되어 살아가게 만드는 것은 인류에 대한 죄악입니다.

목사님에게 질문드리겠습니다. 출생마다 영혼이 창조된다면 영혼이 육체에 들어가는 시기가 언제인가요? 수태 때인지 출생 때인지 아니면 그 중간 어느 시점인지 말해보세요.

성령의 참 의미

목사: 모르겠습니다. 그것에 대해서는 생각해 본 적이 없습니다.

예수: 목사님. 이제 자신이 믿어왔던 것에 대해 얼마나 생각이 없이 살아왔는지 아시겠지요. 맹목적인 믿음은 하느님에 대한 가장 큰 죄입니다. 성경에서 내가 이런 말을 했지요.

> 나는 분명히 말한다. 사람들이 어떤 죄를 짓든 입으로 어떤 욕설을 하든, 그것은 다 용서받을 수 있으나 성령을 모독하는 사람은 영원히 용서받지 못할 것이며 그 죄는 영원히 벗어날 길이 없을 것이다(마가복음 3:28~29).

아버지에 불경(不敬)을 저지르는 사람은 용서받을 것이며 그 아들에게 불경을 저지르는 사람도 용서받을 것이나 성령에게 불경을 저지르는 사람은 지상에서나 하늘에서 용서받지 못할 것이다 (도마복음 44절).

또 사람의 아들을 거역해서 말하는 사람은 용서받을 수 있어도 성령을 거역해서 말하는 사람은 현세에서도 내세에서도 용서받지 못할 것이다(마태복음 12:32).

성령에 대한 거역을 하느님에 대한 거역보다 왜 더 엄하게 말하였는지 사람들은 이것을 이해 못하고 있습니다. 일반적으로 성령(holy spirit)은 기독교의 삼위일체(성부, 성자, 성령) 교리에서 하느님을 이루는 세 위격 중 하나를 가리키는 말입니다. 그러나 이것은 정통교회의 주장이지 내가 의도한 것은 진리였습니다. 나는 분명하게 성령을 진리의 영으로 표현하였습니다. 성경에 이렇게 나와 있지 않은가요.

내가 아버지께 구하겠다. 그리하면 아버지께서 다른 보혜사(the holy spirit)를 너희에게 보내셔서, 영원히 너희와 함께 계시게 하실 것이다. **그는 진리의 영이시다.** 세상은 그를 보지도 못하고 알지도 못하므로, 그를 맞아들일 수가 없다. 그러나 너희는 그를 안다. 그것은, 그가 너희와 함께 계시고, 또 너희 안에 계실 것이기 때문이다(요한 14:16~18).

그래서 하느님이나 나에게 불경(不敬)을 저지르는 것은 용서되나 성령에 저지르는 불경은 용서되지 않는다는 말을 한 것입니다. 성령은 신의 말씀이고 진리이고 우주법칙임을 이해한다면 이해가 될 것입니다.

진리가 우리를 자유롭게 하듯이 진리에 대한 불경은 우리를 어둠 속에 가두어 버립니다. 비유를 든다면 대통령에 대한 불경은 용서되지만, 대통령이 공고하여 시행 중인 법을 위반하면 벌을 받는 것과 마찬가지입니다. 여기서 법은 우주법칙 즉 진리에 해당합니다.

이처럼 성령은 신의 숨이고 신의 말씀이고 우주법칙이고 진리입니다. 믿음이 아닌 진리를 알아야 구원을 얻게 됩니다. 내가 제자들에게 비밀리 전한 기독교 영지주의 사상은 구원의 방식으로 영지 지식을 말합니다. 영지주의 복음서에는 신의 은혜나 은총을 기대하고 신에 의존하려는 제자들을 내가 힐난하는 구절이 있습니다.

윤회의 과학

과학자: 제가 기독교 논리 중에 이해가 가지 않는 것이 신의 공정성에 대한 것이었습니다. 예를 들면 신이 인간 영혼을 창조하여 육체에 살게 하였다는데 굉장히 불공정한 일들이 일어납니다. 누구는 부유한 집안에 태어나고, 누구는 미개인 집안에 태어나고, 누구는 건강한 육체로 태어나고, 누구는 신체 결함을 가지고 태어나고, 누구는 머리가 좋고, 누구는 머리가 나쁘고, 이런 조건은 출발부터 부당한 처사입니다. 신은 어떤 기준으로 영혼을 여러 육체에 배치하는지 그 기준을 알 수가 없습니다.

기독교인들은 신의 의도는 피조물인 우리가 알 수 없다고 하는데 이런 불공정함을 어떻게 믿을 수 있겠습니까? 그리고 예수 믿어야 원죄에서 구원받는다면, 예수 이전의 사람들이나 예수를 알지 못하는 수많은 사람은 영원히 원죄에서 벗어나지 못한다는 이상한 논리가 성립됩니다.

오늘 예수님 말씀을 들으니 제 의문이 많이 풀리고 있습니다.

과학도의 이성적, 논리적 생각이 믿음을 방해하는 것이 아님을 알았습니다. 논리적으로 바라보면, 윤회는 동양 종교만이 소유물이 아니라 우주 보편적인 진리로 보입니다.

예수: 삶의 실상과 신비를 가장 잘 설명할 수 있는 것이 윤회이론입니다. 윤회와 카르마를 이해하면 그런 불공정성이 이해될 것입니다. 현생은 전생의 결과이고 미래는 지금 어떻게 하느냐에 따라 결정됩니다.

사람들이 윤회를 불교의 고유한 가르침으로 알고 있는데 사실 윤회는 오래전부터 모든 문화와 종교에서 가르쳐온 보편적인 가르침입니다. 붓다는 이미 존재하던 윤회 개념을 소개했을 뿐이지 그것을 붓다가 새롭게 가르친 것은 아닙니다. 윤회와 카르마는 긴밀하게 연동하여 우리들의 삶을 이끌고 있습니다. 카르마가 없으면 윤회가 필요 없고 윤회가 없으면 카르마가 존재할 의미가 없습니다. 그리고 진리가 하나이므로 나 붓다가 하는 말은 다름이 없습니다. 그리고 이성은 하느님이 준 고귀한 선물입니다.

승려: 주변에는 업을 운명으로 받아들이는 사람들도 있습니다. 특히 인도인은 카스트제도 하에 살아가면서 주어진 운명에 체념적입니다. 다음 생에 좋은 계급으로 태어나길 바라지 현생에서 이를 극복하려는 의지가 없어 보입니다. 카르마와 운명을 동일시하는 사람들에게 용기를 주는 말씀을 부탁드립니다.

카르마와 운명

예수: 업(카르마)을 운명으로 받아들이는 사람들이 많지요. 운명은 이미 결정이 되어 있어서 우리가 바꿀 수 없는 것이라면 존재의 의미가 무엇이고 사는 이유가 무엇이겠습니까? 업은 자신이 설정한 원인의 결과를 받는 것으로 우리가 그 결과에 대처하는 방법이 너무도 많아서 미래는 늘 가변적입니다.

그리고 업은 "눈에는 눈"과 같은 원시적이고 징벌적인 방식으로 오는 것이 아니라 우리에게 교훈을 주어 그것을 가장 효과적으로 극복하는 방식으로 옵니다. 또한 이미 설정된 원인은 선한 의도와 행위로 중화되기도 합니다. 그래서 우리에게는 예정된 운명 같은 것은 없습니다.

그래서 성자들은 개인의 운명에 대하여 말하지 않습니다. 어느 누구도 마지막 순간까지 자신의 운명을 변화시킬 수 있기 때문입니다. 그리고 운명을 말하게 되면 들은 사람은 그것에 수용적으로 되어서 그것이 진짜 운명이 될 수 있기 때문입니다.

과학자: 점이나 점성술처럼 운명을 예측하는 것은 가능한가요?

예수: 일반적으로 이런 일에 종사하는 사람들은 먹고살기 위한 수단으로 이런 일을 선택합니다. 물론 많은 공부 끝에 인간의 운명을 어느 정도 예측할 수 있는 사람이 있을지는 모르나 우주법칙을 아는 사람들은 개인의 운명을 사사로이 말하지는 않습니다.

굳이 운명의 예측가능성에 대하여 말한다면 그것은 그 사람이 과거에 행한 원인에 상응하는 결과를 만나게 되고, 그러한 점에서 운명이 대략적으로 어떠할지 추측은 되겠지만, 현재의 대처방안이 너무도 다양하므로 미래는 늘 가변적으로 존재하는 것입니다.

인류 역사상 가장 역동적인 삶을 사신 분이 티베트의 성자 밀라레빠입니다. 이분은 부모의 복수를 위해 수많은 사람을 흑마술로 살해한 사람이었습니다. 보통은 엄청난 업 때문에 다음 생에서는 가장 처절한 인연을 만나게 될 운명이었지만 그는 그 생에서 참회하고 상상을 초월하는 혹독한 수련을 통하여 당대에 최고의 경지에 이른 사람입니다.

이렇게 의지에 따라서는 최악의 상황에서도 깨달음을 얻을 수 있는 것이 인간의 운명입니다. 누구도 강한 의지만 있다면 이러한 기적 같은 일을 할 수가 있는 것입니다. 만약 밀라레빠가 자신의 비극적 운명에 굴복하여 살았다면 윤회를 통하여 그의 많은 생은 상상을 초월하는 비참한 삶이었을 것입니다.

그런 면에서 운명은 있기도 하고 없기도 합니다. 이것은 도로 위를 꾸준히 시속 100km로 달리는 차가 1분 후에 어디에 도착해 있을 것이란 상식적인 추측은 가능하고 이것이 운명으로 비유된다면, 1분 동안 일어날 수 있는 변수가 그 일상적인 추측을 어긋나게 할 수 있다는 것입니다. 차의 운전사가 생각을 바꿔 갑자기 브레이크를 잡을 수도 있고 아니면 속도를 150km로 하여 달릴 수도 있는 것입니다.

점성술이나 기타 여러 운명 예측에서 말하는 것은 이러한 차원의 운명일 것입니다. 사람의 성향이 이러하니 아마도 이러한 길을 걸을 것이라는 추측입니다. 여기서 성향은 전생의 원인이 결과로서 나오는 삶의 흐름을 말하는 것입니다.

운명예측은 긍정적인 면보다 부정적인 면이 강하다는 것을 강조하고 싶습니다. 이 순간 최선을 다하여 살아가는 것이 올바른 삶의 태도이며 희망찬 운명을 만들어가는 방법입니다.

단어의 힘

심리학자: 운명과 관련하여 사람들이 지닌 개념이나 단어가 인간심리에 굉장히 큰 영향을 미칩니다. 우리가 사용하는 언어는 우리를 길들이는 좋은 도구입니다. 불교에서 윤회와 카르마를 가르치니 불교인들은 업보를 생각하여 조심스럽게 행동하는데 이는 윤회와 카르마라는 단어가 뇌리에 박혀서 그것이 행동을 지배하기 때문입니다.

반면에 교회 목사들은 회개하여 예수 믿으면 천국 간다는 말을 많이 합니다. 믿음과 회개라는 단어가 기독교인들의 머리에 박혀 그들의 행동을 지배합니다. 천국 가는 것이 목적이다 보니 모든 노력이 천국의 열쇠를 쥐고 있는 하나님을 즐겁게 하고 영광되게 하는 데 모아집니다. 그리고 언제든지 회개하면 구원을 얻을 수 있으니 자신의 행동에 책임을 덜 느낍니다.

카르마 즉 원인과 결과의 법칙을 인정하지 않으므로 과정보다는 결과에 치중하고 꾸준한 노력보다는 한방이나 요행을 노리기 쉽습니다. 믿음과 회개를 강조하다 보니 상대적으로 세속 윤리에 둔감하기도 하고 이를 경시하기도 합니다. 그래서 도덕적 문제가 발생하기도 합니다. 어떤 죄를 저질러도 회개란 위대한 수단이 있고 구원만 받으면 된다는 생각에 상대적으로 범죄의 유혹을 받기 쉽습니다. 제 말이 거짓이 아닌 것은 여러 종교 성직자 중에 목사의 범죄율이 가장 높다는 것으로 어느 정도 증명이 됩니다.

이처럼 보거나 들어서 머리에 각인된 개념은 우리의 행동을 그리고 운명을 결정합니다. 우리의 행동을 지배하는 단어가 무엇인지 조사하여 밝혀내는 일은 참으로 필요합니다. 이 단어들을 찾아낸다면 우리는 불필요한 단어는 제거할 수 있고 유익한 단어는 추가할 수 있을 것입니다. 우리의 개념(생각)을 형성하는 단어 구조를 변화시키면 행동과 운명이 바뀝니다.

예수: 아주 좋은 말씀입니다. 생각이나 개념은 깊게 고찰해야 하는 주제이고 이것에는 근원과 합일의 열쇠가 숨겨져 있기도 합니다.

승려: 카르마가 어떻게 작동하는지 좀 더 구체적으로 설명해주시겠습니까? 신도 중에 큰 죄를 저질렀다며, 자신의 업보를 버거워하고 그 결과를 두려워하는 사람들이 있습니다.

예수: 과거에 저지른 원인의 결과인 카르마를 어떻게 만나는가가 중요합니다. 산더미 같이 쌓인 모래를 삽으로 치워야 할 원인을 만들었다면 참으로 많은 시간과 노고가 들 것입니다. 좌절할 수도 있습니다. 그러나 이런 비유를 들고 싶습니다. 충실히 삽질하다 보면 일하는 요령이 생기고 근력도 붙어 일의 속도가 빨라집니다. 결정적으로 그 성실함으로 신용을 얻어 포클레인을 빌릴 수도 있고 이제 산더미 같은 모래더미도 포클레인으로 쉽게 치울 수 있습니다.

비유지만 원인과 결과의 법칙은 이런 식으로 작동을 하니 누구에게나 희망이 있습니다. 조화롭게 열심히 살면 이것이 좋은 원인이 되고 이 원인이 과거의 업을 경감시켜 나갑니다. "눈에는 눈 이에는 이"처럼 보복이나 징벌의 원인과 결과의 법칙(카르마 법칙)이 아니라 우리를 바른길로 인도하고 교정하는 원인과 결과의 법칙입니다.

　과거 큰 죄를 저질렀어도 반성하고 바르게 산다면 그 죄는 점차 약해지고 어느 순간에 다 사라집니다. 그러나 반성하지 않고 여전히 그릇되게 생각하고 살아간다면 그 카르마는 더 커집니다. 우리에게는 과거에 쌓은 좋은 업도 있고 나쁜 업도 있습니다. 그러니 자신에 대한 죄가 무엇인지 지레짐작하여 위축되지 말고 살아가야 합니다.

　우리가 전생에 쌓은 업은 피할 수가 없고 그것을 만나는 것은 필연입니다. 그러나 대처하는 방법은 수없이 많습니다. 가장 조화로운 방법을 선택하는 데에는 지혜와 용기가 필요합니다.

승려: 이미 설정된 원인은 선한 의도와 행위로 중화되기도 한다고 하셨습니다. 이것은 사람들에게 상당히 희망적인 내용으로 보입니다. 눈에는 눈의 방식으로 누구를 죽였다고 자신도 죽임을 당하는 그런 원시적인 보복 방식이 아니어서 좋습니다. 업을 보복방식으로 이해하는 사람들도 상당합니다.

카르마 넘어서기

예수: 우리는 과거에 수많은 좋은 행위와 나쁜 행위를 했고 이것이 카르마 저장고를 형성하고 우리 삶에 현시될 준비를 하고 있습니다. 이 거대한 카르마 저장고에서 어떤 요소를 우리 삶에 가지고 오는가는 우리의 행동에 달려있습니다. 카르마 창고에서 좋은 결과를 끌어당기는 것이 무엇보다 중요합니다. 이렇게 되면 악순환 대신 선순환이 됩니다.

우리 주변에 일어나는 어떤 상황에서도 우리가 평온함을 유지한다면 그것은 우리에게 영향을 줄 수 없습니다. 즉 현재의 의식 상태에 따라 무수히 많은 원인 중에서 현재의 의식 상태와 동조하는 원인을 끄집어낼 수 있다는 의미입니다.

우리가 긍정적 생각을 하게 되면 부정적인 흐름으로부터 우리 자신을 분리할 수 있고, 더 나아가서 우리가 과거에 설정한 부정적 원인으로부터 분리될 수 있어서(진동이 달라 동조가 되지 않아서) 그 원인의 결과가 우리에게 현시하지 않을 수 있습니다. 또한 우리가 카르마로 고통을 받기 전에 먼저 우리 자신의 잘못을 알아채고 그것에 대하여 철저히 반성하고 영적 교훈을 얻는다면(즉 회개) 그 결과를 받지 않게 됩니다. 왜냐하면 이런 새로운 원인이 이전의 원인을 중화시키기 때문입니다.

그런데 우리는 어떤 상황에서든 너무 쉽게 부정적 생각의 사슬에 묶여버립니다. 그래서 우리 내면을 조화, 평화, 사랑의 생각으로 채워서 이것과 진동이 다른 어떤 부정이나 악이 우리에게 영향을 미칠 수 없게 해야 합니다. 카르마의 현시이기도 한 어떤 부정적 상황에 직면하여 우리는 그것의 일부가 되기보다는 한발 물러서서 지켜보면서 그것이 우리 옆을 지나가게 해야 합니다. 우리는 카르마를 운명으로 받아들이는 대신에 지혜롭게 행동하여 카르마의 수레바퀴에서 벗어나야 합니다.

사실 우리는 카르마로 고통을 당해야 한다는 그런 그릇된 생각을 지니고 있는데 그런 생각이 바로 우리를 카르마의 수레바퀴에 구속되게 합니다. 카르마는 징벌이기보다는 우리를 성장시키려는 신의 사랑의 손길이기 때문입니다.

사실 우리가 어떤 상황 속에서 경험하는 부정이나 어둠은 우리 내면의 신성한 속성 혹은 빛과 본질적으로 다른 어떤 것이 아니라, 빛이 부질서 상태에 있어서 일어나는 일일 뿐입니다. 그래서 부정 혹은 악은 파괴될 수 있는 것이 아니라 변화되어야 합니다. 부정이나 악을 조화로움이나 선함으로 변화시키는 것이 우리의 일입니다.

살펴보면 어떤 경험도 전적으로 나쁜 것은 없습니다. 그 속에서 교훈을 얻게 되면 그것은 조화로 변화가 되고, 우리는 더 이상 그런 경험을 하지 않게 됩니다. 즉 우리에게 부족한 부분을 극복한 것이 됩니다. 이런 식으로 카르마를 극복하게 되면 우리 내면이 점점 밝아지게 되는 것입니다. 이처럼 우리는 카르마를 피할 수는 없으나 이것을 조화롭게 변형시킬 수는 있습니다.

직장인: 선업을 쌓아서 악업을 중화시키면 윤회의 수레바퀴에서 벗어나게 되는가요?

예수: 선업이든 악업이든 그것은 윤회하게 만드는 거미줄 같은 인연의 사슬이 됩니다. 환영의 세상에 계속 태어나서 생로병사를 반복 체험한다는 것은 커다란 고통입니다.

우리가 놓치고 있는 중요한 사실은 카르마가 우리의 생각 과정과 긴밀하게 연결되어 작동한다는 것이지요. 그렇기 때문에 생각과정에 대한 통제는 카르마의 통제이기도 합니다. 생각을 통하여 카르마의 힘 즉 충동(impulse)이 나오는데 사람들은 생각 과정에 몰입하여 분별없이 살아가기 때문에 생각의 흐름에 묶여버립니다. 생각 과정에 분별없이 매여 있으면, 생각을 통하여 흐르는 카르마 즉 원인과 결과의 법칙에 동조가 되어서 이것에 묶이게 됩니다. 이렇게 되면 이전에 설정한 원인이 구체화하는 통로가 됩니다.

그래서 생각 과정을 깨어서 초연하게 지켜보는 지혜가 필요합니다. 생각하지 말라는 뜻이 아니라 떠오르는 생각이나 충동에 습관적으로 거의 무의식적으로 반응하지 말라는 뜻입니다. 이렇게 되면 카르마의 임펄스가 지나가 버려서 그 상황에서 경험해야 할 어떤 특정 카르마를 극복한 것이 됩니다.

비교종교학자: 스님에게 질문이 있습니다. 대다수 스님이 인간이 동물로도 윤회한다고 믿고 이것을 신도들에게 가르치고 있는 것을 봅니다. 예수님 말씀에 우리 영혼이 신에게서 나온 신성한 존재라 하셨는데 그런 영혼이 동물로 윤회한다고는 생각이 들지 않습니다. 붓다께서는 방편을 많이 말씀하셨는데 육도윤회는 방편이지 않습니까?

승려: 저는 육도윤회를 가르쳐왔습니다. 붓다의 가르침이라 생각합니다.

예수: 육도윤회는 이 세상에서 펼쳐지는 파란만장한 우리 삶의 모습이고, 모두 마음의 세계에서 일어나는 일들입니다. 육도윤회(천상, 인간, 아귀, 아수라, 축생, 지옥)는 우리 마음에 일어나는 여러 심리 상태(욕망, 분노, 다툼 등)로 이해하셔야 합니다. 사람들에게 겁을 주어 나쁜 짓을 못하게 하려는 방편이었지요. 육도윤회는 붓다의 말씀이라기보다는 후대 제자들이 덧붙인 말로 알고 있습니다.

그리고 인간과 동물은 다른 차원의 존재이므로 진화의 여정도 다릅니다. 신의 발출인 영혼은 사람만으로 윤회하며 카르마를 전부 극복할 때까지 윤회는 계속됩니다. 인간의 의식은 동식물의 의식과 많이 다릅니다.

의식은 크게 3종류 즉 단순의식, 자아의식, 신 의식으로 구분이 됩니다. 그리고 각각의 의식은 다시 3단계로 구분됩니다. 단순의식의 1단계에는 바위, 광물, 흙처럼 무생물이 속하고, 2단계에는 식물, 3단계에는 동물이 속합니다. 인간은 동물처럼 단순의식을 가지고 있으나 동시에 자신을 의식하는 자아의식을 가집니다. 이것은 인간만이 영혼을 지니고 있기 때문입니다. 이것이 인간과 동물의 차이입니다.

자아의식도 3단계로 구분되는데 1단계는 원시인이 지닌 자아의식이며, 2단계는 미개인의 영역을 벗어난 일반인들의 의식, 3단계는 자신을 보다 높은 존재의 일부분으로 인식하는 사람들이 지닌 의식입니다. 그리고 신 의식은 궁극적으로 인간이 도달해야 하는 의식이며 이것에 도달하기 위한 3개의 단계가 있습니다. 우리의 목적은 신 의식과 하나가 되는데 있습니다.

지옥과 천국

목사: 예수님, 성경에 나오는 천국과 지옥은 진짜로 존재하는 것이 맞겠지요?

예수: 성경에서 말하는 '지옥(게헨나)'은 '힌놈의 골짜기'라는 뜻의 히브리어 게힌놈(Ge Hinnom)에서 유래합니다. 원래는 암몬족의 신 몰록에게 어린아이들을 희생 제물로 불태워서 바치던 예루살렘 남서쪽 계곡을 가리키는 말이었습니다. 그런데 사람들은 이 단어를 지옥으로 받아들이고 있습니다. 그리고 성경에 나오는 '하데스'도 비슷한 의미로 받아들여지고 있는데, 이것은 죽으면 가게 되는 '무덤'이

나 '죽음'을 뜻하는 것이지 지옥이 아닙니다.

지옥은 죽어서 가는 장소가 아니라 어둠과 부조화를 상징하는 단어입니다. 나는 죽으면 가는 지옥을 말하지 않았습니다. 이 세상이 지옥입니다. 지옥은 빛을 따르지 않는 사람들이 어둠과 부조화 속에서 육체적으로 그리고 정신적으로 겪게 되는 고통의 현장을 말합니다. 이것은 신과 분리로 생겨난 삶의 현실입니다.

내가 활동하던 그 당시에는 대다수 사람이 신과 천국을 외부에서 찾았습니다. 사람들은 하느님이 하늘에서 옥좌에 앉아 세상을 다스리는 모습을 상상하였고, 하느님 나라가 하늘 어딘가에 있다는 생각했습니다. 내가 말하는 하느님 나라는 장소가 아니라 진리를 통하여 마음이 순수하게 될 때 경험하는 상태입니다. 나는 죽은 후에 가는 천국이나 지옥 대신, 살아서 가는 "하느님의 나라"를 가르쳤습니다. 제자들이 천국에 대해 몹시 궁금해 하였기에 이런 말을 한 적이 있었습니다.

"천국이 하늘에 있다고 한다면 공중의 새들이 너희를 앞설 것이요, 천국이 바다에 있다고 한다면 물고기들이 너희를 앞설 것이니라. 천국은 너희 안에도 있으며 너희 바깥에도 있다."

승려: 천국이 마음의 상태라는 말은 동양에서 말하는 깨달은 상태와 같아 보입니다.

예수: 나는 자신의 내면에 신의 불꽃 즉 찬란한 영혼이 있는 것을 모르고 끊임없이 외부에서 신을 찾고 있는 사람들에게 하느님 나라가 마음의 상태라는 것을 많은 비유를 들어가며 설파했습니다. 내면에서 신의 불꽃을 찾은 사람은 물질의식을 넘어 근원 의식수준에

도달합니다. 그 영혼은 비록 몸에 거주하지만, 영혼은 근원과 하나가 되어 존재합니다. 이것이 하늘나라입니다.

무종교인: 참고 견디다 보며 언젠가 좋은 세상이 오지 않을까요?

예수: 사람들은 현재의 힘든 상황을 - 그것이 개인 문제든 나라나 지구차원의 문제든 - 그냥 참고 견디면 나중에 자신에게 좋은 세상이 오겠지 하는 아주 막연히 환상을 가지고 살고 있습니다.

이것은 힘든 현실을 잊기 위하여 술 마시고 취한다고 그 현실이 바뀌지 않는 것과 마찬가지로 그릇된 생각입니다. 현실을 개선하려는 의도적인 노력 없이는 변하는 것은 아무것도 없습니다.

당연히 자신의 카르마 혹은 책임을 믿음만으로 면제받으려는 사람들의 생각은 마약에 의존하여 잠시 환영에 빠져 행복하게 살겠다는 심리와 유사합니다.

의식적인 노력(지식과 지혜를 통한 경험)으로 의식이 확장되지 않으면 세상이든 개인이든 변하는 것은 아무것도 없습니다.

회개

목사: 회개를 통하여 카르마가 해소되지 않을까요?

예수: 회개가 뭐라고 생각하시나요?

목사: 하나님 앞에 자신이 죄인임을 인정하고 하나님이 예수님을 통하여 보여준 것을 절대적으로 받아들이고 살아가는 것으로 생각합니다.

예수: 여전히 기독교 교리에서 벗어나지 못하시군요. 앞에서 원죄를 언급하면서 사람의 죄가 무엇인지 말했습니다. 오늘날 기독교인들은 일요일을 회개하는 날로 여기는 것 같습니다. 주중에는 죄를 짓고 일요일에는 교회에 가서 값싼 회개를 통하여 자신의 죄가 사해졌다는 그런 자기 구원을 행하지요. 언제든지 자신의 죄를 회개하면 죄가 용서된다는 속 편한 생각을 지니고 살아갑니다. 회개를 통하여 심리적 안정은 얻겠지만 이것은 신과 자기 자신을 속이는 죄짓는 일입니다. 회개는 율법 준수나 하느님에 대한 믿음으로 얻어지는 것이 아닙니다.

회개는 평생 계속해서 이루어지는 일이며 안에 있는 부정적 속성, 잘못된 습관이 끊어질 때까지 지속적으로 반복해서 자신을 돌이키는 일입니다. 회개를 어떻게 이해하는가의 문제겠지만 참된 의미에서 회개는 자기수련 과정이며 동양의 명상과 다를 바가 없습니다.

다시 말하지만 나는 "진리가 사람들을 자유롭게 한다."라고 했습니다. 사람들을 해방시키는 것(구원)은 진리라는 뜻입니다. 사람을 무지, 집착, 탐욕 그리고 고통에서 해방시키는 것은 종교나 그 종교의 창립자가 아니라 그들이 전하는 진리임을 깨달아야 합니다.

모든 것을 알되 자기 자신을 모르는 사람은 아무것도 모르는 사람입니다. 맹목적 믿음이 아니라 먼저 자신을 알아야 합니다. 구원은 맹목적 믿음이 아니라 내면의 신성 자각 즉 회개를 통하여 일어납니다.

구약을 신비적으로 해석하는 카발라 사상에서 보면 인간의 회개는 우주적 차원의 복귀 과정이고 구원은 신에게 돌아가는 것을 의미합니다. 여기서 신에게 돌아간다는 것은 신의 피조물로 천국에 거주하는 그런 차원이 아니라 신과 하나가 됨을 의미하는 것입니다.

카발라의 대표적 문헌인 〈조하르〉에 보면 두 종류의 회개가 나옵니다. 그것은 "낮은 회개"와 "높은 회개"인데 전자는 하늘과 신에 대한 두려움 즉 징벌에 대한 두려움에서 생겨나는 회개이고, 후자는 하늘에 대한 경건한 두려움에서 생겨나는 회개입니다. 신의 거대함과 위대함을 명상할 때 우리를 압도하는 그런 경건한 두려움이 그러합니다. 징벌의 두려움으로 생겨나는 회개는 저열하고 낮은 수준의 회개이지만, 이것은 높은 회개(경건한 두려움)의 디딤돌로 작동하기도 합니다. 기독교인들 포함하여 많은 사람이 낮은 수준의 회개에 머물고 있습니다.

이런 회개 위에는 또 다른 회개가 있는데 이것은 "회개의 회개"로 불립니다. 이것은 높은 회개를 성취하게 되면, 그때 신에게 돌아가지 못한 것에 대한 후회로 아파하게 되는 마음을 말합니다. 여기에서 근원과 합일의 열망이 생겨납니다. 이런 회개를 통하여 신에게 돌아갔을 때 이것이 카발라에서 말하는 진정한 구원입니다. 회개는 온 마음과 영혼을 다하여 내면의 최고 빛을 불러내어 신에게 복귀하는 것입니다.

회개의 의미를 바로 알아서 회개 방식을 바꾸지 않는다면 회개는 내면의 변화를 가져오지 못하고 단지 자기위안과 자기기만에 가까운 습관적 행위가 될 것입니다. 의식이 변하지 않으면 하느님에게 아무리 죄를 사해 달라고 기도와 회개를 천만번 해도 아무런 소용이 없습니다. 그러니 회개하여 용서받았다는 것은 자기 착각 혹은 자기기만입니다. 사람들은 회개하고 다시 잘못을 저지르고 회개하는 일을 반복합니다.

무종교인: 어떻게 하면 내적 변화인 올바른 회개가 이루어질까요?

예수: 올바른 내적 변화가 일어나기 위해서는 강한 의지, 집중력, 앎, 지혜, 믿음 등이 필요합니다. 왜냐하면, 변화가 한순간에 일어나는 것이 아니기 때문입니다. 매 순간 지켜보기, 성찰, 반성을 통하여 마음을 정화해야 합니다. 인간이 완전해질 때까지 윤회와 카르마 법칙이 인간을 회개시키고 교정시킨다고 할 수 있습니다.

카르마는 자신이 행한 것에 대한 결과물이고 회개는 이런 카르마를 중화시키는 방법이라 할 수 있습니다. 카르마 법칙은 우주법칙이어서 아무도 피할 수가 없으나 대처하는 방법은 무수히 많고 대처 방법에 따라 긍정적인 업을 쌓거나 아니면 악업을 쌓기도 합니다.

그래서 원인의 결과 즉 카르마를 만나면 그것에 종속되어 운명적으로 사는 대신에 조화로운 원인을 창조하여야 합니다. 그렇게 되면 그 카르마는 제거되고 카르마 빚을 청산한 것이 됩니다. 이것이 진정한 의미의 회개이고 구원입니다. 자신의 죄를 고백하고 절대자로부터 용서와 구원을 바라는 행위는 회개가 아닙니다.

초연함은 카르마를 극복하는 최고의 방법입니다. 과거의 결과를 초연하게 바라볼 수 있으면 현재가 과거로 인하여 영향 받지 않고 새로운 현재와 미래를 창조할 수 있습니다. 회개와 구원은 존재하는 모든 것에 대한 우리의 태도와 인식을 변화시킴으로써 가능합니다.

내가 전한 비밀가르침에는 내적 변화를 위한 수련법이 있습니다. 대중에게는 알려지지 않았지요. 나는 신의 이름(YHVH) 발성하기, 신의 이름 심상하기, 영적 에너지 끌어오기, 호흡법, 진언, 몸의 신비 센터 개발하기, 지켜보기, 집중, 개념 넘어서기 등을 가르쳤습니다. 이것은 지금도 비의 단체를 통하여 전해지고 있습니다. 이것은 진리의 왜곡과 법칙의 오용을 방지하기 위함입니다.

참된 용서

무종교인: 예수님은 참된 회개가 무엇인지 설명하셨는데 잘못을 저지르고는 피해자에게 용서를 구하지 않고 신에게 회개하여 용서받았다는 사람들이 많습니다. 신이 봐주면 모든 것이 가능하다는 생각으로 보입니다.

그런데 이런 의문을 제기해 봅니다. 잘못을 범한 사람이 피해자와 화해하면 용서를 받은 것이고 형기를 마치면 죄에 대한 책임이 소멸하고 용서가 되는 것일까요? 특히 친고죄의 경우 피해자에게 용서를 받으면 용서가 되는 걸까요? 기독교인이 범죄를 저지르고 이해 당사자가 아닌 신에게 용서를 구하면 용서가 되는 건가요?

예수: 우주는 정교한 법칙에 따라 운영이 됩니다. 신도 법칙에 따라 우주를 다스립니다. 우주가 이런 법칙 없이 신의 자의로 운영이 된다면 우주는 순식간에 혼돈과 무질서로 붕괴하고 말 것입니다. 우주법칙(특히 원인결과의 법칙)은 우주의 정의로움과 질서 그리고 완전함을 위하여 존재합니다.

개인이나 국가가 행하는 용서나 징벌은 이 우주법칙이 실행되는 여러 방법 중 하나일 뿐이지 전부가 아닙니다. 개인적으로 카르마가 작동합니다. 범죄자가 유능한 변호사를 고용하여 죄를 감면받던가, 무죄로 방면되면 나중에 우주법칙이 작동하여 책임을 묻습니다. 피해자가 용서했어도 가해자의 내면이 변하지 않으면 카르마가 사라지는 것은 아닙니다. 시간은 걸리겠지만 우주법칙이 가해자를 효과적으로 변화시킬 방법을 찾아냅니다.

우주법칙은 우리에게 벌을 주기 위해서가 아니라 무지와 욕망으로 범한 나쁜 행실을 교정하여 우리가 완전한 인간이 되도록 하기 위한 사랑의 매이고 채찍입니다. 우리가 완전해질 때까지 우리는 모두 교정의 대상이고, 우리는 자신의 불완전함에 대하여 내면의 참 자아에게 용서를 빌어야 합니다.

내면 의식은 변함이 없으면서 신에게 용서를 빌어서 구원을 받았다고 주장하는 기독교인들은 바리새인과 같은 사람들입니다. 믿음 하나만으로 잘못을 용서받을 수 없습니다. 이것은 신의 말씀인 우주법칙을 모르는 어리석은 사람들의 착각입니다.

잘못한 사람의 내면이 변하여 완전해지는 것이 참된 의미의 용서입니다. 이렇게 되면 신은 더 이상 교정할 것이 없기 때문입니다. 그런 점에서 피해자가 가해자를 용서하는 행위는 가해자가 아니라 피해자의 마음을 치유하는데 도움이 될 뿐입니다. 용서는 우주법칙의 작동을 통하여 가해자의 내면이 변화하여 완전해져서 남에게 피해를 주지 않게 될 때 이루어집니다.

투기 욕망

직장인: 자본주의 사회에서 노동이 아니라 부동산 투기나 주식투자로 억대의 돈을 버는 사람들이 많습니다. 그들은 직장인 1년 연봉을 순식간에 법니다. 일할 의욕이 사라지고 이런 사회와 사람에 분노가 일기도 합니다, 이것이 정당한 방법인가요? 그들은 그런 돈을 벌만큼 좋은 카르마를 가지고 있어서 그런 건가요?

예수: 아주 곤란한 질문이군요. 공산주의나 자본주의나 과도기적 이념이어서 여러 문제점이 생겨납니다. 투기는 인간 사회의 한 단면인데 인간의 욕심이 존재하는 한 일어날 수밖에 없는 일입니다. 돈

이 있으면 이익이 나는 곳에 투자하는 것이 인간이 심리여서 이들을 무조건 비난할 수는 없겠지만 법을 어긴다거나 직위를 이용하여 정보를 알고 투기하는 것은 법만이 아니라 도덕적으로도 비난받아야 합니다.

부동산으로 돈 번 사람을 보면 질투 대신에 그들이 전생에 공덕을 많이 쌓아 그 덕을 보고 있다고 생각하는 것이 정신 건강에 좋습니다.

나는 그들을 옹호하는 것은 아닙니다. 그런 돈이 결코 그들에게 좋은 것만이 아닙니다. 그 돈을 그릇되게 쓰면 바로 엄청난 업보를 받습니다. 지금 사회 구조는 문제가 많습니다. 그래도 발전하는 과정에 있고, 언젠가 하늘나라가 모두의 마음에 도래하는 날 지상에 유토피아가 펼쳐질 것입니다.

뇌와 정보습득

무종교인: 공상과학 영화를 보면, 뇌에 정보를 주입하여 빠른 시간에 언어 등과 같은 능력을 습득하게 하고 심지어 육체를 순간 이동시키는 것도 나오는데 과학이 발전하면 이것이 가능할까요?

예수: 과학자님의 의견을 들어보지요?

과학자: 분명히 말할 수 있는 것은 육체의 순간이동은 이론상 불가능합니다. 그러나 뇌에 정보 주입은 가능할 것으로 보입니다.

심리학자: 후자에 대해서는 제가 설명 드리지요. 이것은 뇌 활동과

긴밀히 연결되어 있습니다. 뇌에는 주로 4개의 뇌파가 관찰되는데, 깨어있는 상태에서 주로 나오는 베타파, 심신이 안정된 상태에서 주로 발생하는 알파파, 잠들기 직전 졸린 상태 때 발생하는 세타파, 그리고 깊은 숙면상태에서 관찰되는 델타파가 그러합니다. 주로 명상 상태에서는 알파파, 최면 상태에서는 세타파가 나옵니다.

그런데 아이들은 많은 시간을 세타파 상태에서 보낸다고 합니다. 연구에 따르면 태아의 두뇌와 생후 6살까지 아이의 두뇌에서는 주로 세타와 델타의 뇌파 진동이 발생합니다. 이 말은 우리가 최면 상태에서 암시에 쉽게 영향을 받아 그것을 사실로 받아들이듯 아이들도 마찬가지로 수용성과 감응성이 예민한 상태에 있다는 의미입니다.

아이들에게 많이 나타나는 세타파는 최면상태만이 아니라 새로운 것을 접하거나, 새로운 장소에 가거나 이것저것 탐색할 때도 발생합니다. 흥미로운 것은 세타파가 장기기억과 관련이 된다는 점입니다. 대부분의 일은 1/10초 정도 지속하고(단기기억) 사라지나 인상 깊은 일은 오래 기억됩니다(장기기억).

그런데 장기기억이 일어날 때 세타파가 주도적으로 발생한다는 것입니다. 어린 시절에 많은 정보를 기억하고 새로운 것을 쉽게 습득하는 이유가 바로 의식이 장기기억과 관련되는 세타파 상태에 있기 때문입니다. 아이들의 언어 습득 능력을 보면 경이로울 정도입니다. 그러므로 뇌를 세타파 상태에 두는 기계를 이용하여 짧은 시간에 수많은 정보를 주입할 수 있으리라 생각합니다.

예수: 미래에는 둘 다 가능할 것입니다. 심리학자가 소개한 뇌파 이론은 훌륭합니다. 중요한 사실은 아이는 부모나 외부로부터 주어

지는 정보나 말에 쉽게 영향 받고 그것을 사실로 받아들인다는 것입니다. 이 시기에 부모가 아이에게 하는 말은 아이의 잠재의식에 사실로 바로 입력이 되고 이렇게 습득된 정보가 한 인간의 운명을 크게 좌우합니다.

긍정적 혹은 부정적 마인드나 삶에 대한 태도 등은 어린 시절 무비판적으로 잠재의식에 스며들어 저장된 수많은 정보와 개념의 결과물입니다. 만약 부모가 아이에 대하여 부정적 말을 한다면 아이는 그것을 사실로 받아들여 그것을 마음에 담아 평생 짊어지고 삽니다.

어린 시절 습득하게 되는 습관(사고방식과 행동)의 상당수가 부모의 행동이나 가정교육에서 기인합니다. 한번 형성된 습관이나 사고방식은 좀처럼 바꾸기가 힘이 들어서 부모의 역할은 참으로 중요합니다. 그러므로 부모는 말 한마디도 가볍게 해서는 안 됩니다. 이런 점을 고려하여 사회적 합의로 아이들에게 긍정적인 사고 함양과 영성 교육을 시키는 것이 필요합니다.

우려되는 것이 어린 자녀에 대한 종교교육입니다. 어린 시절에 형성된 종교 교리의 틀은 평생 갈 수도 있습니다. 이들은 커서도 다른 가르침을 공부하려 하지 않고, 하더라도 자신이 알고 있는 교리의 틀 안에서 이해합니다. 이렇게 되면 의식의 성장이 느려지고 사회 적응에도 문제가 생깁니다. 잘 아시겠지만 무슬림 가정에서 자라난 자녀는 거의가 무슬림이 되고 기독교 가정에서 자라난 자녀는 거의가 기독교인이 됩니다. 그러므로 아이들이 스스로 사고할 나이가 되기까지는 특정 종교 교리를 주입시키면 안 됩니다.

운명에 영향을 주는 것은 잠재의식의 내용만이 아니라 각자가 지닌 고유한 영혼의 속성도 있습니다. 영혼의 힘은 의지를 통하여 언제든지 잠재의식의 내용을 변경시킬 수 있습니다. 그러나 습관이 되어 거의 본능적으로 작동하는 잠재의식에 저장된 내용을 변화시키는데 많은 노력이 필요합니다.

비의 학교에서는 스승이 제자의 동의하에 제자를 최면상태로 유도하여 많은 신비 정보를 전달하기도 합니다. 일상적인 의식 상태에서는 정보 습득에 많은 시간이 필요하지만 최면상태에서는 짧은 시간에 많은 정보를 전달할 수 있습니다.

자유의지

사회자: 앞에서 예수께서는 에덴동산에서 영혼의 추락을 말씀하셨는데 전능하신 하느님께서 이것을 예상 못했다는 것이 이해가 되지 않습니다. 신학자들은 자유의지가 주어져서 그렇다고 하시는데 이에 대한 논쟁이 있습니다. 자유의지에 대한 주제로 넘어가겠습니다.

비교종교학자: 아담에게 선악과를 따먹지 말라는 명령을 하면서 아담의 미래 행동을 예측하지 못한 신이라면 전능하다고 할 수 없는 것 아닐까요? 인간의 자유의지가 신의 능력을 넘어서는 것인가요?

철학자: 제가 답은 드릴 수 없지만 자유의지에 대한 학문적 주장은 알고 있습니다. 사실 이 물음은 인류역사를 통하여 계속 제기되어 왔던 문제이고 철학자들 사이에 쭉 논쟁이 있어왔던 주제입니다.

철학에서 자유의지와 관련하여 다루어지는 것이 보편적 결정론입니다. 이것은 모든 사건은 선행조건에 따라 완벽하게 결정되어 있다는 것입니다. 이 결정론에 따르면 우주에서 일어나는 모든 사건과 운동은 이미 그전부터 결정되어 있으며 어떤 법칙에 따라 합리적으로 움직인다고 합니다.

20세기에 들어와 양자역학이 나오면서 보편적 결정론이 모든 사건에 다 적용될 수는 없다는 것이 밝혀집니다. 그래서 사건이 일어나는 확률만이 결정되어 있다고 하는 '확률론적 결정론'이 나타납니다. 최근에는 모든 사건이 아니라 인간행위에 국한해서 결정론의 성립 여부를 판단하는 것이 추세입니다.

자유의지론과 인간행위 결정론(유전이나 환경 등에 의해 완전히 결정된다는 주장)은 논리적으로 양립이 불가능하기 때문에 서로 분리될 수 없는 주제이기도 합니다. 자유의지론과 행동결정론에 대한 논의는 지금도 계속되고 있으나 현대과학은 점차 인간행위의 결정론에 무게가 실린 증거들을 내놓고 있습니다.

결정론을 받아들이면 우리는 자유의지가 없게 되므로 도덕적 책임이 없게 됩니다. 무엇을 선택하든 이미 결정되어 있으니 결과에 책임을 물을 수가 없는 것입니다. 그리고 자유의지론을 받아들이면 어떤 조건에도 구속이 되지 않으므로 모든 행동은 우연이고 드러난 결과도 우연의 산물이 됩니다. 그러므로 두개 이론은 양립이 불가능합니다.

그러나 양자를 양립 가능하게 설명하는 학설도 있습니다. 인간의 인식은 어느 정도 자유의지가 있으며 자유의지는 인과관계에서 벗어나는 것을 뜻하지는 않는다고 유연하게 설명합니다. 이런 설명은 자유의지에 대한 불교나 신비주의 사상에 많이 접근하는 이론입니다.

자유의지에 대한 불교의 입장은 카르마법칙(원인과 결과의 법칙)과 긴밀히 연결되어있습니다. 절대론에서 설명했지만 결정론은 이전 조건을 따지기 때문에 불교의 인과율과 잘 어울리는 것으로 보입니다. 그러나 행위 결과에 대한 도덕적 책임을 물을 수 없다는 결정론 내용은 불교의 카르마 법칙과는 많이 다릅니다.

불교 입장에서는 모든 사건은 인과율을 벗어날 수 없으나 인간에게는 자유의지가 있어서 언제든지 선택을 통하여 새로운 원인과 조건을 만들어나간다고 합니다. 이렇게 주도적으로 새로운 원인을 만들어 간다는 점에서 절대론과는 비교가 됩니다.

참고로 자유의지에 대한 사전적 의미는 3가지가 있습니다.
1. 윤리학에서, 외부의 제약이나 구속을 받지 아니하고 어떠한 목적을 스스로 세우고 실행할 수 있는 의지를 이르는 말.
2. 심리학에서, 두 가지 이상의 동기에 대한 선택과 결정은 자신이 자유로이 할 수 있다는 의지를 이르는 말.
3. 종교적 처지에서, 인간이 신에 의해 창조될 때 부여되었다는 의지를 이르는 말

예수: 자유의지에 대한 고귀한 견해에 감사합니다. 사실 자유의지에 대한 신비주의적 시각은 훨씬 더 흥미롭고 어떤 면에서는 철학이 넘어서지 못하는 영역으로까지 들어갑니다.

자유의지는 기독교에서 많이 논의되는 주제인데 창세기에 나오는 아담의 타락은 자유의지 없이는 설명되지 않는 부분입니다. 아담에게 자유의지를 주었기 때문에 비록 뱀의 유혹은 있었지만, 아담 자신의 의지로 선악과를 따먹습니다. 그래서 신학에서는 자유의지를 인간의 그릇된 선택까지도 허용하는 신의 배려로 보는 경향이 있습니다.

그런데 신이 전능하다면 아담의 추락을 예측하였어야 하는데 그런데도 방치를 하였다는 것은 아담에게 자유의지가 없었다는 것과 마찬가지 결론에 이릅니다. 만약 아담의 추락을 예측 못하였다면 신은 전능하지 못한 것이 되는 셈이지요. 이런 모순을 바로잡기 위한 신학자들의 여러 설명이 있으나 만족스럽지는 못합니다.

카발라에서는 인간에게 자유의지가 존재하는 이유를 합리적으로 설명합니다. 선악과의 숨겨진 의미, 그리고 인간을 대표하는 이름인 아담이 어떻게 에덴동산에서 추방되어야 했는지에 대하여 구체적인 설명이 나옵니다.

내가 앞에서 신과 우주창조를 설명하면서 조금 언급을 하였지요. 부질서한 빛을 조화로운 빛으로 바꾸는 일이 인간에게 주어졌고 그 부질서한 빛은 예측 불가한 움직임을 보여서 이 일에 참가한 각자에게 이에 대비하도록 자유의지가 주어졌던 것입니다. 이것도 신의 예측능력 안에 있어야 한다면 할 말은 없지만, 근원적 존재와 그 전개 과정에 대한 것은 여러분이 생각하는 그런 사고의 영역을 넘어서 있어서 더 이상의 설명은 하지 않겠습니다.

자유의지와 관련되는 것이 인간의 운명입니다. 태어나면서 운명이 이미 결정되어있다면 자유의지는 아무런 소용이 없는 것이 됩니다. 그것마저 운명의 일부분일 것이기 때문입니다.

운명은 원인결과의 법칙과 직접적인 관계가 있습니다. 카르마에 따른 개략적인 운명(운명의 흐름이라고 할 수 있다)은 존재하나 매 순간 자유의지를 통하여 운명의 흐름을 변화시킬 수 있습니다.

우리는 매 순간 얼마나 자유롭게 의지할 수 있을까요? 우리는 자신이 원하는 것을 하고 좋아하는 것을 선택한다고 생각할 수 있지만 이 또한 자신이 지닌 개념, 유전, 주변 환경, 집단의식 등에 의하여 조절되고 있는 것뿐입니다. 이런 우리의 세상은 환영의 세계로 불리고 삶과 죽음의 수레바퀴로도 불립니다.

자유의지는 모두가 같은 것이 아니라 수준에 따라 크게 다릅니다. 영적 수준이 높을수록 자유의지는 커지고 저급할수록 자유의지는 매우 한정적이 됩니다. 위대한 마스터들은 신에 가까워서 그들의 자유의지는 신에 가깝고 대중들은 의식이 낮아서 거의 환경과 유전과 집단의식, 본능 등에 지배되어 살아갑니다. 그래서 자유의지는 매우 낮은 수준에 있습니다.

철학자: 그러면 예수님의 의지는 신의 의지와 같은 건가요?

예수: 그렇습니다. 하느님과 하나로 존재하면 하나님 의지가 나의 의지가 됩니다.

사회자: 구원 방법에 대하여 언급이 있었는데 예수님은 믿음이 아닌 지혜를 강조하였습니다. 이 지혜가 예수님이 앞에서 언급한 영지사상임을 알 것 같습니다. 영지사상에 대하여 이야기 나누겠습니다.

영지주의와 구원론 비판

비교종교학자: 영지주의가 당신의 비밀 가르침이라 하셨는데 당신의 주장과는 상당히 다른 다양한 의견이 존재합니다. 영지주의를 정통교회 체계에 대한 위협으로 간주하였던 교회 교부(敎父)들은 영지주의가 그리스 특히 플라톤 학파와 철학에서 파생된 것으로 몰아세우고는 영지주의를 맹비난하였습니다.

반면에 성서학자들은 다른 의견들을 제시합니다. 2세기는 동지중해 지역에서 특히 영적으로 철학적으로 번성한 때인데, 수세기 동안 전해 내려오던 많은 아이디어와 신화가 천재적인 재능을 가진 사상가와 종교가들에 의하여 합체되어 만들어진 것이 영지사상이라는 주장을 합니다.

이란, 이집트, 그리스, 바빌로니아 그리고 유대 문명은 이런 아이디어의 원천이었고 영지주의 작가들은 이러한 다양한 요소들을 결합하여 작품을 썼다는 것이지요. 고대 바빌로니아 및 페르시아 문화에서 영지주의의 뿌리를 찾을 수 있다고 주장하는 성서학자들도 있습니다.

헬레니즘 세계의 종교 다원주의 환경에서 탄생하여 2~5세기에 걸쳐 번성한 수많은 종교적 또는 준철학적 운동을 아우르는 개념으로 영지주의를 받아들여야 한다고 주장하는 학자들도 있습니다. 오늘날 학자들은 "영지주의"는 다양한 전통에서 그 뿌리를 찾을 수 있는 광범위한 종교운동을 표현한 것이었다고 주장합니다. 영지주의 가르침을 영지복음서(도마복음, 야고보 비밀가르침 등)에서 언급되는 예수 즉 당신의 비밀가르침으로 보는 학자는 거의 없습니다.

예수: 인간을 깨달음으로 인도하는 영지가르침은 나만 가르친 것이 아니라 기독교가 생겨나기 전에 이미 여러 단체에서도 가르쳤던 내용이었습니다.

1~4세기 동안 여러 신비학교 출신 사람들이 영지지식에 대해서 많은 책을 썼으며 그중에 기독교 신비주의에 관한 책은 내가 제자들에게 비밀리 전해준 영지가르침이었습니다. 나의 비밀 가르침에는 신, 우주, 인간, 우주법칙 등을 포함하는 광대한 영지지식이 포함되어있습니다. 이에 관하여 요한복음서는 이렇게 기록하고 있습니다.

"예수께서는 이 밖에도 여러 가지 일을 하셨다. 그 하신 일들을 낱낱이 다 기록하자면 기록된 책은 이 세상을 가득히 채우고도 남을 것이라고 생각된다(요한 21:25)."

영지주의의 구원 개념은 동양종교에서 볼 수 있는 무지와 고통에서 벗어나 깨달음을 얻는 개념과 많이 가깝습니다. 정통교회는 내가 인류의 죄를 대속하기 위하여 왔고 그래서 인류는 구원을 받을 수 있게 되었다고 주장합니다. 그러나 기독교 영지주의자들은 기독교 교리의 근간이 되는 이런 구원론을 단호하게 거부하였습니다. 왜냐하면 그것은 내가 설한 진리가 아니라 교부들이 창작한 논리였기 때문이었습니다.

영지주의자들에게 나는 인류의 죄를 대신하여 죽은 구원자가 아니라 신성을 드러낼 수 있는 비밀을 알려준 지혜의 전달자였습니다.

지금 전해지는 기독교 영지주의 복음서 내용은 후대 사람들에 의해서 상당히 많이 변형되어 전해지고 있습니다. 시대 상황과 문헌 저자들의 의도에 따라 새로운 아이디어가 더해지는 창작과정을 거친 것입니다. 그래서 영지주의란 이름 아래 상당히 다른 내용이 나타났습니다. 그러나 인간 영혼은 신성한 존재 즉 신의 불꽃이고 지금은 무지 때문에 신성이 잠들어 있지만 결국은 진리를 통하여 신과 하나가 된다는 것에는 다르지 않습니다. 이것이 영지사상의 위대함입니다.

비교종교학자: 당신의 비밀 가르침인 영지주의에 대하여 좀 더 말씀해 주시겠습니까?

예수: 초기기독교 시대에는 지금과 같은 체계화된 거대 교회도 없었고, 정통기독교도 없었습니다. 기독교는 처음부터 여러 분파가 분

리되어 존재했습니다. 초기 기독교에는 나에 대한 다양한 종류의 신앙과 해석이 존재했고 그중에 여러 영지주의 단체도 있었습니다. 로마가톨릭은 그중에서 가장 큰 그룹이었습니다.

로마황제에 의하여 기독교가 공인되기 전까지는 영지주의 복음서는 지금 우리가 알고 있는 여러 복음서와 함께 내 가르침을 전하는 경전이었습니다. 내 사후에 나의 가르침을 두고 지금의 그리스도교와 영지주의 간의 논쟁이 있었습니다. 2세기에 활발하였던 영지주의 활동은 정통 그리스도교 교부들의 박해 속에서 점차 세력이 약해졌으나 그래도 4세기까지는 어느 정도 존속하였습니다.

로마교회의 기독교 국가공인(AD313년)과 니케아종교회의(AD325년) 후에 콘스탄티누스 황제는 로마교회와 일치하지 않은 그룹이나 단체를 여러 가지 방법으로 없애려 하였습니다. 많은 작품과 문서가 압수당하였는데 그중에는 영지주의 작품이 많았습니다.

교회 교부나 로마황제에게는 일반 대중의 통제를 위해서 대중의 이성을 자극하는 가르침 대신에 감정적이고 맹목적인 신앙이 필요하였습니다. 그래서 그들의 정치적 목적이나 지배에 가장 적합한 내용을 지닌 복음서는 살리고 신비주의적이고 이성을 강조하는 복음서는 이단이라는 이름으로 파괴하였습니다. 결국, 수많은 영지주의 복음서가 파괴되어 사라져 갔습니다.

윤회는 영지주의의 핵심 이론이었습니다. 영지주의는 맹목적인 믿음이 아니라 이성을 동반한 지식(영지)을 통한 신과의 합일을 주장했습니다. 영혼이 무덤과 같은 육체에서 해방되어 신에게 돌아가는 것이 구원이었습니다. 영지 즉 신비 지식은 신에게 돌아가는 구원 방법이었습니다. 영지주의자들은 인간의 영혼과 하느님의 신성(神性)은 동일하다고 믿었습니다.

초기교회 교부들은 자신들의 교리와 자신들의 이익을 대변하는 교회체계를 유지하기 위하여 영지주의를 신랄하게 비판하였습니다. 그리스도 대속론에 매여 있었던 교부들은 영지를 통한 구원을 내세우는 영지주의자들을 용납할 수 없었지요. 그들은 영지주의에 대한 깊은 이해 없이 자신들의 잣대로 영지주의를 재단하고 이단시하면서 온갖 험담과 비판을 가하였습니다.

이런 영지 가르침은 내가 소수의 준비된 제자들에게 비밀리 전한 것이었고 나중에 이런 가르침이 제자들의 추종자들에게 전해지는 과정에서 다양한 해석과 상상력이 더해지고 가톨릭 교리에 대한 반발심이 더해져서 원래의 영지주의 내용에서 상당히 벗어난 주장도 생겨났습니다.

다행스럽게도 영지주의 복음서가 1945년에 이집트의 나그함마디라는 시골 마을에서 발견되어 세상에 모습을 드러내었고 영지주의 복음서에 대한 연구가 급진전되었지요. 나그함마디 장서 중에서 도마복음서는 내 생각을 가장 잘 보여주는 복음서입니다.

비교종교학자: 지금의 기독교에서는 영지주의를 굉장히 이단시하고 경계하고 있습니다. 기독교는 뉴에이지 운동과 결부시켜서 영지주의를 바라보기도 합니다. 기독교인들은 뉴에이지 운동을 거의 사탄 취급하는데 그들은 뉴에이지가 추구하는 내용이 영지주의 가르침과 같다고 주장합니다. 심지어 지금은 고인이 된 교황 요한 바오르 2세는 뉴에이지를 가장하여 고대 영지주의 사상으로 복귀하는 것을 경고하기도 했습니다.

예수: 한번 잘못 끼워진 단추 때문에 일어나는 일입니다. 대속론이 핵심 교리로 자리 잡고 나서는 믿음 이외에는 그 어떤 진리도 거부

되고 이단시되고 있습니다. 인간의 신성을 부정하고 인간을 영원한 죄인으로 만들어버린 기독교 구원론은 인류 지성에 대한 반역이고 신에 대한 반역이기도 합니다.

영지 가르침은 기독교가 생겨나기 전에 이미 위대한 많은 성자가 가르쳤던 내용입니다. 그래서 광의의 차원에서 보자면 고대 지혜 가르침, 헤르메스 철학, 카발라, 불교, 이슬람 수피즘, 신지학, 힌두교 등도 영지가르침의 범주에 속한다고 볼 수 있습니다.

1세기에 내가 전한 비밀가르침은 기독교 영지주의로 불리고 이것은 영지를 전하는 다른 여러 신비 단체의 가르침과 크게 다르지 않습니다. 진리는 하나이기 때문에 본질적으로 다를 수가 없기 때문입니다. 영지는 특정한 시기의 특정한 단체의 가르침이 아니라 모든 고급 종교를 통하여 흐르는 공통된 가르침입니다.

내가 활동하던 시기에 이미 영지를 전하는 여러 신비학교가 중동, 소아시아, 이집트 등지에 존재했고 이들은 우주적 차원에서 적극적으로 나의 활동을 지원하였습니다. 내가 준비된 제자들에게 전해준 영지주의에 대한 이해 없이는 나를 바로 알 수 없고 성경을 바르게 해석할 수가 없습니다.

비교종교학자: 당신의 가르침이 기독교에서 사라졌다는 말이군요?

예수: 그렇습니다. 복음서에 나오는 내 가르침만이라도 바르게 해석되었으면 합니다. 영지사상이 기독교를 대체할 날이 왔으면 합니다.

심리학자: 예수님 말씀을 들으니 기독교 구원론은 진리가 아님이 확실해졌습니다. 심리학자로서 여러 종교인을 만나면서 우려된 것이 기독교인의 책임의식입니다. 앞에서 제가 언급한 것 같은데 중요하

여 다시 말씀드립니다, 종교에서 구원의 문제는 교리의 중심에 있고 신도들의 행동을 지배하는 요인입니다. 자신을 죄인으로 상정하는 기독교에서 구원은 필연적으로 그 죄에 대한 절대자의 용서가 동반되어야 하는데 용서에 필요한 것이 하느님에 대한 믿음과 복종입니다.

반면 동양종교는 인생의 괴로움이나 죽음에서 구원은 수련이나 수행을 통한 자기 극복의 문제로 보기 때문에 자신의 내면을 깨워 자신이 누구인지 아는 것이 구원입니다.

이처럼 기독교인은 구원을 외부에서 찾고 동양종교인은 구원은 내부에서 찾는데 이런 상반되는 구원관은 삶의 행로에 엄청난 영향을 미칩니다. 종교 가치관 혹은 종교의식이 형성되는 과정은 인종이나 민족의식 혹은 성의식이 형성되는 과정과 크게 다르지 않습니다.

인종의식, 민족의식, 지역의식, 남녀성의식 등은 소속 집단의식의 산물이고 이런 의식은 처음부터 우리가 가지고 태어나는 것이 아니라 어린 시절부터 교육(가정교육, 공교육, 매스미디어 교육 등)을 통하여 혹은 소속된 집단의 문화나 가치관의 영향을 받아 형성됩니다.

이렇게 형성된 가치관은 평생 삶에 영향을 미치게 됩니다. 특정 인종이나 피부색 혹은 지역에 대한 선입감이나 편견은 물론이고 심하게는 혐오감까지 지니게 됩니다. 여기에는 논리나 이성보다는 주입된 사고와 습관적 반응이 우선합니다. 이런 편견의식은 인종이나 문화에 그치는 것이 아니라 종교에도 적용됨은 물론입니다. 상당수 기독교인이 불교를 우상 숭배하는 미신 비슷하게 보는 것도 종교집단의식에 의하여 심어진 편견입니다.

특종 종교관에 근거한 가치관이 형성되면 이것은 행동이나 판단의 잣대가 되고 삶의 행로에 커다란 영향을 미치게 됩니다. 특히 구원과 관련된 종교교리는 추종자들의 사고에 커다란 영향을 미치는 것은 확실합니다.

교도소에는 죄인 교화를 담당하는 성직자가 있는데 가장 인기있는 종교가 기독교라는 통계가 있습니다. 어떤 죄를 범하였건 예수 믿고 회개하면 구원을 얻는다니 죄수들에게는 로또 복권이나 마찬가지입니다. 과정보다는 결과를 중시하고 과거불문 단번에 용서가 된다니 이것보다 더 좋은 교리가 어디 있겠습니까?

솔직히 사형수나 중대 범죄인에게 자신이 범한 죄를 후생에 그대로 받게 된다는 불교교리는 받아들이기 어려울 것입니다. 기독교 교리가 이들에게 희망을 주고 참회할 수 있는 기회를 부여하는 점은 긍정적입니다. 그러나 자신이 행한 것은 자신이 책임지는 모습이 회개하는 사람의 바른 자세가 아니겠습니까?

저는 이런 책임지는 카르마 철학이 세상을 정의롭게 하고 사람 사는 세상을 만든다고 생각합니다.

기독교와 미신

승려: 목사님에게는 미안하지만, 학자님 말씀에 속이 후련합니다. 개인적인 만남이나 방송 매체를 통하여 접하게 되는 기독교인들만의 특징이 있습니다. 상대방의 사상이나 종교를 무시하고 일방적으로 자신의 교리를 선교하는 것, 다른 종교에 대한 우월의식, 심하면 다른 종교를 사탄 취급하거나 미신 취급하는 것, 말로는 사랑과 평화를 내세우나 자신의 교리를 위해서는 폭력을 행사하는데 주저함

이 없는 것, 성경에 근거하여 살다 보니 세상을 보는 시야가 몹시 좁은 것 등입니다.

그러나 흥미롭게도 기독인들은 자신들의 교리가 굉장히 믿을 만하다고 생각하면서 다른 종교교리에 대해서는 미신적인 요소가 강하다고 생각합니다. 이것을 비유적으로 설명하자면 자신들은 많이 배우고 세상 물정에 밝은 문명인으로, 타 종교인들은 배운 것이 없고 세상 물정 모르는 미개인으로 본다는 것입니다.

제사나 점, 사주, 불상 등의 주제에 대해서는 한결같이 "난 크리스천이어서 제사 같은 것 안 지내고 점 같은 것도 안 보고 우상 같은 것에 절하지도 않아요." 이런 말을 하고는 "자신의 교리가 과학적이고 합리적이지 않는가?"라는 당당한 표정을 지으며 속으로는 "그런 미신을 왜 믿는지 한심한 인간들"이라며 오만한 표정을 감지 않습니다.

물론 점이나 사주가 믿을만하다는 말은 아닙니다. 그러나 전통문화로 이해할 수 있는 것(예를 들면 굿, 고사, 장승 등)을 무조건 미신으로 몰아버리는 것이나, 다른 종교의 성물인 불상에 절하는 것이나, 제사 때에 조상에게 절하는 것을 우상숭배로 보는 것은, 상식적으로 용납이 되지 않습니다. 정도껏 해야지요.

이런 행동은 그나마 견디어 보겠지만 사찰에 들어가 땅 밟기, 기도하기, 찬송가 부르기, 선교하기, 불상 파괴하기 같은 추잡한 일들이나, 공직자가 공사를 구분 못하고 자신의 종교적 신념을 업무와 관련하여 드러내거나 펼치는 일은 거의 범죄행위에 가까워서 지나칠 수가 없습니다. 이대로 방치하면 그 오만함과 무지함이 나라의 근간을 흔들 것입니다. 우리는 중세시대에 교회에 의하여 저질러진 종교재판과 마녀사냥을 기억해야 합니다.

비교종교학자: 스님, 맺힌 것이 많아 보이십니다. 성경형성역사, 교리형성역사, 교회조직역사, 예수연구, 성경의 실증학적 연구, 성경의 상징연구를 통하여 드러난 기독교의 모습은 우리가 아는 진실과는 많이 다릅니다. 이런 정도까지 공부하지 않더라도 알 만한 사람들은 기독교 교리가 얼마나 터무니없고 비논리적인지 알고 있습니다. 심지어 미신적인 수준이라는 것도 압니다. 그런데 기독교인들만이 자신들의 교리가 과학적이고 합리적이라고 생각합니다. 성경구절이나 교부들이 만든 교리의 모순적인 내용이나 비과학적인 내용을 언급하자면 끝이 없을 지경입니다.

옛날 교회에서는 아담의 갈비뼈로 이브를 만들었다는 성경구절을 그대로 믿어 남자와 여자의 갈비뼈 숫자가 다르다고 생각했습니다. 성경을 그대로 믿어 진짜로 노아의 방주가 존재했고 지상에 존재한 모든 동물의 쌍이 그 배에 탔다고 믿었으며, 지금도 믿는 사람들이 있습니다, 성경구절에 근거하여 지구역사가 6천 년이라고 믿었고 지금도 믿는 사람들이 있습니다. 태양이 지구를 돈다는 천동설을 믿었고, 6일의 천지창조도 믿고 있습니다. 이런 수준에 머물면서도 다른 종교를 미신으로 몰아버리는 오만방자함은 적반하장의 극치를 보여줍니다.

저명한 인사들의 기독교에 대한 논평을 보면 이런 점을 분명히 알 수 있습니다. 니체는 "기독교의 가치관이란 반인간적이고 또한 삶에 적대적이다. 따라서 기독교는 노예근성의 소유자들, 나약한 자들, 그리고 무능한 자들에게만 적합한 것이다."라고 말했고, 존 스튜어트 밀은 "지옥을 만들어 내는 존재를 생각해 보라. 인류의 대다수가 끔찍스러운 영겁의 형벌을 받게 되어 있다는 것을 미리 분명히 알면서, 따라서 그렇게 할 의도를 가지고서 인류를 창조한 존재를 생각해 보라. 도덕적 선악을 조금이라도 느낄 줄 아는 사람이라면 누구나 이런 생각을 분하게 여기면서 바라보게 될 시대가 가까워 오고 있다고 나는 믿는다."

루소는 "나는 스위스에서 아들에게 기독교를 가르치지 않는 어느 어머니를 보았다. 그 까닭은 이 조잡한 가르침에 만족해 버리고 이성에 깃들 나이에 이르렀을 때 보다 나은 가르침을 경멸하게 될까 봐 두려움 때문이다."

토마스 제퍼슨은 "최근에 나는 세계적으로 잘 알려져 있는 미신(신화)들을 살펴보았지만, 우리의 특별한 미신(기독교)이 다른 것에 비해 더 낫다는 점은 발견하지 못했다. 미신들은 한결같이 우화와 신화에 근거를 두고 있었다."라고 했습니다.

미신은 "합리적인 근거가 없는 것을 맹목적으로 믿는 것"입니다. 이것에 근거한다면 기독교는 미신이라고 봐도 큰 무리가 없습니다. 성경을 문자적으로 해석하는 것이 아니라 상징적으로 그리고 심층적으로 해석할 때 비로소 성경은 미신적인 수준에서 벗어난다고 생각합니다.

예수: 학자님께서 인간심리를 잘 파악하시고 좋은 지적을 하셨습니다. 카르마, 즉 원인과 결과의 법칙은 우주를 정의롭게 하고 우주를 지배하는 법칙입니다. 이 법칙에 벗어날 방도는 없습니다. 사람들은 이 간단한 법칙을 무시하고 살아가는 것 같습니다. 카르마를 고려하면 행동에 주의해야 하는데도 겁 없이 그릇된 행동을 행합니다.

남을 모함하거나 사기를 치고 부정한 수단으로 재산을 축적하고 거짓말을 밥 먹듯이 하면서도 마음 편하게 살아가는 사람들이 너무 흔합니다. 사람들이 "원인과 결과의 법칙"을 받아들이고 살아간다면 참으로 조화로운 세상, 정의로운 세상이 될 것 같습니다. 난 성경에서 이 법칙을 여러 번 언급하였지만 대속론 때문에 묻히어졌습니다. 다시 강조하지만, 구원은 신에 의존하거나 신에게 청탁하거나 신의 사면을 통하여 일어나지 않고 인내와 끈기로 자신의 내면을 닦아 나가는 것에 달려있습니다. 그리고 기독교인들은 모르겠지만 오늘날 기독교는 미신적인 요소가 상당히 있습니다.

진짜 믿음

철학자: 그러면 진짜 믿음은 무엇일까요? 성경에 보면, 당신께서는 믿음을 종종 언급했습니다. 당신이 말하는 믿음은 무엇입니까?

예수: 그런 구절이 나온다면 그것은 맹목적인 믿음이 아니라 이성이 동반된 완전한 앎을 의미합니다. 기독교인들은 교리에 대한 여러 가지 의문에 대하여, 일단 하느님과 나를 믿으면 된다는 말을 자주 합니다. 여기서 모르면서 믿음이 생겨날 수 있느냐 하는 것입니다.

낯선 사람을 경계하고 모르는 길은 조심하게 되는 것이 사람 마음이고, 회사에 취업할 때도 업종이나 재정 견실도 사회기여도 등을 조사하는 것이 상식이고, 결혼을 하려고 해도 상대방에 대한 여러 정보를 알아보고 하는데, 하물며 영혼의 문제와 관계되는 중대한 종교 문제에 있어서는 더더욱 조심스럽게 탐구하고 연구하는 것은 지극히 정상입니다. 그러므로 참 믿음의 전제조건은 앎입니다. 많이 알수록 믿음이 더욱 견고해 집니다.

어떤 법칙의 작동원리를 알게 되면 그 법칙에 대한 믿음이 생겨나듯이 신에 대하여 많이 알게 되면 그만큼 신에 대한 믿음이 커지는 법입니다. 중세시대에 지구가 평평하다는 믿음, 지구가 우주의 중심이란 믿음은 확고부동한 진리였지요. 그러나 모르면서 무조건 믿는다고 거짓이 진실이 될 수는 없는 것입니다.

그러므로 이성과 식별력으로 신에 대하여 명상하고 연구하고 경전에 대하여 연구하여 많이 아는 것이 신과 경전에 대한 믿음을 증가시킵니다. 그러므로 맹목적 믿음은 반드시 피해야 할 일입니다. 아는 만큼 믿음이 커집니다. 이 단계를 거쳐 어느 정도 수준이 올라가야 비로소 언어나 사고로 표현할 수 없는 체험의 문제를 논할 수 있습니다.

승려: 예수님 말씀을 들으니 붓다가 하신 말씀이 떠올랐습니다.

「그대가 들은 것을 맹목적으로 믿지 말라.

여러 세대를 통하여 전해 내려온 전통이라는 이유만으로 믿지 말라.

많은 사람이 소문을 내고 말한다는 것만으로 믿지 말라.

고대 현자의 말씀이 기록된 것이란 이유만으로 믿지 말라.

억측으로 믿지 말라.

습관적으로 집착해온 것을 진실하다고 믿지 말라.

스승과 연장자의 권위를 이유로 맹목적으로 믿지 말라.

관찰과 분석 후에 이성적으로 수긍이 가고,

모두를 선(善)으로 이끌고 이익이 될 때,

비로소 그것을 받아들여 실행하고 그것에 따라 살라.」

예수: 맹목적인 믿음에 의존하는 오늘날 사람들이 명심해야 할 말씀으로 보입니다.

명상법

사회자: 구원의 길은 믿음이 아닌 지혜/영지란 말씀을 강조하셨는데 깨달음에 이르는 구체적 방법에 대해서는 언급하지 않으셨습니다. 사실 성경에는 전혀 그런 방법이 나오지 않고 기독교에서는 명상 같은 것에 관심도 없습니다.

예수: 성경은 무지한 대중을 위한 설교였지요. 당시 대중 수준이 낮아서 수준 높은 내용을 말할 수 없었습니다. 거의가 도덕적인 내용입니다. 성경에 없다고 명상법이 무시되어서는 안 됩니다. 나는 준비된 제자들에게 높은 수준의 명상법을 가르쳤습니다.

당시 대중의 의식 수준을 보여주는 이런 일도 있었습니다. 나는 대중 앞에서 이런 말을 했지요. "만일 여러분이 나의 살과 피를 먹고 마시지 않으면 여러분 안에 생명을 간직하지 못할 것입니다. 그러나 내 살을 먹고 내 피를 마시는 사람은 영원한 생명을 누릴 것이며 내가 마지막 날에 그를 살릴 것입니다. 내 살은 참된 양식이며 내 피는 참된 음료이기 때문입니다. 내 살을 먹고 내 피를 마시는 사람은 내 안에서 살고 나도 그 안에서 삽니다. 이것이 바로 하늘에서 내려 온 빵입니다."

이 말을 이해 못 한 사람들이 "이렇게 말씀이 어려워서야 누가 알아들을 수 있겠는가?"라고 수군거렸지요. 그래서 "육적인 것은 아무 쓸모가 없지만, 영적인 것은 생명을 줍니다. 내가 여러분에게 한 말은 영적인 것이며 생명입니다."라며 앞에서 비유를 든 것이 모두

영적인 것이었다고 말했지요. 그런데 이 일이 있고 나서 나를 따랐던 많은 제자가 나를 버리고 떠나갔습니다. 그들은 진리를 두고 내가 한 비유를 이해 못하였습니다.

이 당시에 이교도 문화에서는 피 희생의식이 일상적이었고 사람들은 내 말의 참 의미를 모르고 자신들을 시체나 먹는 그런 사람이 되라는 것으로 오해한 것입니다. 떠난 사람들은 내 말을 문자 그대로 받아들여 영적인 의미를 보지 못했습니다. 지금이야 이런 말을 오해하는 사람이 거의 없겠지만, 당시만 해도 대중의 의식수준이 낮아서 일어난 일이었습니다. 살과 피는 내가 전하는 진리의 상징이었는데 이를 이해하지 못하였지요.

불교에는 유익한 명상법이 많이 있다고 알고 있습니다. 우선 불교 명상법에 대해 스님께서 말씀해 주시지요?

승려: 여러 수행법 중 대표적인 것이 사마타 수행법입니다. 집중 혹은 선정으로 번역되며, 흩어져 산만한 마음상태를 하나의 대상에 집중함으로써 고요함과 평온함을 얻게 하는 것입니다. 사마타 명상법은 파탄잘리의 "요가 경전"에 잘 설명되어 나옵니다. 집중의 마지막 단계가 범아일여 상태인 삼매입니다. 가장 높은 단계인 무상삼매에서 신과 동조하고 우주의 지혜가 드러납니다.

사마타와 대조를 이루는 수행법이 위빠사나 수행법인데 이것은 통찰, 관, 마음챙김으로 번역되며 매 순간 마음을 챙겨 즉 명료하게 깨어서 몸(色)과 마음[감각(受), 인식(想), 의지(行), 의식(識)]에 일어나는 현상을 실제 일어나는 그대로 알아차림으로써 그 본성을 꿰뚫어 보게 합니다. 위빠사나는 육근(안 이 비 설 신 의)을 통해 일어나는 현상들을 통찰하면서 모든 것이 무상하고 나라는 것은 없고 모든 것이 고라는 것(삼법인)을 알아차리는 것입니다.

위빠사나를 통하여 지혜가 드러나고 마침내 열반에 이릅니다. 이것은 사물에 대한 일체의 시비분별이 일어나기 전, 생각이 일어나기 전, 있는 그대로 바로 직관하는 방법입니다. 마음 챙김은 인식 이전의 마음, 어떠한 관념도 없는 상태에서 이뤄져야 합니다. 그래서 통찰이라 부르고 주시라 하기도 하고 명료하게 깨어있음이라 합니다.

위빠싸나 수행법에는 아랫배의 일어남과 사라짐에 집중하여 지켜보기, 호흡에 집중하여 지켜보기, 느낌에 집중하여 지켜보기 등이 있습니다. 위빠사나 수련은 불교 초기경전인 대념처경의 사념처관법(四念處: 몸, 느낌, 마음, 법을 대상으로 순간순간 일어나는 변화를 알아차리는 수행법)에 근거합니다.

북방불교는 수련법으로 선을 중시합니다. 선은 불교가 중국에 들어와 중국인의 사유체계에 맞게 생겨난 수련법입니다. 선불교의 불립문자, 추상성, 반전과 함축, 논리적 사유의 부정 등으로 사람들을 혼란스럽게 한다는 의견도 있습니다. 논리의 세계를 벗어난 선문답에서 요구하는 것은 문자나 말에 매이지 말고 현상 너머 존재하는 진리를 바로 보라는 메시지입니다.

남방과 북방 불교에 이어 나타난 것이 티베트불교 즉 밀교(密敎)입니다. 탄트라 혹은 밀교라 불리는 티베트불교는 아주 새로운 수련법을 보여주는데, 진언과 만다라 그리고 심상화법이 그 특징입니다. 여기서는 명상법으로 진언, 만다라, 심상화가 사용됩니다.

예수: 자세한 설명에 감사드립니다. 불교 명상법은 불교에만 적용되는 것이 아니라 모두에게 적용되는 소중한 수련법입니다. 목사께서는 기독교에 명상법이 있는지 말씀해보세요.

목사: 기독교에서는 명상을 묵상이라 칭하는데 마음을 하나님의 생각이나 말씀으로 채우는 것입니다. 즉 하나님의 말씀에 귀를 기울여 그 말씀에 담긴 심오한 의미를 찾고 그 말씀에 순종한다는 것입니다. 동양 명상과 확연히 구별되는 묵상의 특징은 하나님이란 대상에 집중한다는 점입니다.

예수: 좋은 방법입니다. 묵상을 통하여 성경에 나오는 구절을 바르게 이해하는 것이 중요합니다. 카발라에서는 토라를 4가지 의미로 해석합니다. 4가지 의미가 중첩되어 숨어있는 것이지요.

첫째는 '페샤트'(peshat)로서 문자 그대로 해석을 하는 것이고, 두 번째는 '레마즈'(remez)로서 은유적 해석이며, 세 번째는 '데라쉬'(derash)로서 장시간 검토와 연구를 통해 깊숙이 깔려있는 내용을 명료하게 전달해 주는 해석이며, 네 번째로 '소드'(sod)로서 비유 속에 감추어진 내면적인 의미를 발견하는 것으로 신비적 해석입니다. 보통 우리는 문자적 의미에 한정되어 구약성경을 이해하나 카발리스트들은 4가지 차원을 다 보고 일반인이 보지 못하는 신비를 이해합니다.

카발라에서는 우주를 4개의 세계(영계, 멘탈계, 아스트럴계, 물질계)로 구분하는데 토라는 이 4개 차원으로 해석이 되는 것입니다. 모세오경 즉 토라에 나오는 이야기를 문자적으로 이해하면 너무도 많은 것을 놓치게 되며 터무니없는 이야기도 믿어야 하는 곤란한 상황에 부닥치게 됩니다. 우리는 외관 안에 숨어있는 진짜 토라를 보는 지혜를 얻어야 합니다. 그렇게 될 때 신의 숨이 토라를 통하여 이 세상에 작동하는 신비를 보게 됩니다. 나는 성경에서 이런 말을 하였습니다.

네 마음을 다하고 네 영혼을 다하고 네 힘을 다하고 네 생각(뜻)을 다하여 하느님을 사랑하라(Thou shalt love the Lord thy God with all thy **heart**, and with all thy **soul**, and with all thy **strength**, and with all thy **mind**, 누가복음 10장 27절)

사람들은 이 내용을 올바르게 해석하지 못합니다. 막연히 온 힘을 다하여 하느님을 사랑하라는 뜻으로 알고 있습니다. 나는 사람들에게 하느님을 사랑하기 위해서는(다른 말로 참 자아를 알기 위해서는) 육체(strength)와 가슴(heart)과 마음(mind)과 영혼(soul)의 힘을 다하라는 취지로 말했습니다. 육체, 가슴, 마음, 영혼은 카발라 우주관에서 우주를 구성하는 4개의 세계와 연관되고 인도의 4개 요가와도 연관됩니다.

인도 요가는 신과 합일을 위한 방법으로 가슴(사랑)의 길인 박티 요가, 영혼(신성 의식)의 길인 라자 요가, 마음(지성)의 길인 지냐나 요가, 육체(행위)의 길인 카르마 요가를 제시합니다.

가슴의 길은 신에 대한 사랑과 헌신을 통하여 신과 만나고, 영혼의 길은 우리 내면의 신성한 힘을 드러내어 신과 만나고, 마음의 길은 지성을 통하여 신을 만나고, 육체의 길은 자기를 비우고 모든 것을 신에게 바치는 행위를 통하여 신과 만남을 추구합니다.

힘을 다하기 위해서는 영혼의 신성한 속성과 마음의 작동원리 그리고 열정과 헌신 같은 감정적 속성을 다스릴 수 있어야 하고, 육체적 노력이 필요함을 말합니다.

오늘날 기독교인은 육체나 가슴으로만 신을 사랑하려고 합니다. 마음(지성))과 영혼(영혼의 영적 속성)에 대한 이해가 부족하여 신을 온전히 사랑할 수 없습니다.

이처럼 각성의 길은 다양합니다. 그러므로 깨달음 방법을 두고 어느 것이 옳고 어느 것이 그르다던가, 아니면 자신의 방식이 최고라는 주장은 경솔한 일입니다. 각자의 수준에 어울리는 방법을 선택하여 나아가야 합니다.

확실한 것은 깨달음은 자기 자신이 누구인지 아는 것에서 출발하며 태어나서 인간이 목숨 걸고 추구해야 하는 가장 가치 있는 일이라는 것입니다. 또한 우리 모두가 이 경지에 도달할 때까지 삶과 죽음의 수레바퀴(윤회의 사슬)에서 벗어나지 못한다는 점입니다.

카발라

비교종교학자: 세상에 알려진 이런 기법 말고 예수님이 알고 있는 기법은 있는지요?

예수: 앞에서 근원을 언급하면서 카발라에 대하여 말하였는데 이것은 최고의 가르침입니다. 이 가르침을 이해하여 자신의 것으로 할 수 있다면 신과 합일이 열쇠를 얻은 것과 마찬가지일 것입니다.

카발라는 우주라는 거대한 그림 속에 인간이 어떤 위치에 있는지 우리가 정의내릴 수 있도록 도와주는 위대한 지침서입니다. 인간이 왜 존재하는지, 태어나서 살아가는 삶의 목적이 무엇인지, 인간은 어디에서 와서 어디로 가는지, 카발라는 답을 보여줍니다. 카발라의 핵심은 생명나무에 있습니다. 카발라의 생명나무는 상당한 지식과 이해가 필요한 영역입니다. 그래서 아주 간단히 설명해 드리겠는데 생소한 개념에 당황할 수 있을 것입니다.

카발라에 가장 중요한 개념인 생명나무를 구성하는 것이 10광

(光) 즉 10개의 세피로트입니다. 신은 10광(세피로트)으로 구성된 생명나무를 통하여 저급하고 조잡한 물질계와 접촉할 수 있습니다. 즉 생명나무는 무한과 유한(물질 우주) 사이에 놓인 사다리이지요. 이것은 무한 존재가 부정(부질서, 부조화)이 존재하는 물질계로 단계적으로 하강(10단계)하는 길이며 비유를 든다면 각 단계는 고압 전류를 낮추는 변압기에 비유될 수도 있습니다.

카발라에서는 상징적으로 이 생명나무를 아담카드몬(원초인간)으로 부릅니다. 아담카드몬의 육체를 구성하는 10개의 세피로트는 신의 속성을 띠고 있습니다. 이것은 어떤 의미에서 신의 첫 번째 창조물(발출)이었습니다. 이어서 이 아담카드몬의 형상을 본떠서 우리 인간(소성인간)이 창조되었습니다. 이 말은 인간은 자신 안에 축소판 생명나무를 가지고 있으며 신의 10개 속성이 우리에게 현시하고 있다는 의미입니다.

창세기의 인간 창조 구절은 이 법칙으로 설명이 되는 좋은 예입니다. 신이 자신의 이미지로 인간을 형성하였다는 것은 신의 이미지만이 아니라, 그 속성마저 인간에게 그대로 존재한다는 의미입니다.

카발라에 따르면 신은 생명나무의 10개 빛(세피로트)으로 그 모습을 드러냅니다. 생명나무를 구성하는 신의 10개 속성(왕관, 지혜, 지성, 아름다움, 자비/사랑, 정의, 근본/기초, 견고함/승리, 광휘/영광, 물질왕국)은 우리에게 그대로 반영되어 빛나고 있습니다. 이 10개의 속성을 깨워서 우리 삶에 개화시킨다면 신성한 인간이 되는 것입니다. 세상도 마찬가지입니다. 신의 10개 속성이 세상에 온전히 반영된다면 이 세상이 바로 하늘나라입니다.

카발라에서는 4개의 계가 우주를 구성하는 것으로 되어있습니다. 이 4계를 통하여 우주가 창조되는 과정은 이러합니다. 영계에서 신은 창조 필요성을 자각합니다. 신의 마음이 작동하는 멘탈계에서 신은 창조를 위하여 필요한 여러 가지 계획을 세우고 실행합니다. 아스트럴계에서 신의 계획은 좀 더 구체화되기 시작합니다. 마침내 신의 계획이 물질계에 드러납니다.

이것을 건축사에 비유하여 설명한다면 우선 건물을 창조하겠다는 생각이 있고(영계) 이것을 설계도로 작성하고(멘탈계) 이어서 창조에 필요한 재료를 구입하여 건물을 짓기 시작하고(아스트럴계) 마침내 건물이 완성되어 나타납니다(물질계).

생명나무를 통하여 신의 창조 능력이 인간에게 부여되어 있기에 우리가 생각으로 여러 가지 창조(치유, 발명, 문화 활동 등)를 할 수 있습니다. 신의 의지가 우리의 마음을 통하여 현시되고 있는 것입니다. 상징적으로 말한다면 인간은 창조를 위한 신의 손과 발인 셈입니다. 신은 자신의 일부인 인간을 통하여 자신의 의지를 실현하고 있습니다.

구약 특히 토라는 역사적 사실이 아니라 비유와 상징으로 이루어진 문헌입니다. 창세기에 나오는 에덴동산에서 아담과 이브의 추방은 앞에서 설명했듯이 어떤 진실을 비유적으로 표현한 것입니다. 이런 주제는 엄청난 지성과 이해가 필요한 분야이고 증명할 수 없는 영역이기도 합니다.

카발라에서 히브리 22문자를 중시합니다. 이들 소리는 특별한 진동을 지니고 있으며 이들 소리는 우주의 에너지를 운반하는 진언과 같은 역할을 합니다. 또한 이 문자의 형태는 아무런 의미 없는 형상이 아니라 특별한 힘의 통로로 사용되는 장치이기도 합니다. 카발라에서 히브리 문자의 소리와 그 형상을 가지고 근원과 합일을 추구하는 명상 기법이 발달한 것도 바로 이러한 이유에서입니다.

비교종교학자: 혹시 당신께서 비밀리 전했다던 영지가 카발라와 관련이 있습니까?

예수: 영지주의의 근원이 카발라이고 난 카발라의 전승자였습니다. 나는 준비된 제자들에게 카발라 명상법을 가르쳤습니다.

깨달음과 지식공부

승려: 솔직히 카발라는 일반인이 이해하기에는 많이 어려운 내용 같습니다. 불교 선사들은 지식공부를 못하게 합니다. 심하게는 책마저 보지 못하게 합니다. 여러 지식이나 가르침이 깨달음이 어떠하리라는 고정관념이나 선입감을 심어주고 그런 지식에 매여 에고만 커진다고 생각하기 때문입니다. 깨달음은 책이나 머릿속에 있는 것이 아니므로 그런 행위나 노력을 그만두고 이 순간 그 어떤 개념에도 구속됨이 없이 현재에 머물러 자신의 참모습을 보라고 합니다. 그런 점에서 이런 어려운 개념을 굳이 공부해야 할까요?

예수: 비유적으로 말해보지요. 강을 건너려면 배가 필요합니다. 가부좌하고 고요히 앉아 기다린다고 강을 건널 수는 없습니다. 강을 건너기 위하여 배를 만들고 노를 젓는 일이 바로 지식 공부이고 수련이라고 할 수 있습니다. 강을 건넜으면 그때 그 배는 더 이상 필요 없게 됩니다.

무명을 걷어내어 원래의 참모습을 드러내는 일이 명상이고 수련입니다. 지식이 에고의 강화에 기여하는 경우도 있겠지만 바른 지식은 에고의 정체를 알게 하고 그것을 넘어서는 방법을 제시합니다.

선승들이 붓다의 4성제, 3법인, 8정도를 지식이라 무시하고 화두만 들고 득도할 수 있을까요? 요가 수련이든, 참선 수련이든, 도가 수련이든, 올바른 지식이 바탕이 되지 않으면 좁은 의식 속에 갇혀 자기만의 세계에서 깨달은 자가 되고 우주가 되는 꿈을 꿀뿐입니다. 모든 가르침에 있어서 바른 지식은 참 자아를 찾는 나침반입니다.

수련과 지식공부는 반대가 아니라 서로에게 도움이 되는 자전거의 양 바퀴와 같습니다. 바른 지식이 쌓여 지혜가 되고 그 지혜의 힘으로 에고를 부술 수 있습니다. 불교 이론을 깊게 공부하고 이를 바탕으로 여러 수련을 행하는 티베트 불교나 위파사나 가르침은 이론과 수련이 조화롭게 배합된 좋은 예입니다. 지식이나 지혜를 통하여 의식이 확장되면 에고가 소멸합니다. 이론과 수련으로 참자아가 드러나면 드러나는 만큼 에고는 작아집니다. 자전거가 두 바퀴의 협력으로 굴러가듯 이론은 수련과 함께 갑니다.

비교종교학자: 이 세상을 환영의 세계로 말씀하셨는데 당신께서 언급한 가르침과 기법은 결국 환영에서 벗어나 참 자아를 보는 방법으로 볼 수 있겠군요.

예수: 그렇습니다. 사람들은 무지로 인하여 환영의 세계를 실재하는 것으로 오해하고 있습니다.

꿈의 세계, 환영에서 벗어나기

무종교인: 생생한 이 세상이 환영이란 말씀에 저는 공감할 수가 없습니다.

예수: 잠에서 꿈을 실재하는 것으로 인정하는 한 그것은 실제로 존재합니다. 꿈속에서 우리가 경험하는 사랑, 미움, 슬픔, 기쁨 등은 어느 것 하나 실재적이지 않은 것이 없습니다. 그러나 잠에서 깨어나면 그렇게 생생하였던 실재가 꿈이고 환상임을 알게 됩니다.

그런데 이런 꿈의 환영적인 현상은 잠속에서만이 아니라 일상 속에서도 동일하게 적용이 됩니다. 잠속에서 우리는 꿈을 꾸고, 일상에서 꿈은 여러 생각으로 전개됩니다. 무지로 살아가는 우리 일상은 꿈과 다를 것이 없습니다. 우리가 무지의 삶에서 깨어나기까지는 실재를 알 수가 없습니다. 이것은 우리가 꿈에서 깨어나기까지 꿈을 꿈인 줄 모르는 것과 마찬가지입니다.

꿈과는 비교가 될 수 없는 너무도 생생한 우리의 일상이 환영이고 꿈이라니 믿을 수가 없고 심지어 강한 거부감이 들 수도 있을 것입니다. 오감으로 생생하게 감지되는 이 세상이 환영이라니 받아들이기 어려운 주장일 것입니다. 그런데 꿈속에서 우리는 꿈을 생생하게 받아들였고 그것이 실재한다고 생각하였다는 것을 기억할 필요가 있습니다.

삶이 또 다른 꿈이라면, 잠속의 꿈은 꿈속의 꿈이고 화면 속의 화면이고 거울 속의 거울일 것입니다. 일상이 꿈이라면 우리가 실재한다고 믿는 육체, 물질, 여러 개념 등은 실재하지 않는 것이 됩니다.

우리가 수면상태에서 의식적으로 꿈을 자각하게 되면 꿈은 실재성을 잃고 말 그대로 환영적인 것이 됩니다. 이와 마찬가지로 우리가 지혜를 개발하여 명료하게 깨어서 일상의 삶을 바라볼 수 있다면 전개되는 우주만상은 환영임을 알 수 있습니다. 그때 비로소 환영 뒤에 숨어있는 궁극적 실재를 알 수가 있습니다.

그러나 우리 의식이 깨어나서 삶이 환영이라는 것을 알게 되어도 지금 존재하는 세계가 꿈처럼 사라지는 것은 아닙니다. 다만 세상의 실체가 무엇인지 알게 되어 물질에 매이지 않게 되고 삶의 목적이나 존재의 의미를 알게 된다는 것입니다. 성자들이 생생하게 느껴지는 삶을 환영이라 부르는 것은 그것이 존재하지 않는다는 것이 아니라 순간순간 변하고 영속하지 않으므로 실재성이 없다는 뜻입니다. 이것은 삼라만상이 무상하고 공하다는 뜻이기도 합니다.

그리고 모든 것이 환영이므로 물질세계와 여기에서 펼쳐지는 모든 현상을 무시해도 된다는 의미는 아닙니다. 여전히 진동의 법칙, 카르마 법칙, 윤회법칙 등과 같은 우주법칙은 작동하고 우리는 이것에 따라야 하기 때문입니다.

삶의 환영적인 속성을 알게 되면 우리는 새로운 시각으로 삶을 바라보고 살아갈 수 있습니다. 궁극적 실재가 아닌 것은 모두 환영입니다. 영원한 실재, 참된 실재는 근원적 존재이며 이것에서 분리된 것은 모두 마야(환영)의 속성을 띱니다. 그러므로 물질계에서 신의 속성을 띠고 있는 영혼을 제외한 모든 것은 본질적으로 환영입니다.

우리가 처한 지금의 상황은 우리가 만든 결과물이고 동시에 환영이 낳은 산물이기도 합니다. 왜냐하면 이것은 실재가 아닌 환영의 속성을 띠고 있는 우리 마음이 창조한 것이고 영속하지 않기 때문입니다. 그러므로 질병이나 죽음 그리고 개념이나 감정도 영속하지 않고 사라지는 일시적인 것들입니다.

그래서 위대한 스승들은 이렇게 말할 수가 있는 것입니다. "질병도 노화도 심지어 죽음도 환영이다. 그러므로 실재의 차원에서 바라보고 사고한다면 이런 질병이나 노화는 영속하지 않고 근거가 없는 환영이므로 거부하거나 없앨 수 있고 새로운 긍정적인 생각을 가져올 수도 있다. 삶과 죽음은 환영이기 때문에 우리는 삶과 죽음의 수레바퀴를 넘어 가서 궁극적 실재를 만나야 한다."

우리 삶에 펼쳐지는 무상한 조건들을 실재하는 것으로 바라본다면 그렇게 바라보는 동안 그것은 우리에게 실제로 존재합니다. 우리가 이런 조건과 관련하여 우리의 생각을 바꿀 때 비로소 우리는 이 환영적인 것들을 없앨 수가 있습니다.

우리에게 드러나는 조건들(상황, 질병, 환경, 감정 등)을 존재하는 것으로 받아들이는 한 그 조건은 우리의 삶에 영향을 줍니다. 환영적인 속성을 띠면서 우리를 구속하는 이들 조건을 환영으로 생각하고 우리 의식에서 없애면 우리는 어떤 부정적 조건에서도 벗어날 수가 있습니다. 다른 말로 운명의 주인공이 되는 것입니다.

이런 환영적인 삶은 들판에서 회오리바람이 일어나서 주변의 대기와 먼지를 끌어모아 회오리 기둥을 만들고는 흔적 없이 사라지는 것에 비유될 수도 있습니다. 삶은 참으로 무상하고 허망합니다.

삶도 육체도 환영이므로 우리가 태어나서 천년만년 죽지 않고 살게 되면 필연적으로 환영적인 육체에 매여 영적 발전이 일어나지 않게 됩니다. 그래서 무조건 오래 사는 것이 좋은 일은 아닙니다. 삶의 환영적인 속성을 극복하기 위해서도 때가 되면 죽음이 필요합니다. 삶과 죽음이 환영이라는 것을 받아들일 때 우리는 삶과 죽음의 수레바퀴(윤회)에서 벗어날 수 있습니다.

바르도

과학자: 나이 들면서 지혜가 늘어서 의식이 성장함을 느끼고 있습니다. 다시 태어나면 전생의 기억 없이 다시 모든 것을 배워야 합니다. 솔직히 이것은 시간 낭비가 아닌가요?

예수: 보통 나이가 들면 기존 개념에 매이게 되어서 성장과 발전에 정체가 옵니다. 주어진 일생에서 성장할 만큼 했기에 변화가 필요합니다. 새로운 곳을 여행하면 의식이 깨어나고 많은 것을 배우듯이 죽음도 그러합니다. 우주에 정체되어 있는 것은 아무것도 없습니다. 정체가 오면 반드시 변화가 필요합니다. 늙은 몸을 버리고 영혼은 중음계를 거쳐 새로운 육체에 다시 태어납니다. 이 통과 과정에서 생전에 노력하여 느슨해진 부정의 허물이 빛의 세례로 벗겨집니다.

사회자: 예수님 말씀은 저에게 많은 것을 느끼게 합니다. 여기 참석하신 분들도 마찬가지라 생각합니다. 삶이 환영이고 꿈도 환영이면 그러면 죽음은 무슨 상태인가요?

예수: 사람들은 삶의 반대를 죽음으로 생각하는데 삶과 죽음은 같은 상태입니다. 삶이나 죽음은 동전의 양면처럼 같은 것의 다른 면일 뿐입니다. 돌아가는 수레바퀴의 보이는 면이 삶이고 보이지 않는 면이 죽음입니다. 이것을 삶과 죽음의 수레바퀴 혹은 윤회의 수레바퀴라고 합니다. 수레바퀴가 돌 때마다 삶과 죽음이 반복됩니다. 그러므로 수레바퀴를 구성하는 삶과 죽음은 같은 속성을 지닙니다.

죽음은 미지의 영역으로 알려져 있지만, 영지주의에서는 중간 영역이라 부르고 티베트 불교에서는 바르도라고 부르지요. 바르도는 꿈과 비슷한 세계입니다. 이 세계에는 사람들이 생전의 업에 따라 거쳐야 하는 49단계가 있습니다. 그곳은 꿈과 같은 환영의 세계이지만, 꿈을 꾸듯 그렇게 실제로 경험하고 살아갑니다. 이 기간은 3일이지만 하룻밤 꿈속에 1년을 살듯이 바르도를 경험하는 사람에게는 긴 시간일 것입니다.

여기서 깨달음의 기회가 다시 한번 주어집니다. 살아 있을 때 혹은 꿈속에서 명료하게 깨어있는 의식으로 생각이나 꿈을 지켜보면, 생각이나 꿈은 우리 마음의 투사이고 그 내면에는 변함없는 참 본질이 있음을 알게 됩니다. 마찬가지로 바르도 49개 상태에서 일어나는 어떤 현상이나 이미지에 반응하거나 구속되지 않고 그것이 참 본질을 가리고 있는 환영의 베일임을 안다면 그 즉시 바르도에서 벗어나 깨달음을 얻습니다.

그러나 일상에서 마음에 일어나는 생각을 명료하게 지켜보지 못하면, 꿈을 명료하게 지켜보기 어렵고, 꿈을 깨어서 지켜볼 수 없으면, 바르도를 명료하게 지켜보기가 어렵습니다. 이 말은 바르도에서 깨닫기가 어렵다는 말입니다. 그러므로 살아서 깨달아야 합니다.

그러므로 삶과 죽음의 반대는 윤회의 수레바퀴 회전에서 벗어나는 것이며 그것은 깨어남입니다. 삶과 죽음은 개념의 세계이고 그 반대인 깨어남의 세계는 개념이 사라진 공의 세계입니다.

승려: 오늘날 기독교인들이 믿는 사후세계와는 많이 다른 예수님의 말씀에 감동입니다. 바르도 가르침을 언급하셨는데 티베트 불교에서는 이 바르도에 대한 가르침을 대단히 중시한다고 알고 있습니다.

티베트 가르침에는 사자(死者)가 좋은 세계에 태어나도록 안내하는 내용과 이들은 죽어가는 과정에서 지녀야 할 마음의 자세와, 외부 호흡이 멈추고 이어 내면의 의식이 육체를 떠나게 되는 시점에서 나타나는 빛나는 광명을 보게 될 때 마음이 지녀야 할 태도, 카르마의 흔적이 꿈처럼 펼쳐지는 바르도 전개과정에서 그것이 환영임을 깨닫는 방법 등이 있습니다. "티베트 사자의 서"에서 이런 내용이 있습니다.

임종 시에 영혼이 마음속에 간직할 가장 소중한 정보는 바르도 상태에 들게 되면 눈앞에 펼쳐질 어떤 현상이나 이미지에 반응하거나 구속되지 않고 그것이 참 본질을 가리고 있는 환영의 베일임을 아는 것이다. 바르도 상태에서 이것이 가능하면 그 즉시 바르도를 벗어나 깨달음을 얻는다.

그런데 예수님은 어떻게 이렇게 티베트 불교에 대해서 잘 아시는지 궁금합니다.

예수: 진리는 다 연결되어있습니다. 그리고 불교가 부흥했던 인도나 티베트가 내게는 낯선 곳이 아닙니다. 나는 바르도에 대해서 이야기했지만 사람들은 이것을 모르고 있습니다. 왜냐하면 정경에는 나오지 않고 영지주의 복음서에 "중간 영역"이란 이름으로 나오기 때문입니다.

비교종교학자: 불교의 49제는 어떻게 된 것인가요?

예수: 영혼이 중음계에서 경험하는 49단계를 날로 오해하여 생긴 제도입니다. 일부 종교단체에서는 조상신 이야기를 하면서 제사를

지내야 한다고 하고 천도재를 권하기도 하는데 모두 거짓입니다. 영혼이 귀신이 되어 방황하는 일은 없습니다. 모두 중음계로 갑니다.

영혼과 낙태

비교종교학자: 천도재를 말씀하시니 낙태가 생각납니다. 일부 사찰에서는 낙태된 태아에게도 천도재를 행한다고 들었습니다. 태어나지도 못하고 사라져간 태아들을 위령하는 종교의식은 죄의식이 남아있는 낙태자에게 심리적인 안정을 주는 것은 확실해 보입니다. 그러나 돈벌이 목적으로 조장되는 측면이 강합니다.

낙태는 영혼이 육체에 언제 들어가느냐에 따라 미묘한 문제가 발생합니다. 출생 시에 영혼이 태아에 들어간다면 낙태는 영혼이 없는 생명체를 지워버린 것이 되고 반대로 수태 시에 영혼이 존재한다면 낙태는 살인이 됩니다. 대다수의 종교는 수태 순간부터 인간으로 보고 태아의 존엄성을 중시합니다. 그래서 실정법도 낙태를 처벌합니다. 물론 모자보건법으로 예외적인 낙태를 인정합니다.

종교계에서 낙태를 반대하는 이유가 태아도 영혼이 있다고 인정하기 때문입니다. 앞에서 당신께서는 영혼이 육체에 들어가는 시기가 언제인지 목사님에게 물어보셨는데 그것이 궁금합니다.

예수: 영혼은 출생과 함께 육체에 들어갑니다. 수태 동안 영혼은 태아에 들어가지 않습니다.

심리학자: 그렇다면 낙태에 대한 사람들의 죄책감은 많이 사라질 것 같습니다.

예수: 중요한 것은 영혼의 존재 여부를 떠나 생명존중 차원에서 낙태는 될 수 있으면 하지 말아야 합니다. 두 사람의 공동 원인 행위로 임신이 되었으면 그 결과인 태아를 책임져야 하는 것이 도리입니다. 낙태는 자신이 저지른 행위에 대해 책임을 회피하는 것이며 업을 쌓는 일입니다.

태아는 영혼이 없기 때문에 천도할 필요는 없습니다. 아니 태아만이 아니라 죽은 영혼에게도 천도할 필요가 없습니다. 천도재는 영혼에게 의미가 없고 산 사람에게 심리적인 위안이 될 뿐입니다.

목사: 누가 윤회와 바르도를 만들었습니까? 하나님이신가요?

예수: 인간의 성장을 위하여 만들어진 장치입니다. 인간이 근원에서 분리되기 전에는 윤회도 바르도도 없었습니다. 인류 모두가 깨닫게 되면 윤회나 바르도는 존재할 수 없습니다. 삶과 죽음 모두는 인간의 깨달음을 위한 유용한 도구로 존재합니다.

비교종교학자: 성경에서 세례요한이 엘리야라고 하셨는데 이 말은 윤회의 증거가 아닌가요?

예수: 맞습니다. 성경을 잘 찾아보면 윤회를 인정하는 구절이 꽤 있습니다.

요한 계시록

목사: 요한계시록에 대해 질문드리고 싶습니다. 요한이 예수님을 만나 계시를 받고 기록한 것이 맞습니까? 이것에 대한 해설집만 해도

수백 권이 될 것입니다. 물론 내용은 서로 다릅니다.

특히 요한 계시록 13장(16~18)에는 "모든 사람에게 오른손이나 이마에 낙인을 받게 하였다. 그리고 그 짐승의 이름이나 그 이름을 표시하는 숫자의 낙인이 찍힌 사람 이외에는 아무도 물건을 사거나 팔거나 하지 못하게 하였다. 여기에 지혜가 필요하다. 영리한 사람은 그 짐승을 가리키는 숫자를 풀이해 보라. 그 숫자는 사람의 이름을 표시하는 것으로 그 수는 육백육십육이다."라는 내용이 있습니다. 이것을 두고 많은 해석이 있습니다. 요한 계시록 연구자들은 수비학을 사용하여 특정인의 이름을 숫자로 표시하여 그 사람을 계시록에서 말하는 짐승으로 해석하기도 합니다.

예수: 이 숫자는 인류가 지닌 생각의 보편적인 상념 진동수를 말한 것입니다. 이것은 1초당 6백6십6조의 진동이며 1조 분의 1초에 생각 파동이 666번 진동합니다. 요한계시록 13장은 미래에 인간이 지닌 생각의 진동을 통제하여 인류를 지배하려는 악의 세력에 대하여 말하는 것입니다. 과학이 발전할수록 인간의 생각을 지배하기가 쉬워집니다. 미래에는 인류가 과학에 종속되어 과학문명을 신처럼 떠받들며 살아가는 시기가 올 수도 있습니다. 지금 인류의 사고 흐름을 보면 걱정이 되기도 합니다.

만약 이 시기가 온다면 지배자나 과학자들은 사람 머리에 칩을 박아서 몸과 마음이 과학자의 의지에 절대복종하게끔 만들어 놓을 것입니다. 그들은 생각의 진동수를 알기에 자신들이 만든 기계를 통하여 수술 받은 사람들에게 자신들이 원하는 생각을 보내 그들의 행동과 사상을 통제할 수 있게 됩니다. 그러니 이런 예언이 실패하도록 정부를 감시하고 과학이 남용되지 않도록 주의를 기울여야 합니다.

목사: 계시록 내용은 이미 확정된 예언이 아닌가요?

예수: 미래의 기본 흐름은 대략 예측할 수 있지만, 노력에 따라 개인 카르마가 변하듯이 미래도 인류의 행동에 따라 유동적입니다. 계시록은 2천 년 전에 미래의 흐름을 말한 것이고 지금은 그 내용이 많이 변했습니다. 그래도 아직도 유효한 내용이 있습니다. 그리고 계시록은 카발라를 알아야 해석이 됩니다. 시중에 나도는 해석은 해석자들이 자신의 의식 수준에서 이해한 것들입니다.

과학자: 북유럽 일부 국가에서는 이미 개인 정보가 담긴 칩을 팔에 주입하여 삶의 편리함을 추구하고 있습니다. 물론 이것은 신분증을 대체하는 과학 장치지만 이것이 남용될 소지도 있다고 봅니다. 중국에서는 전자 장치가 국민 감시 목적으로 광범위하게 사용되고 있습니다. 스마트폰 하나로 모든 것이 해결되는 이 시점에서 정부가 마음만 먹으면 국민의 사생활은 쉽게 감시당하고 말 것입니다. 과학자지만 과학의 진보가 두렵기도 합니다.

예수: 과학의 발전에 비례하여 인간의 의식수준도 발전하여야 과학이 야기할 수 있는 윤리적인 문제를 피할 수 있습니다. 그렇지 못하면 파국이 있습니다.

비교종교학자: 12제자 중에 누가 당신의 말씀을 가장 잘 이해하였나요?

예수: 요한이 영적으로 가장 성장한 제자였습니다.

비교종교학자: 유다가 당신을 배반한 것은 맞습니까? 여기에 대해 많은 논란이 있습니다.

유다의 진실

예수: 그는 나의 말을 충실하게 이행한 제자였습니다. 유다에 대한 성경구절은 사실이 아닙니다. 나를 은하 30닢에 팔아넘겼다고 나오지요. 그러나 이것은 그 사건을 바라보는 사람들(복음서 저자나 초대교회 등)의 주관적 판단이 반영된 결과입니다. 이 사건과 관련하여 나와 유다의 진실이 드러나지 않아 일어난 일이기도 합니다. 진실을 모르는 사람들이 보기에는 유다가 스승을 판 악마 같은 존재로 비취었을 것입니다.

성경을 보면 알겠지만 나는 제자들에게 십자가에 못 박혀 죽고 나서 사흘 후에 부활하겠다는 말을 했습니다. 준비 없이 잡혀서 죽은 것이 아니라 차분하게 준비한 일이었지요. 나에게 다가오는 기득권층의 음모를 충분히 감지하고 있었고 원하였다면 언제든지 그 상황을 피할 수 있었습니다. 그러나 나는 그날을 기다리고 있었고 나를 고발할 제자로 유다를 지목했습니다. 유다의 배역은 두고두고 비난받을 가장 어려운 역할이었습니다. 유다는 용감하게 내가 기획한 드라마에서 자신의 역할을 성공적으로 완수했습니다. 그는 나의 명령을 따랐을 뿐입니다.

성경에는 유다에 대한 비난과 왜곡으로 가득하지만, 자세히 살펴보면 그래도 진실이 조금은 드러납니다. 최후의 만찬에서 내가 유다와 나눈 대화를 보면 유다의 심정이 드러납니다. "너희 가운데 하나가 나를 넘겨주리라는" 말에 "그때 예수를 배반하는 유다도 나서서 '선생님, 저는 아니지요?' 하고 묻자 예수께서 '그것은 너다.' 하고

대답하셨다."(마태 26장 21, 25절)

이 구절에서 알 수 있듯이 유다는 나를 배반하는 역할이 싫었던 것입니다. 그래서 "저는 아니지요."라며 물어본 것이지요. 그러나 나는 "그 역할은 너다."라며 명령을 주었습니다. 나의 연극은 준비가 다 되었고 유다가 그 연극을 도와주었습니다. 그러므로 유다는 우리가 알고 있는 배신자가 아니라 위대한 일의 조력자였습니다. 복음서에는 그가 자살한 것으로 묘사되지만 그것은 전혀 사실이 아닙니다.

시간의 환영성

과학자: 현실과 꿈과 바르도를 설명하시면서 의식 상태에 따라 시간이 다르게 작동한다고 하셨는데 시간에 관해서 설명해 주세요?

예수: 변화나 움직임이 있어야 시간이라는 것이 존재할 수 있습니다. 시간은 우리가 움직임을 지각할 때 생겨나는 일종의 개념입니다. 그래서 우리가 지니는 시간 감각은 진동의 속도에 달려있다고 말할 수 있습니다. 이 말은 시간이 항상 똑같은 속도로 흐르는 것이 아니라 공간과 상황에 따라 다르게 흐른다는 의미입니다.

우리는 우리가 살아가는 물질 시간(물질계에서 일어나는 사물의 속도)에 매여 있습니다. 즉 우리는 우리가 지닌 시간 개념과 지각에 한정되어 있습니다. 일상에서 우리가 감지하는 움직임의 속도는 꿈에서 우리가 감지하는 움직임의 속도보다는 많이 느립니다. 그래서 상대적으로 짧은 꿈의 상태에서 물질세계의 수십 년을 경험할 수 있지요. 물질시간은 1시간이지만 꿈속에서는 결혼을 하고 아이도 낳을 수가 있습니다.

물질 육체에서 벗어난 꿈의 세계에서 우리는 생각만으로 순식간에 어느 곳이든 갈 수가 있고 꿈에서 일어나는 사건도 빠르게 전개가 됩니다. 물질 육체에서 벗어난 꿈속에서는 우리 의식이 더 빠른 속도 개념을 지니고 있어서 일어나는 일입니다.

옛날에 비하면 지금은 모든 것이 더 빠르게 움직입니다. 모든 것이 같이 빨라지면 비교 대상이 없어 그 변화를 감지할 수가 없어서 우리가 실감할 수는 없습니다. 이것은 엄청난 속도도 자전하고 공전하는 지구의 속도를 우리가 감지하지 못하는 것과 마찬가지 이치입니다.

이것은 우리의 시간 감각이 예전에 비하여 더 빠른 속도에 반응한다는 의미입니다. 우주법칙인 진화의 법칙에 따라 물질 속도는 점점 빨라지고 그에 상응하여 시간은 빠르게 흐르게 되고 우리의 시간 감각도 변하게 됩니다.

그런데 우주에서 영속하지 않은 것은 모두 환영적인 속성을 띱니다. 그래서 개념에 불과한 시간에 대한 감각도 환영입니다. 그래서 이런 시간을 바탕으로 진행되는 우리의 물질 삶도 환영적인 속성을 띱니다. 우리가 인지하고 있는 시간은 우리 개념 속에만 존재합니다. 시간은 절대적이지 않으며 우리 의식의 반영물입니다.

시간은 우리가 감각을 통하여 만들어낸 개념이고 환상이고 생각일 뿐입니다. 개념의 세계 너머에는 우리가 생각하는 그런 시간은 없습니다. 모든 것은 생각이 만든 환영입니다.

이것은 〈길과 목적은 하나이다.〉라는 오컬트 가르침이 존재하는 이유입니다. 길과 목적은 개념의 문제이지 시간이나 거리의 문제가 아니라는 의미입니다. 나중에 무엇을 이루겠다는 생각은 영원히 길 위에 머물게 합니다. 길을 생각하면 목적은 늘 뒤로 물러나 있을 것입니다. 기도의 법칙이나 창조의 법칙 중에 기도나 창조가 이미 이루어진 것으로 생각하라는 것은 개념의 속성이 그러하기 때문입니다. 이미 사람들은 깨달아 있지만, 개념 속에서 어리석은 중생입니다.

유대신비가르침인 카발라에 따르면 우주에는 4개의 시간이 존재합니다(물질시간, 우주시간, 무한시간, 초월시간). 이것은 시간이 공간에 따라 다른 속성을 지니고 있음을 보여줍니다.

우리가 알고 있는 시간의 개념 즉 사물의 움직임 혹은 변화에 대한 인식은 절대적인 것이 아니고 공간에 따라 전혀 다른 시간이 존재합니다. 예를 들면 물질계에서 일정 지점으로 가려면 그곳을 향하여 일정 거리를 움직여야 하나 상위 계에서는 생각만으로 순간 이동이 가능합니다. 목적지에 도달하기 위하여 일정 거리를 움직여야 한다는 생각은 물질계에서만 존재하는 개념입니다. 상위의 계는 물질계와는 전혀 다른 시공간의 속성을 지닙니다.

인간은 자신이 지닌 개념과 지각에 근거하여 생각합니다. 그래서 지구만이 아니라 우주 다른 곳에서도 지구와 동일한 개념의 시간이 존재한다고 믿습니다. 그러나 시공간이 다른 곳에서는 지구와는 다르게 작동하는 시간이 존재합니다.

성경에 "1천 년이 신에게는 하루와 같다."라는 구절이 있지요. 이 말은 물질계 너머의 세계에 대한 언급이고 그곳에서의 의식과 시간 감각은 물질계와 같지 않음을 말하는 것입니다. 우주는 진동으로 이루어져 있고 진동이 가장 낮은 곳이 우리가 사는 물질계입니다. 그러므로 상위계와 비교하면 물질계에서의 시간은 매우 천천히 흐릅니다.

개념의 중요성

사회자: 시간에 대한 설명을 들으면서 제가 아직도 이해하고 있다는 생각이 들지 않는 아인슈타인의 상대성 이론이 떠올랐습니다. 고백하지만 방금 설명하신 시간에 대한 내용은 제가 이해하기는 어렵습니다. 앞에서 개념을 깨달음의 열쇠라고까지 말씀하셨는데 시간을 설명하면서도 개념을 많이 언급하셨습니다. 이것에 굉장히 중요한 비밀이 담겨있어 보입니다.

예수: 우리가 대담을 시작하면서 개념에 대한 이야기를 가장 많이 다루지 않았습니까? 그만큼 중요하다는 의미겠지요. 개념은 환영의 세계를 존재케 하는 중요한 요인입니다. 물질계는 한정된 개념의 세계여서 진리를 원래대로 표현할 수가 없습니다. 그래서 비의 단체에서는 언어와 개념에 방해됨이 없이 진리를 담아내기 위하여 상징을 사용합니다.

의식 수준이 다르기 때문에 사람들의 사고나 개념은 다릅니다. 어떤 개념을 가지느냐에 따라 우리 삶도 변합니다. 예를 들면 사람들이 지닌 신의 이미지를 보면 알 수 있습니다. 벌을 주는 무서운 형상을 한 신의 이미지, 사랑을 베푸는 자비로운 신의 이미지, 형체 없는 신의 이미지, 만물에 깃든 신의 이미지, 무신론 등 우리가 지닌 이미지에 따라 삶의 철학과 인생이 바뀝니다. 우리는 각자 지닌 신의 개념에 매여 살아가는 셈입니다.

그러므로 우리가 한정된 의식으로 신을 신이라 말하면 그것은 신이 아닌 것입니다. 신은 언어 너머, 지식 너머, 모든 것을 초월한 존재이기 때문이지요. 선사들이 부처를 만나면 부처도 죽이라는 말은 바로 자신이 지닌 부처 개념에 매이면 결코 참된 부처를 알 수 없다는 말과 같은 것입니다.

어떤 개념이든 개념은 진리에 방해물로 존재합니다. 그래서 영적 성장의 수단으로 개념을 사용한 후 마지막에는 그 개념을 버려야 합니다. 강을 건너는데 배가 필요하지만, 강을 건너고 나서는 배를 버려야 하는 이치와 같습니다.

구도의 길에서 우리는 오래된 개념을 버리고 좀 더 새롭고 나은 개념을 받아들이고 마지막에는 그 개념마저 버려야 합니다. 깨달음이나 우주의식과 합일은 개념을 초월한 공의 세계입니다. 우리가 개념을 넘어 공(空)이 될 때 우주의식과 합일할 수 있으며 우주의 모든 비밀을 알 수 있습니다.

그래서 일상생활에서 우리가 해야 할 것은 먼저 부정적 생각을 긍정적 생각으로 대체하고 이것을 더 높은 빛의 개념으로 대체하고 마지막에는 빛 개념마저 없애고 모든 것이 나온 공으로 들어가야 합니다.

개념을 마스터한 사람은 모든 것을 마스터한 사람입니다. 그러나 공이란 개념에 구속되지 마세요. 마음속에 공이란 개념을 만들어 그것에 매이는 사람도 있기 때문입니다. 공을 공이라 하면 공이 아니기 때문입니다.

생각의 신비와 개념

과학자: 생각은 개념인가요?

예수: 개념은 여러 생각으로 이루어지지요. 크게 보면 생각과 개념은 같지만 깊게 들어가면 좀 다르기도 합니다. 생각은 많은 신비를

담고 있는 주제입니다.

심리학자: 현대 과학의 발전으로 생각에 대한 흥미로운 사실이 드러나고 있습니다. 현대 과학은 플라시보 효과, 물질창조, 기도 감응, 영적 치유, 최면 같은 현상을 신비하게 바라보면서 이것을 잠재의식, 신경가소성 등으로 설명을 합니다. 영혼을 인정하지 않는 과학자들은 뇌의 활동이 우리 자아라고 생각합니다.

예수: 영혼을 인정하지 않는 유물론자나 과학자들은 뇌의 작동만으로 모든 것을 설명하려고 하지요. 생각의 창조력은 기도나 물질현시 등에서 증명이 되고 있습니다. 과학자들의 주장이 맞는다면 최고의 인공지능을 지닌 컴퓨터도 이런 창조력을 발휘한다고 인정해야 하는 모순에 직면할 것입니다. 사실 작동법칙을 안다면 이런 생각의 신비 현상은 아주 자연스러운 것입니다.

자극(오감)에 반응하여 뇌에서 적절한 정보나 기억을 끄집어내고, 필요에 따라 몸에 적절한 메시지를 전하도록 지시하는 존재는 무엇일까요? 현재의식과 잠재의식을 있게 하는 혹은 사용하는 존재는 무엇일까요? 무엇을 하려고 할 때의 의지는 순전히 뇌의 의지인가요 아니면 뇌를 컴퓨터처럼 사용하는 주인의 의지인가요? 어떤 생각을 하고 그 생각을 분석하거나 떨어져서 지켜보는 존재는 무엇인가요? 이런 주체가 뇌라고 생각하시는 건가요?

인간은 3부분 즉 육체와 마음과 영혼으로 이루어진 존재입니다. 육체 뒤에는 마음이 존재하고 마음 뒤에는 영혼이 존재합니다. 비유를 들자면 차가 기름이 있다고 저절로 움직이는 것은 아니지요. 그 안에는 운전하는 사람과 운전하려는 의지가 필요하듯이 우리의 모든 행동이나 신체현상 뒤에는 주인공인 영혼이 있어야 합니다.

이 영혼은 의지를 통하여 자신을 드러내는데, 그 의지는 마음에 작동하고 마음은 생각을 사용하여 신체를 움직입니다. 그러므로 우리 행동의 이면에 존재하는 의지는 우리 행동을 이해하는데 가장 중요한 요인인 셈입니다. 즉 영혼 – 의지 – 마음 – 생각 – 신체 반응의 과정을 거칩니다. 우리의 일상생활을 가능하게 만드는 것도 그리고 물질 창조, 치유 등과 같은 신비한 현상도 정확히 이 과정을 통하여 일어납니다.

그러므로 잠재의식, 신경가소성 등이 작동하는 것은 바로 영혼의 의지가 존재하기 때문입니다. 내면에서 의지가 일어나면 우리 마음은 생각을 작동시키고 이것은 마음의 도구인 뇌를 통하여 일어납니다. 그리고 의지가 나올 때 신성한 창조 에너지도 함께 나옵니다. 이것이 없다면 창조적 행위는 불가능합니다.

신의 일부분인 영혼을 통하여 끊임없이 절대 존재의 신성한 힘이 흘러들어옵니다. 이 에너지가 없다면 인간은 존재할 수 없습니다. 과학은 이것을 알지 못하고 있습니다.

누구는 성공한 삶을 살고 누구는 그렇지 못하고, 누구는 건강하고 누구는 병약하고 등은 즉 우리를 지금의 모습으로 존재하게 하는 것은 우리의 의지입니다. 의지는 개인의 카르마가 반영되는 영역입니다. 전생의 삶이 달랐으니 개인마다 경험해야 할, 다른 말로 극복해야 할 업이 다른 법입니다. 그 업(과거의 원인에 대한 결과)을 해소하려는 내부 충동이 영혼을 통하여 내려오고, 영혼은 그 충동을 받아 자신의 의지를 표현하는 과정 속에 여러 다양한 행동과 반응이 나오는 것입니다.

과학자: 그러면 지금 세상은 이런 생각의 창조물인가요?

예수: 어느 정도 사실입니다. 인간의 생각과 상관없이 우주는 존재하겠지만 지구가 처한 상황은 인간의 생각 결과물입니다.

영혼의 의지를 표현하는데 사용하는 생각이 존재하지 않는다면 물질 삶은 불가능합니다. 앞에서 논하였듯이 생각은 의사소통의 기능 외에도 치유, 물질창조, 영적 성장의 도구입니다. 그러나 생각의 창조성 때문에 부정적 생각은 부정적으로 신체에 반응하여 나쁜 결과를 가져오고, 생각으로 이루어진 개념은 거대한 사유의 틀을 형성하여 인간 의식을 지배합니다.

그릇된 개념이나 정보는 집단최면을 이끌어 우리가 진실이 아닌 환영 속에 살아가게 합니다. 이처럼 개념은 우리 의식의 구속과 해방의 양면성을 지니고 있습니다. 궁극적 상태인 공에 이르기 위해서는 모든 개념을 넘어서야 합니다. 공은 어떤 개념으로도 표현할 수 없는 초 개념 상태이기 때문입니다.

과학자: 우리의 개념이 환영을 만든다면 결국 개념 즉 생각을 넘어서는 수밖에 다른 방법이 없겠군요. 앞에서 오래된 개념을 버리고 좀 더 나은 개념을 받아들이고 마지막에는 그 개념마저 버려야 한다고 하셨지요. 세상의 진리도 심지어 당신의 가르침도 개념인데 그것도 넘어서란 말씀이신지요?

예수: 예 참으로 그렇습니다. 내가 준 가르침으로 세상의 환영을 벗겨내면 마지막에는 그 가르침마저 버리세요. 그 순간 당신은 하느님과 하나로 존재할 것입니다. 하느님은 개념을 넘어선 존재입니다.

다시 말하지만 부정적 생각을 긍정적 생각으로 바꾸고 이어서

이 긍정적 생각을 신성한 빛으로 바꾸고 마지막에는 이 빛마저 버리세요. 그리고 공이 되세요. 개념은 그것이 신이든 빛이든 깨달음에 방해물이기 때문입니다.

심리학자: 개념의 문제는 제가 평소에 깊게 생각했던 주제인데, 예수님 말씀을 들으니 개념이 얼마나 중요한지 더욱 확실해집니다. "생각이나 행동이 반복되면 습관이 되고 습관이 오래 지속되면 운명이 된다."라는 구절이 생각납니다.

사람들은 작은 생각이 모여 운명이 된다는 엄청난 사실을 알고도 무시하며 살고 있는 것 같습니다. 여기서 운명은 수명, 건강, 질병, 성공, 외모, 인생관 등을 아우르는 우리 삶의 총체를 의미합니다. 운명에 절대적 영향을 미치는 생각은 태어난 환경에 크게 영향을 받습니다. 환경은 부모, 가정, 사회, 국가, 세계, 우주 등과 같이 우리에게 영향을 주는 외부 조건입니다.

인류가 지닌 사상이나 개념은 절대적으로 인류의 의식을 지배하고 통제합니다. 이것은 도덕, 문화, 규칙, 법규가 되어 사회의 틀을 형성합니다. 사상이나 생각이 구체화된 사회의 틀은 우리 의식을 환영의 틀 속에 가두어 일정한 방향으로 흐르게 합니다. 우리는 이런 거대한 개념으로 이루어진 틀이 제공하는 정보에 아무런 의문을 제기하지 않습니다. 시간이 흐를수록 이런 개념들은 우리 삶에 더욱 굳건히 뿌리를 내리고 우리는 거미줄에 걸린 벌레처럼 퍼덕거리다 생을 마감합니다.

오랜 세월 우리는 집단 최면에 살아왔습니다. 사람들의 생각, 미디어 방송, 서적, 대화, 학교 교육 등을 통하여 지금 이 순간도 우리 의식은 최면 당하고 있습니다. 우리는 너무도 당연하다고 믿고 있는 개념에 최면 걸려서 이성적 사유를 하지 못하고 있습니다. 물살을 거슬러 올라가는 연어처럼 우리는 이런 개념에 반기를 들어야 하고 모든 권위(종교, 사회, 국가, 문화, 과학 등)에 도전해야 합니다.

예수: 내가 강조하는 개념의 문제에 대해 학자님께서 충분히 자각하고 있어서 오늘 대담이 많이 풍요롭습니다. 학자님의 말씀에 감사합니다. 질병이나 노화 그리고 죽음을 운명적으로 받아들이는 것, 인간을 신의 피조물로 받아들이는 것, 인간에게 내재하는 무한한 신의 창조력을 부정하는 것, 감정이나 욕망을 인간의 본성으로 받아들여 행동을 정당화하는 것, 신체에 필요한 에너지는 음식물을 통해서만 얻을 수 있다는 생각, 자신과 신이 분리되어 존재한다는 생각, 삶의 목적을 부귀영화에 두는 것 등은 모두 최면입니다.

사실, 행복하다는 생각이 우리를 행복하게 만들고 슬프다는 생각이 우리를 슬프게 만듭니다. 생각이 개입할 여지를 주지 않고 특정 사건을 깨어서 지켜보게 되면 세속적으로 그것이 슬프거나 기쁜 일이어도 아무런 감정이 일어나지 않습니다.

인생의 탈출구

무종교인: 모든 일이 마음먹기에 달려있다고 하시지만 솔직히 인생이란 것이 안개 속을 헤매는 것처럼 너무 막연합니다.

예수: 인생은 기차를 타고 여행을 하다가 어느 순간 문밖으로 내팽개쳐지는 것으로 비유될 수 있겠습니다. 인생 열차 노선에는 종착역이 없어서 내리는 곳이 종착역입니다. 죽음을 향해 폭주하는 기차에서 사람들은 탈출을 생각하지 않고 한가로이 주변 경치나 즐기고

주변 사람들과 잡담으로 헛되이 시간을 보냅니다. 반복되는 지루하고 고달픈 인생 여행이지만 우리는 그것을 잊고 전생에 저지른 실수를 반복하며 살아갑니다. 거대한 개념의 세계는 우리 의식을 무지 속에 가두고 끝없이 삶이란 꿈을 꾸게 만듭니다.

열차에서 벗어나는 방법, 즉 환영의 세계에서 벗어나는 방법은 무엇일까요? 외부에는 탈출구가 없습니다. 아무도 외부에서 탈출구를 찾지 못하였습니다. 탈출구는 바로 우리 자신의 내면에 있습니다. 내면에 내재하는 영혼의 빛을 밝히면 그 빛이 외부로 비쳐서 환영의 베일을 걷어냅니다. 그러므로 내면을 깨우는 방법밖에 없습니다.

느낌과 감정, 생각, 의식

과학자: 평소에 감정과 생각이 어떻게 다른지 궁금하였습니다. 살아가면서 이런 것을 모른다고 문제가 되는 것은 아니지만 알고 싶습니다.

예수: 영적 성장에서 단어에 대한 정의는 매우 중요합니다. 느낌, 감정, 생각, 의지 등의 단어는 마음의 영역을 다루는 종교나 정신 분야에서는 반드시 명확하게 정의되어야 하는 개념입니다. 이들을 바로 이해 못하면 영적 성장은 더디고 도상에서 헤매기 쉽습니다. 감정에 대해서는 심리학자께서 잘 알고 계실 듯합니다.

심리학자: '감정'과 '느낌'이라는 단어는 일반적으로 혼용되어 사용되고 있습니다. 그러나 감정은 우리가 느끼는 것보다는 훨씬 많은 것으로 이루어집니다. 감정은 경험하고 있는 실제적 느낌만이 아니

라 생리학적인 반응과 생각을 포함합니다.

예를 들면 분노를 느낄 때 이것은 느낌만이 아니라 생리학적인 반응을 경험합니다. 즉 얼굴이 붉어지며 심장박동수가 빨라지고 호흡이 가빠지고 근육은 긴장이 됩니다. 또한 분노의 생각이 일어나고 이것을 행동으로 표현하고 싶은 충동을 경험합니다. 예를 들면 욕을 하거나 크게 소리치거나 무언가를 던지는 것 말입니다.

이처럼 감정은 우리가 느끼는 것 이상의 것입니다. 그래서 감정은 느낌과 생각을 포함하는 포괄적 개념입니다. 이것이 과학적으로 분석한 느낌과 감정에 대한 정의입니다.

예수: 불교에서는 어떻게 보고 있나요?

승려: 감각기관(안의비설신의, 眼耳鼻舌身意, 육근)과 육경(색성향미촉법, 여섯 가지 대상, 색, 소리, 냄새, 맛, 촉감, 법)이 만나면 느낌이 일어납니다. 느낌을 알아채고 이것을 흘러 보내지 않고, 여기에 좋고 나쁘고 등의 생각이 개입되면 감정이 생겨납니다. 무지로 인하여 감정에 집착하게 되면 고통이 생겨납니다. 육근과 육경이 만나 육식이 나오고 육식 너머에 7식인 말라식이 있고 그 너머에는 8식인 아뢰야식이 있습니다.

이미 앞에서 다루었지만 위빠사나는 눈, 귀, 코, 입, 몸의 감각기관이 대상, 소리, 냄새, 맛, 촉각과 접촉하여 생겨나는 느낌과 육근의 의와 육경의 법이 만나 생겨나는 의식(意識)을 주시하는 수련법입니다. 이 수련에서는

대상이 눈앞에 나타나면 그냥 볼 뿐이고,

소리가 귀로 들리면 그냥 들을 뿐이고,
냄새가 코로 들어오면 그냥 맡을 뿐이고
혀에 음식물이 닿으면 그냥 맛볼 뿐이고,
신체에 어떤 것이 닿으면 그냥 느낄 뿐이며
의식에 생각이 떠오르면 그냥 인식하여야 합니다.

그러나 우리는 이러하지 못하고 생각을 개입시켜서 판단하고(판단하고 해석하게 되면 감정이 됨) 이것에 집착하니 고통이 생깁니다. 그래서 고통에서 벗어나는 길은 육근과 육경이 만나 일어난 육식(안식, 이식, 비식, 설식, 신식, 의식)을 다스리는데 있습니다.

예수: 붓다의 가르침은 지금 보아도 논리적이고 과학적입니다. 의식에 떠오르는 생각을 그냥 알아차리면 되는데 반응하여 판단하고 그것에 옷을 입혀 생각을 하니, 생각의 사슬이 만들어지고 이것에 얽매여버리지요. 우리는 떠오른 생각에다가 좋고 나쁘고 두렵고 등 이전에 만들어진 개념을 집어넣어 그것에 가치를 부여합니다.

특히 과거 아픈 이미지나 두려운 이미지 혹은 부정적 영상, 피하고 싶은 영상이 떠오르면 이것을 알아채고 흘려보내지 못하고, 그것에 의미를 부여하니 견디기 힘들고 정신적으로 아프게 됩니다. 그래서 이런 생각들을 어떻게 다룰지가 명상의 주제이고 동시에 치료의 주제입니다.

생각의 속성과 생각 통제

사회자: 생각의 영역은 대단히 심오하다고 들었습니다. 일제유심조

란 말도 있듯이 깨달음의 열쇠는 생각의 통제에 있다고 알고 있습니다. 생각이 간단하게 정의가 될 것 같지만 깊게 성찰해 보면 이것은 만만찮은 일입니다. 이런 생각이 떠오릅니다.

"생각은 뇌에서 일어나는 생화학적 작용에 불과한가 아니면 다른 무엇이 있는가?"

"내가 생각을 만드는가 아니면 이미 존재하는 것을 선택하는 것인가?"

"생각은 어디에서 근원하는가?"

"생각에는 왜 창조력이 있는가?"

"꿈과 생각이 어떻게 다른가?"

"텔레파시와 원격치료에서 생각은 어떤 원리로 전해지는가?"

"왜 생각을 마음대로 통제할 수 없는가?"

"왜 생각을 하지 않으려 하면 생각이 더 떠오르는가?"

"잊고 싶은 생각, 부정적 생각 등이 일어나면 왜 이것에 초연할 수 없는가?"

예수님께서는 이미 이런 의문 상당수에 대해 답을 주셨지만, 여전히 의문인 것도 있습니다. 그래서 생각의 본질에 대해 좀 더 깊은 이야기를 듣고 싶습니다.

무종교인: 저는 천국이니 깨달음이니 이런 형이상학적인 주제보다는 살아가는데 필요한 이런 주제가 좋습니다. 아픈 기억이나 부정적인 생각 등, 떠올리고 싶지 않은 생각들이 있는데 멈추기가 어렵습니다. 생각을 하지 않으려 하면 할수록 더욱 맹렬하게 일어납니다.

어떻게 하면 좋을까요?

예수: 생각의 속성이 그러합니다. 생각을 억누르려고 하면 오히려 생각이 더 떠오르고, 생각을 오래 억누를수록 그 생각을 더욱 하게 된다는 것은 이미 잘 알려진 사실입니다.

잊고 싶은 생각이 있으면 파일을 삭제하듯 없애면 좋겠는데 우리 뇌는 그렇게 하지 못합니다. 우리가 무언가에 관한 생각을 멈추려고 하면 우리 뇌는 우리가 생각하지 않으려는 것을 알려고 그것에 대하여 생각을 합니다. 이런 점에서는 뇌는 참으로 우리를 곤혹스럽게 하고 난감하게 만듭니다.

지워버리고 싶은 생각, 잊고 싶은 생각, 생각하고 싶지 않은 생각 등으로 우리는 괴롭습니다. 심하게는 생각 때문에 여러 가지 정신병에 걸리고 이것은 필연적으로 육체에 좋지 않은 영향을 미칩니다. 이런 치유에 심리학이 큰 역할을 하고 있지요. 심리학자께서 뇌와 생각에 대한 정보를 말씀해보세요.

심리학자: 뇌는 아직도 많은 부분이 베일에 싸여있습니다. 뇌에서 일어나는 꿈의 메커니즘이나 기능도 완전히는 알려지지 않았고 뇌의 가장 중요한 기능인 생각 과정도 마찬가지입니다.

뇌는 우리의 통제가 느슨해지면 독자적으로 생각을 펼치기도 합니다. 통제되지 않는 꿈이나 생각, 자동적인 생각, 백일몽이 그러합니다. 더군다나 우리의 안전과 생존을 위하여 존재하는 뇌의 어떤 기능은 경우에 따라서는 우리에게 해롭게 작동하기도 합니다. 기억 문제, 현실과 상상을 구분 못하는 문제 등이 그러합니다. 이중에 가장 곤혹스러운 것이 앞에서 언급한 통제하기 어려운 생각의 속성입니다.

그래서 생각이 작동하는 방식을 알아야 삶이 행복합니다. 사실 최근에는 불교 명상법이 심리학에 많이 응용되고 있습니다. 앞에서 예수님과 스님께서 언급하셨지만, 생각에 구속되지 않으려면 생각에 매달리거나 제거하려거나 억누르지 않고 생각이 마음을 통하여 그저 지나가도록 해야 합니다. 예를 들면 고통스러운 생각을 하고 있고 이 생각을 멈추기 바란다면 밀어내지 않고 그냥 생각을 인정하는 것입니다. 즉 피하고 싶은 생각이라도 생각이 일어났음을 알아채고 저항하지 않고 수용하는 것이지요.

이때 감지한 생각에 대하여 어떤 판단이나 해석을 하지 않습니다. 판단이나 해석을 하면 우리는 그 생각에 가치를 부여하게 되고 그렇게 되면 가치 부여된 생각에 다시 판단을 하는 악순환이 일어나기 때문입니다. 이것이 생각과 관련하여 많은 사람들이 빠지는 문제입니다.

승려: 학자님 말씀을 듣고 보니 위빠사나 가르침과 다를 것이 없습니다. 그저 생각이 있음을 알아차리면 점차적으로 다른 생각들이 그 자리를 대신합니다. 판단하려는 마음을 진정시키고 둑에 앉아 흐르는 강물을 바라보듯이 생각을 무심히 바라보아야 합니다.

예수: 두 분께서 좋은 방법을 보여주었습니다. 성인들의 말씀에는 공통되는 것이 하나 있습니다. 그것은 "생각"에 대한 가르침입니다. 시공간에 상관없이 여러 성자들이 하나같이 생각에 대하여 가르침을 주는 것은 생각은 인간만이 아니라 온 우주를 관통하는 참으로

중요한 주제이기 때문입니다. 이것을 논하지 않고는 신과 우주창조를 논할 수 없고 우리 존재의 의미를 논할 수 없습니다.

성경에 "악에 저항하지 말라(That ye resist not evil, 마태 5:39)"라는 구절도 같은 맥락에서 이해할 수 있습니다. 이것은 악이나 적이 우리를 파괴하도록 두라는 말이 아니라 상대방에게 적의를 가지고 행동하지 말라는 뜻입니다. 적의 없이 방어를 하면 악은 힘을 잃습니다.

악에 대하여 적의를 가지고 물리적으로 대항하거나 부정적인 생각을 보내면 악에 힘을 더하는 것이고 불 위에 기름을 붓는 격입니다. 이렇게 되면 악은 더욱 커지고 카르마를 쌓게 됩니다. 그러므로 악에는 악으로 저항하지 말아야 합니다. 마찬가지로 생각에 저항하지 말아야 합니다.

생각의 창조력과 통제

과학자: 신의 힘이 영혼을 통하여 흘러나와 생각을 통하여 창조가 일어난다고 하셨는데 생각의 창조력에 대하여 좀 더 말씀해 주세요.

예수: 생각은 창조력이 있어서 양날의 칼입니다. 생각은 우리가 다루기에 따라 아주 건설적이기도 하고 엄청나게 파괴적이기도 합니다. 〈생각하는 대로 이루어진다.〉라는 말이 있듯이 생각의 힘은 놀라울 정도로 강력합니다.

생각의 창조력은 쓰기에 따라 성공, 치유, 영적 성장 등 여러 분야에서 역할을 합니다. 이것이 생각의 긍정적인 기능이라면 생각의 부정적 기능도 있습니다. 머릿속에 분주하게 흐르는 생각 흐름이 그러합니다. 이런 생각은 우리의 집중을 방해하고, 더욱 나쁜 일은 우리가 원하지 않는 혹은 피하고 싶은 부정적 생각이나 기억이 일어나 마음을 어지럽히고 심하게는 마음을 병들게 한다는 것입니다. 신경쇠약, 정신분열, 스트레스 등은 생각을 적절하게 다스리지 못하여 일어나는 병입니다.

그러나 무엇보다 심각한 것은 생각의 방해로 인하여 마음을 조용하게 할 수 없다는 것입니다. 마음을 조용히 하여 내면으로 들어가야 하는데 끊임없이 일어나는 생각의 파편들로 인하여 마음이 평온을 얻기가 쉽지 않습니다.

그래서 고대로부터 사람들은 생각을 다스리는 방법을 찾아왔고 그런 방법이 종교 단체나 명상 단체의 수련법이나 의식(ritual)에 반영되어 있습니다. 앞에서 다루었지만, 인도의 여러 요가, 불교의 위빠사나, 염불, 사경, 진언, 기독교의 묵상, 기도 등은 생각 흐름에 방해받지 않고 자아나 신에 집중하려는 방법입니다.

그러나 생각은 만만한 상대가 아닙니다. 생각은 절대 없앨 수 없습니다. 생각은 우리의 의지와는 거의 상관없이 머리에 떠오릅니다. 마치 초대하지 않은 손님 같습니다. 아무런 생각 없이 10분을 지낼 수 있다면 그 사람은 상당한 수준에 도달한 사람입니다. 대다수는 1분도 견디지 못하고 생각 이미지를 떠올립니다.

그러나 훈련이 되면 생각을 없앨 수는 없지만 통제할 수 있고 다스릴 수 있습니다. 우선은 생각을 지켜보는 훈련을 하고(사람들은 생각을 자기라 여겨서 생각을 지켜보는 존재와 생각 그 자체의 구분이 희미함), 생각과 자아 사이에 어느 정도 간격이 생기면 부정적 생각을 거부하고 원하는 생각을 불러오는 훈련을 합니다.

그리고 마지막으로 생각의 흐름에서 철수하여 내면으로 들어갑니다. 이런 수준에 도달하는 것이 동서양 구도자의 목적이었습니다. 내면으로 철수는 신성한 영혼과 만나는 것이고 더 나아가 근원과 만나는 것을 뜻합니다.

다시 말하지만, 생각은 힘입니다. 종이 위에 연필로 그림을 그리면 흔적이 남듯이 생각으로 그림을 그리면 그것은 눈에 보이지 않지만, 생각 이미지로 공간에 존재합니다. 마법에서 인공 영(靈)을 만들거나 자신을 보호하는 원(圓)을 그릴 수 있는 것은 모두 생각의 힘 때문에 가능합니다.

우리는 눈에 보이지 않는 우주 질료를 사용하여 생각으로 온갖 것을 만들 수 있습니다. 그러므로 눈에 보이지 않는다고 아무렇게 생각하는 어리석음을 저지르지 말아야 합니다. 우리가 부정적인 생각을 할 때마다 추악하거나 흉측스러운 모습을 한 생각형태(thought forms)가 태어난다고 생각하면 끔찍한 일이 아닌가요?

상당수 질병도 마음에서 시작합니다. 부정적인 생각 진동이 신체 특정 부위에 형성되어 오래 고착되면 이것은 신체에 영향을 미치고 나중에 질병으로 나타납니다. 조화롭고 긍정적인 생각이 필요한 이유입니다. 생각은 신체에 그대로 반영됩니다. 그러므로 마음을 건강하게 유지하는 일은 중대합니다. 이것은 명상 수련과 지혜의 획득을 통해서 가능합니다.

생각의 강도(强度)는 생각에 부여되는 우리의 의지 강도에 비례합니다. 강한 의지가 반영된 생각은 그 힘이 강하고 오랫동안 생각형태(thought form)를 유지합니다. 돋보기를 태양광선에 잘 맞추면 초점이 형성되어 불이 붙듯이 생각의 힘은 의지의 집중 정도에 좌우됩니다.

마음과 생각을 구별하지 못하는 경우가 많은데 마음은 생각과는 다릅니다. 생각은 마음이 사용하는 도구입니다. 좋은 생각, 나쁜 생각은 우리 마음의 선택에 달려있습니다. 동일한 상황에서 다르게 반응하는 것은 마음이 생각을 달리 선택했기 때문입니다.

불행히도 우리 마음은 과거의 개념이나 생각에 영향을 받아 판단하고 행동합니다. 생각의 악순환이지요. 마음의 도구인 생각이 오히려 마음에 영향을 주어서 주인 행세를 하기도 합니다. 진흙탕에 빠져 헤어나지 못하고 이제는 진흙탕에 범벅이 된 모습이 자신의 원래 모습이라고 생각하고 살아가는 셈이지요. 마음에서 그릇된 생각을 제거하는 일, 다른 말로 생각의 정화가 원래의 상태로 돌아가는 첩경입니다.

과학자: 신의 생각은 인간의 생각과 어떻게 다른가요?

예수: 생각은 인간과 신을 존재하게 만드는 가장 중요한 요소입니다. 우주창조는 신의 생각으로 가능하고 세상의 운영은 인간의 생각으로 가능합니다. "생각"과 관련하여 신을 논하고 우주 창조를 논하려면 우리는 증명될 수 없고 몹시도 추상적이고 관념적인 형이상학 문제를 다루어야 할 것이고 이것은 최고의 지성을 필요로 하는 일일 것입니다.

카발라에서 보면 신은 우주를 창조하는데 있어서 먼저 창조를 위한 청사진을 세우고 즉 생각하고 그리고 이것을 자신의 숨(창조에너지, 신의 의지)을 통하여 구체화합니다. 그런데 신의 창조 생각은 신의 개념(생각 이미지)이므로 세상은 신의 개념으로 존재한다고 말할 수 있습니다. 생각이 무엇인지 알고 생각을 다스릴 수 있으면 우리는 삶의 신비를 어느 정도 마스터한 것이 됩니다. 이것은 운명을 주도적으로 영위할 수 있게 되었다는 의미입니다.

무종교인: 부정적인 생각에서 벗어나는 일은 참으로 중요하다고 생각합니다. 벗어나는 방법에 대하여 정리해서 말씀해 주시면 참으로 도움이 되겠습니다.

예수: 영적 각성과 정신건강에 필요한 생각 다스리는 방법에 대하여 정리해 보지요.

첫째로 마음챙김 즉 지켜보기입니다. 이것은 너무 많이 알려져서 별다른 설명이 필요가 없을 정도입니다. 생각을 인정은 하되 판단하지 않고 그냥 흘려보내는 방법입니다. 그러나 사람들은 떠오르는 생각에 저항하거나 판단하거나 집착하여 생각의 덫에 갇혀버립니다.

둘째로 생각 전환기법이 있습니다. 이것은 생각 지켜보기보다 훨씬 더 많이 사용되는 대중적인 기법입니다. 생각전환은 거의 모두가 알게 모르게 자연스럽게 사용하는 방법입니다. 사람들은 부정적 생각이 일어나면 자연스럽게 긍정적 생각을 떠올려서 부정적 생각에서 벗어나려 합니다. 그러나 생각이란 묘하여서 밀고 당기는 요령이 필요합니다.

밀어내면 달라붙고 끌어당기면 멀어지는 생각의 속성을 이해한다면 좀 더 효율적으로 생각을 조절할 수 있습니다. 생각전환이 작동이 되면 좋겠지만 피하고 싶은 생각이 아주 강할 때는 생각전환을 시도해도 잘되지 않습니다. 생각에 저항하지 않고 긍정적인 생각이나 빛의 생각을 불러와야 합니다.

생각전환의 일종으로 볼 수 있는 것이 자신이 믿는 종교의 근원적 존재, 성물 등을 떠올리는 방법입니다. 이들에 대한 믿음과 의존성이 크므로 이런 이미지나 생각을 가지고 와서 그 위력이나 힘에 의지하면 효과적일 수 있습니다.

또 다른 방법이 성찰하기입니다. 이것은 생각 지켜보기와는 달리 떠오른 생각이나 감정에 대하여 성찰을 하는 것입니다. 이것은 떠오른 생각에 대하여 좋다, 나쁘다, 싫다, 무섭다 등처럼 판단하라는 것이 아니라 왜 이런 특정한 생각이 떠오르고 왜 그것에 집착하거나 저항하는지를 근본적으로 파헤치는 방법입니다. 생각에 특히 부정적 혹은 기분 좋은 생각에 민감하게 반응하는 이유를 성찰하게 되면 그 근간에는 사고, 질병, 죽음 등과 같은 두려운 감정이나 소유욕, 쾌락, 명예심 등과 같은 욕망이 자리 잡고 있습니다.

성찰과 비슷한 것에 생각 이해하기가 있습니다. 이것은 생각 자체의 속성을 이해하는 것입니다. 생각이 무엇인지 그리고 어떻게 생겨나고 작동하고 사라지는지를 안다면 그만큼 생각을 잘 통제할 수 있습니다. 생각은 저항하면 더욱 강해지지만 무시하면 사라지는 일시적이고 무상한 속성을 지니고 있습니다.

생각 이해하기와 비슷하면서도 각도를 달리하는 것이 앎(이해)과 지혜를 통하여 우주의 법칙과 진리를 체득하여 얻은 눈부신 지혜의 빛으로 어두운 생각을 빛으로 변화시키는 기법이 있습니다. 가장 강력한 방법입니다.

예를 들면 우리는 하느님의 피조물이 아니라 그 일부이고 하나이므로, 하느님으로부터 우리 머리로 내려오는 눈부신 빛이 몸과 생각을 정화하는 심상을 합니다. 이것은 생각 전환법과 겹치기도 합니다. 우주법칙에 대한 이해와 앎이 클수록 효과는 더욱 커집니다.

생각과 관련하여 알아야 할 것은, 내면의 본성을 보기 위하여 생각을 통제해야 하고, 물질 현시를 위하여 생각의 창조성을 이용해야 합니다. 그리고 조화로운 생각을 통하여 삶의 질을 풍요롭게 해야 합니다.

심리학자: 생각의 창조성과 관련하여 파키스탄 카슈미르의 한 장수 마을에 대한 흥미로운 글이 생각납니다. 내용은 이러합니다.

오지여서 외부와 거의 접촉이 없었던 이 마을 사람들 상당수가 200살까지 사는 것으로 유명하였다. 주민들은 달력도 없었고 자신의 나이도 모르고 지냈다. 자신이 언제 태어났는지 몰랐고 숫자도 모르고 살아서 언제 죽는지에 대한 생각도 없었다. 그러다 현대문명이 들어와서 학교가 생기고 병원이 들어섰는데 그 후로 주민들 수명은 아주 많이 줄어들었다.

이들 수명이 줄어든 것은 건강 유전자가 사라져서 생겨난 일이 아니라, 생각 즉 개념이 변해서 일어난 일입니다. 현대문명에서는 TV나 매스미디어, 가정이나 사회가 주입하는 정보에 무분별하게 노출되어 있어서 그 정보에 세뇌가 되어버립니다. 생각이 사람의 정체성을 구성하듯 생각은 사람의 신체와 건강에 지대한 영향을 미치게 됩니다.

현대 인간은 질병과 사고 같은 부정적 정보에 노출되어 있고, 나이가 들게 되면 자연스럽게 노화가 오고 그러다 죽는다는 정보에 노출되어 있습니다. 그러다 보니 그런 집단 정보에 최면이 걸려서 그렇게 믿고 사고하며 살아가게 되고, 결과적으로 주입된 생각에 따

라 삶의 행로가 결정됩니다. 주입된 생각이 운명이 되는 것입니다

예전에 하버드 대학교 심리학과 엘렌 랭어 교수가 실시한 〈시계 거꾸로 돌리기〉 연구결과는 노화와 관련하여 아주 흥미로운 사실을 보여줍니다. 연구 시점은 1979년으로, 엘렌 교수는 자신들이 연구 대상이라는 것을 모르는 70대 후반에서 80대 초반의 남성 노인 8명을 모집하여 수도원에서 생활하면서 지켜야 할 규칙을 제시합니다. 일주일 동안 20년 전인 1959년으로 되돌아가서 20년 전의 정치, 사회, 스포츠 등을 현재형으로 이야기하고, 1959년 개봉한 영화와 TV 프로그램을 시청하는 것과 청소, 설거지 등 집안일을 직접 하는 것이 규칙이었습니다.

노인들은 점차 1959년을 현재로 생각하고 사는 것에 익숙해졌고 자발적으로 청소도 하고, 계단 오르기 운동도 시작합니다. 그리고 일주일 후 참가한 8명의 노인 모두가 시력, 청력, 기억력, 지능, 악력 등이 신체 나이 50대 수준으로 향상됐다는 아주 흥미로운 결과가 나옵니다.

이것은 육체의 노화는 우리가 우리 자신에게 부여하는 생각 즉 개념에 따라 진행된다는 것을 보여준 사례입니다. 나이가 들면 늙는다는 고정관념, 나이가 들수록 신체 기능이 쇠퇴하고 체력이 약해지고 피부가 노화된다는 우리의 생각이 즉각적으로 우리 육체(유전자)에 반응하여 노화의 결과를 낳는다고 생각합니다. 실험에서처럼 젊게 생각하고 살아가면 유전자(육체)는 그것에 반응하여 젊어질 것입니다.

마음의 자세가 얼마나 중요한지를 보여주는 사례입니다. 그릇된 집단 생각에 저항할 필요가 있습니다. 예수님 말씀처럼 나이가 들면 성숙하게 되는 것이지 반드시 늙고 병들게 되는 것은 아닙니다.

정신 치유 기법

예수: 인간의 신비를 심리학이 많이 밝히고 있어 다행입니다. 말씀하신 사례는 생각의 힘을 잘 보여주고 있습니다. 생각과 관련하여 생겨나는 현대인의 정신질병은 심각한 수준으로 알고 있습니다. 심리학자께서 추천하고 싶음 심리 치유 기법이 있으신가요?

심리학자: 신경언어학 프로그래밍(Neuro-Linguistic Programming) 즉 NLP에서 앵커링으로 불리는 방식이 있습니다. NLP는 인간의 마음과 행동이 일어나는 원리를 설명하고 어떻게 효과적으로 마음과 행동을 변화시킬 것인지를 다루는 심리 프로그램입니다.

앵커(닻)로 배를 한 곳에 묶어 두듯 감정을 한 곳에 묶어둘 때도 앵커를 사용합니다. 그리고 필요한 시기(부정적 생각, 긴장, 강박 증세 등)에 약속된 행동을 통하여 묶여있는 감정(치유가 목적이므로 좋은 감정이나 기억이 주가 된다)을 원하는 때에 손쉽게 불러내어 마음의 상황을 전환시킵니다. 즉 어떤 사건이나 상황, 기분을 재현하게 하는 연결고리를 만드는 것이지요. 즉 앵커란 특정 자극에 의해 촉발되는 생각이나 감정 그리고 행동이고 앵커링은 앵커를 만드는 것입니다.

녹색 신호등은 우리 뇌에 안전으로 각인되어 있어서 이것은 시각적 앵커링 역할을 하고, 까치 소리는 한국인 뇌리에 좋은 기분을 전하는 청각적 앵커링으로 작동하고 있습니다. 이것은 거의 조건 반사적인 반응입니다.

불행과 관련된 앵커는 지워버리고 행복과 관련된 앵커를 강화하는 것이 NLP의 목적입니다. 앵커링은 NLP 기법에서 나온 용어이지만, 활용의 다양성과 효율성 때문에 최면, 행동치료, 인지치료 등에 광범위하게 사용됩니다. 사실 이런 심리 용어를 몰라도 우리가 오래전부터 일상에서 많이 사용하여 왔던 방법이기도 합니다.

정신적으로 어려운 상황에서 긍정적 생각을 쉽게 불러오는 방법은 훈련이 필요합니다. 특정 행위(시각, 청각, 후각, 미각, 촉각, 자세, 생각 등)에 의도적으로 긍정적 기억이나 생각을 연계시켜서 부정적 생각이 일어날 때 혹은 원하는 기분을 불러오고 싶을 때 약속된 특정 행동을 하는 것입니다. 그러면 조건반사적으로 원하는 생각이나 심상을 떠올릴 수 있습니다.

예를 들면 기분 좋을 때 손가락을 튕기는 습관이 잠재의식에 각인되면 심리적으로 긴장한 상황에서 손가락을 튕겨도 기분이 좋아집니다. 웃음이나 미소는 거의 누구에게나 즐거운 상황을 드러내는 신체 신호이므로 긴장 상태나 분노 상태에서 웃음은 매우 잘 작동합니다.

그래서 자신만의 특정 행위를 만들어 그것에 자신이 원하는 긍정적 생각을 연계시켜서 습관이 되도록 할 필요가 있습니다. 그것은 심호흡, 합장하기, 깍지 끼기, 미소 짓기, 하늘 쳐다보기, 진언. 신 이름 부르기, 특정 음악 듣기, 특정한 노래하기 등이 될 수 있고 이런 행동에 긍정적 생각을 연계시켜서 뇌에 각인시키면 유익합니다.

예수: 이런 심리 기법은 방식은 약간 다르지만 여러 종교에서도 사용되어왔습니다. 좋은 기억이나 감정도 좋지만, 영적 가르침을 바로 불러오는 것도 좋습니다. 긴장이 되거나 두려움이 일면 자신의 내면에서 신성한 힘이 흘러나와 자신을 보호하는 심상이나, 머리 위로부터 신성한 빛 에너지가 내려와서 자신이 빛으로 둘러싸이는 심상,

자비로운 신이나 존경하는 스승의 품에 안기는 심상 등은 마음의 안정에 도움이 됩니다.

그런데 이런 생각을 어떠한 상황에서도 바로 떠올릴 수 있는 사람이라면 문제가 없지만 그렇지 못하다면 의도적으로 이런 생각을 불러올 수 있는 장치를 만들면 좋겠지요. 이것이 학자가 말한 앵커링이겠지요.

가장 좋은 방법은 지혜의 가르침을 잠재의식에 깊게 심어서 어려운 상황에서 언제든지 이것을 불러오거나 떠오르게 하는 방법이 가장 바람직합니다. 예를 들면 욕망이 생겨 고통이 생기면 세상의 본질이 환영임을 떠올리면 욕망이 사라집니다.

승려: 말씀을 들으니 틧낫한 스님이 떠올랐습니다. 청정 비구로 세상의 존경을 받는 틧낫한 스님의 명상 센터에서는 매일 일정한 시간에 종이 울리고 그러면 약속한 대로 모두가 하던 일을 멈추고 명상을 합니다. 종소리가 명상으로 인도하는 장치가 된 것입니다.

미국 어느 명상가는 하루에 여러 번 불시에 울리는 알람시계를 차고 다니다가 알람이 울리면 바로 짧은 명상으로 들어갑니다. 이렇게 하여 의도적으로 자신만의 장치를 만들어 게을러지는 마음을 다스립니다. 이것을 앵커링으로 볼 수는 없지만 약속된 특정한 신호에 명상하는 모습은 우리가 배울 만합니다.

단어의 힘과 단어 명상

예수: 참으로 그러합니다. 기본적으로 우리 잠재의식은 프로그램되어 있습니다. 이 사실을 잘 이용하면 우리는 잠재의식의 부정적 프로그램을 긍정적인 프로그램으로 다시 짤 수 있습니다. 특정 상황에서 우리가 반응하는 프로그램이 달라지면 인생이 변합니다. 우리가 언제든지 자신의 신성과 신과 합일을 심상할 수 있다면 어떠한 부정적 생각이 일어나도 그것은 즉시 사라지고 말 것입니다.

잠재의식을 긍정적 단어로 채우세요. 아시겠지만 모든 단어는 우리가 부여한 개념으로 존재합니다. 어떤 단어든 그것에는 고유한 속성과 생각 이미지가 부여되고 고유한 진동이 존재합니다.

이런 단어의 속성을 이용하여 마음과 몸을 다스릴 수가 있습니다. 자신에게 영적 속성을 지닌 단어, 힘이 되는 단어, 긍정적 에너지를 주는 단어, 마음에 평화를 가져다주는 단어 등을 선택하여 그것을 명상에 사용하는 것입니다.

그런 단어의 예는 평화, 평온, 감사. 사랑, 자비, 빛, 광명, 부처님, 하느님, 진리, 지혜, 정의, 생명, 젊음, 활력, 영혼, 순수, 맑음, 자유, 풍요, 성공, 행복, 건강, 힘, 믿음, 진실, 지성, 아름다움, 의지, 밝음, 깨달음……………

우선 마음을 평온한 상태로 만들고, 이어서 자신에게 필요한 단어를 선택하여 마음을 다하여 그것을 음미합니다. "나는 (빛)이다", "신의 (자비)가 내게 흘러넘친다."처럼 문장을 만들어도 좋고, "광명", "풍요"처럼 단어만을 가지고 할 수도 있습니다.

이것을 할 때 선택한 단어나 문장의 의미에 온전히 수긍해야 합니다. 의심 없이 그 자체가 되어야 합니다. 예를 들면 "나는 신성한 존재이다."라고 말을 하면서 내면에서는 그 사실을 부정하거나 거부하면 바라는 효과를 기대하기 어렵습니다. 그리고 이런 거부감은 진리에 대한 앎을 통하여 사라집니다.

이런 단어 명상을 통하여 단어가 잠재의식에 각인이 되면 이것은 우리 몸과 마음에 실행이 됩니다. 생각에는 신의 창조에너지가 흐르기 때문입니다. 생각의 위대한 힘에 대하여 알게 될수록 자신의 운명에 대한 주인에 가까워질 것입니다.

앞에서 심리학자께서 언급하셨듯이, 언어가 우리에게 미치는 영향력은 생각보다 대단합니다. 우주만물은 진동으로 이루어져 있고 우리 생각이 말로 혹은 글로 표현되면 자연스럽게 그에 상응하는 진동이 따릅니다. 부정적 의미를 담고 있는 단어에서 나오는 부정적 진동은 마음을 휘젓고 이어서 연쇄적으로 신체에 영향을 줍니다.

위대한 스승들이 침묵을 강조하고, 말을 하더라도 맑고 밝은 말을 골라 신중하게 하도록 하고, 가십을 금지하는 이유입니다. 그런데 사람들은 두세 사람만 모여도 의례히 자신이나 주변에 일어난 부정적인 일에 대하여 신나게 이야기하는 경향이 있습니다.

질병이나 아픈 증상에 대하여 주변 사람들에게 반복하여 말하면 주변 사람들은 그런 단어가 내뿜는 진동에 휩싸여 마치 자신이 아픈 기분이 들 수도 있습니다. 그렇게 되면 우리는 부정적인 생각패턴에 갇혀 긍정적인 생각을 못하게 됩니다. 이런 상황에 계속 노출되면 우리는 질병에 대한 생각패턴을 자기 자신에게 허용하는 것이 되어서 심지어 나중에 신체에 그런 증상이 현시될 수도 있습니다.

생각을 통제할 수 있는 능력이 안 되면, 부정적인 사람이 자기

옆에서 질병이나 사고 혹은 죽음 같은 부정적 말을 계속하도록 허용하면 안 됩니다. 부정적 생각을 허락하면 그것에 힘을 부여하는 것이 됩니다. 질병이나 부정적 문제에 대하여 이야기하면 화제를 다른 것으로 바꾸세요. 늘 조화로운 생각을 유지해야 합니다.

그들은 부정적 사고가 습관이 되어 그것이 남에게 피해를 준다는 생각을 하지 못합니다. 그러나 사실 그들은 해로운 진동 즉 부정적 에너지(진동)를 주변으로 내보내는 끔찍한 일을 하고 있는 것입니다. 유해한 가스는 냄새로 감지가 가능하여 피할 수가 있지만 진동으로 흘러나오는 부정적 에너지는 보이지도 않고 냄새도 없어서 피할 수가 없으므로 매우 위험합니다.

예전에는 간접흡연의 폐해를 몰라 고스란히 마셨으나 지금은 누구나 그 해악을 알기에 자리를 피하거나 아니면 흡연자에게 주의를 줍니다. 마찬가지로 이런 부정적 진동이 흘러나오는 자리를 피하거나 아니면 정중하게 긍정적인 주제에 대하여 이야기하도록 요청해야 합니다. 이것은 일종의 언어 에티켓입니다.

언어의 예에서 보듯이 우리는 무지로 인하여 주변 사람들에게 피해를 주고 있는 것이 많습니다. 우주법칙에서 무지는 용서가 되지 않습니다. 다만 고의가 없어 정상참작은 되겠지만 그것은 카르마로 작동합니다. 그래서 위대한 스승들은 우주법칙에 대한 앎을 강조하는 것입니다.

심리학자: 단어에 대해 말씀하셨는데 단어가 인간심리에 미치는 영향이 지대하다는 것은 심리학계에서는 너무 잘 알려진 일입니다. 예수님의 말씀에는 제가 전공한 내용과 겹치는 것이 많아서 무척 흥미롭습니다.

승려: 글이나 말은 우리만이 아니라 주변 사람들에게도 영향을 주므로 의식적으로 밝은 말, 맑은 말, 희망을 주는 말, 긍정적 말, 영적으로 고양시키는 말 등을 사용해야 한다고 생각합니다. 이것이 바로 말로 하는 보시이고 공양이란 생각입니다.

신도들 중에 부정적인 언어를 습관적으로 구사하는 사람들이 많습니다. 이들은 이런 말이 자신과 주변 사람들에게 부정적 영향을 미치는 것에 대하여 그렇게 심각하게 생각하지 않습니다. 이런 부정적인 언어사용은 카르마를 짓는 일입니다.

나이를 대하는 자세

예수: 앞에서 최면에 대하여 말을 하면서 나이에 대하여 이야기를 나누었지요. 심리학자께서도 말씀하셨고요. 내가 반복해서 이것을 말하는 이유는 그만큼 고정관념이 위험하기 때문입니다. 우리는 나이가 들면 늙고 병들어 죽는다는 생각을 지닙니다. 우리는 10대는 어떠해야 하고 어떤 모습이어야 하는지에 대한 고정관념을 지니고 있고, 마찬가지로 20대의 모습, 30대, 40대.......80대의 모습에 대한 고정개념을 지니고 있습니다.

그래서 일정 나이에 이르면 그 나이에 해당하는 전향적인 어떤 모습을 생각하게 되고 그것에 반응하여 몸과 마음도 변합니다. 그래서 지혜의 가르침에 보면, 나이가 어느 정도 들면 그때부터는 되도록 자신의 나이를 언급하거나 나이를 의식하지 말도록 가르칩니다. 나이와 관련되는 단어에 우리가 부여한 힘이 있기 때문입니다.

우리는 나이가 들어감에 따라 노화와 질병은 피할 수 없는 현상으로 받아들였고 이것이 집단최면 형식으로 우리 잠재의식에 자리를 잡았습니다. 생각은 창조력이 있고 마음에 어떤 그림(관념, 이미지)이 그려지면 그것이 그대로 외부로 현시되는 것이 우주법칙입니다. 장수 집안의 후손은 통상적으로 오래 삽니다. 이것은 유전적 요인도 어느 정도 있겠지만 장수하는 조상들을 보아왔기에 자신은 오래 산다는 확신이 잠재의식에 심어져서 일어나는 일입니다.

나이가 들면 늙는다는 생각 대신에 육체적으로 정신적으로 아름답게 성숙해지는 것으로 생각의 틀을 바꾸어야 합니다. 나이만이 아니라 여러 다른 부정적인 개념의 틀도 바꾸어야 합니다. 물론 거대한 집단 최면의 힘에 저항하는 일은 쉽지가 않습니다. 그래서 습관이 아닌 깨어 있는 의식으로 세상을 바라보고 살아가야 합니다.

삶의 목적

사회자: 이번에는 주제를 좀 현실적인 것으로 돌려보겠습니다. 삶이란 누구에게나 만만하지 않습니다. 어떻게 살아가야 좋은지 잠시 이야기해보지요.

직장인: 저에게는 형이상학적인 문제보다는 현재의 일상이 중요합니다. 하루하루가 치열한 생존경쟁의 장이고 어느 하루도 편하게 지나간 적이 별로 없습니다. 인간관계는 쉽지가 않고 가족 부양하느라 삶의 여유가 없습니다.

예수: 그것은 그대가 선택한 삶이 아닌가요? 사람들에게 살아가는 이유를 묻는다면 무어라 말할 것 같습니까? 고상한 말로 포장하지 않는다면 대부분은 성욕, 명예욕, 지배욕, 재산 욕망 등으로 살아갑니다. 인간 생존에 필수인 수면이나 식욕은 어쩔 수 없는 일이지만

절제되지 못한 과도한 욕망(성욕, 명예욕, 재산욕심 등)이 항상 문제가 됩니다. 욕망을 절제하지 못하면 욕망을 충족시키기 위하여 살아가는 그런 인생이 됩니다.

욕망 충족이 삶의 목적이 되어버린 인생이라면 참으로 비참하지 않는가요? 이것은 삶의 목적이 바로 정립되지 않아 일어나는 일입니다. 정말 중요한 것은 얼마나 오래 사느냐가 아니라 어떤 삶의 목적을 가지고 사느냐 입니다.

직장인: 삶의 목적은 어떠해야 합니까?

예수: 대다수 사람의 관심은 내면이 아니라 외부로 향하고, 평생 동안 언젠가는 사라질 외적 성취를 위하여 살아갑니다. 소수의 구도자나 영적 탐구자들만이 내면으로 들어가 영원히 사라지지 않는 마음의 보물을 얻습니다. 이것을 깨달음이라고 해도 좋고, 근원과 합일이라고도 해도 좋고, 영혼의 본질과 조우라고 해도 좋습니다. 사람들은 이것에 99%의 노력을 기울여야 하는데 오히려 외적 성취에 99%의 노력을 기울입니다.

사람들은 꿈다운 꿈이 없습니다. 거의가 물질 욕망의 충족을 꿈으로 내세우니 사회가 이렇게 부정적으로 흘러갑니다. 어른에게 "당신 꿈은 무엇인가요?" 혹은 아이에게 "네 꿈은 뭐니?"라고 물어보면 거의가 물질적 성공과 명예를 꼽습니다. 이런 것은 가장 낮은 수준의 꿈이고 지구촌을 무한 경쟁과 갈등으로 이끄는 원인이 됩니다.

또한 사람들은 개인적인 꿈을 이루는데 많은 노력을 기울이지만 사회, 국가, 지구촌, 우주 등과 같은 공동체적인 꿈은 생각하지 않습니다. 개인의 꿈(자신의 성공, 자식의 성공, 가족의 성공 등)이 1순위이고 공동체가 이루고자 하는 꿈은 2순위거나 아예 관심이 없습니다.

온 중생이 깨달음을 얻을 때까지 자신의 해탈을 미루는 보살이나, 윤회에서 벗어나서 이제는 물질 육체로 태어날 필요가 없는데도 중생 구제를 위하여 자발적으로 육체에 태어나는 영혼들은, 공동체적인 꿈 혹은 이타적인 꿈을 꾸는 사람들입니다.

그들에게 개인의 꿈은 우주적인 차원의 꿈과 일치하고 개인의 의지는 우주의 의지와 일치합니다. 이렇게까지는 못하더라도 더 나은 사회를 위한 꿈을 지녀야 합니다. 우주 속에서는 너와 내가 따로가 아니라 한 몸이고 운명공동체이기 때문입니다. 타인이 성장하면 내가 성장하고 내가 성장하면 타인이 성장하고, 공동체가 성장하면 내가 성장하고 내가 성장하면 공동체가 성장하고, 우리가 성장하면 우주(신)가 성장합니다.

공동체적인 꿈이 없으니 개인의 욕망 추구에 그리고 자식의 성공에 목을 맵니다. 그러나 우리가 무엇이 바른 꿈인지 자각하게 되면 우리가 추구하는 꿈이 얼마나 허망하고 이기적인지 알게 됩니다. 이렇게 되면 우리는 내면의 영적 성장을 위한 꿈 그리고 모두가 영적으로 성장하는 꿈을 생각하게 됩니다. 사회의 변화는 그 사회 구성원이 바른 꿈을 지니는데서 시작됩니다. 신과 합일 즉 깨달음이 최고의 목적이 되어야 합니다.

직장인: 그런 목적이 제게는 현실적으로 가능해 보이지 않습니다. 범부인 저에게 좀 더 마음에 다가오는 조언을 주십시오.

승려: 도움이 되었으면 해서 제가 한 말씀 드리지요.

인도 바라문교에서는 인간의 삶을 학생기(學生期), 가주기(家住期), 임서기(林棲期), 유행기(遊行期)로 나누어 설명합니다. 학생기는 부모의 슬하를 떠나 일정한 스승에게 나아가 다르마를 공부하고 그것을 통해 이후 삶의 기초가 되는 성품과 마음가짐을 훈련하는 단계이며, 가주기는 집으로 돌아와 결혼하여 자식을 생산하고 경제활동에 종사하는 시기입니다. 임서기는 세속의 의무를 마친 이들이 해탈이라고 하는 지고의 가치를 추구하기 위하여 숲으로 들어가는 시기로 절제와 금욕의 삶을 살며, 유행기는 세속의 욕망을 완전히 떠나는 시기로 일정한 거처 없이 홀로 떠돌며 명상을 하며 살아갑니다.

비록 우리와는 문화나 생활양식이 달라도 이러한 삶의 지침은 참으로 되새겨볼 가치가 있어 보입니다. 목적 없이 무작정 살다가 혹은 죽을 때까지 욕망의 끈을 놓지 않고 살다가 죽음을 맞이하는 것이 대다수 사람의 모습이라 이런 체계적인 지침은 매우 소중하게 여겨집니다.

현대 문명사회에 살아가는 우리에게 이런 4단계의 삶을 엄격하게 지켜나간다는 것은 어렵겠지만 이런 삶의 지침을 우리 현실에 맞게 응용할 수는 있을 것 같습니다.

어려서는 인생의 등불이 되는 학문에 매진하고 (지적 능력개발에만 치우쳐져 있는 지금의 교육체계에서 벗어나 인성교육과 지혜 개발 쪽으로 방향 전환이 필요), 훌륭한 인성과 덕성을 바탕으로 좀 더 나은 사회 발전을 위한 품격 있는 생활(결혼, 직장, 육아 등)을 하고, 자녀가 성장하였으면 이제 자신의 삶을 개화시키기 위한 인생설계를 하는 것입니다.

외부로만 향하던 생활은 줄이고 자기성찰과 명상의 시간을 많이 가지고, 욕망을 줄여나가고, 자신이 가진 것(재산, 지혜, 경험, 재능 등)을 세상에 어떻게 유익하게 나누어 줄 것인지 고민하고, 사회에서 받은 것을 사회에 돌려줍니다. 인생 말년에 이르면 청소하듯 사람과 사물을 정리하고 소풍 가는 마음으로 육체를 떠날 준비를 합니다.

이렇게 사는 것이 가능하리라 생각됩니다. 나이가 들수록 욕심을 줄이고 얻지 못할 것은 과감히 포기합니다. 이것이 자연스러운 과정이라 생각합니다.

나이가 들어서도 욕망 충족을 위하여 명예나 재산 혹은 직위에 매달린다면 인생 후반기가 추해지고 삶을 정리 정돈할 소중한 기회를 놓치게 됩니다. 젊어서 마음을 닦지 못하고 욕망에 매여 산 것도 억울할 터인데 무엇을 위하여 늙어서까지 욕망에 매여 살아가는가요? 죽음은 늘 가까이 있습니다.

우주적으로 생각하기

예수: 수도자다운 훌륭한 말씀입니다. 욕망에서 벗어나려면 우주적으로 생각하는 습관도 필요합니다. 우주적으로 생각한다는 것은 내 자신, 내 가족, 내 나라, 내 민족의 테두리를 벗어나 우주적 차원에서 우리 자신의 존재와 삶을 바라보고 성찰하는 것을 말합니다.

우주적으로 생각하기 시작하면 시야가 넓어져 세상이 달라 보이고 삶의 목적이 달라집니다. 눈앞에 이익에 매이거나 조급해하는 성향이 줄어듭니다. 우주 속에서 우리 모두는 긴밀히 연결되어 있음을 알게 되고 자연과 인간에 대한 존중심이 생겨납니다.

우주적으로 생각한다는 것은 또한 눈에 보이는 물질 우주만이 아니라 차원을 달리하는 상위의 여러 계와 그곳에 거주하는 존재들을 인정하고 그것과 자신의 관계에 대하여 성찰하는 것입니다. 무한한 우주 속에서 우리 자신의 존재와 모든 것을 존재 가능하게 한 법칙이나 힘에 대하여 생각하게 되어 삶이 깊어집니다.

또한 우주적으로 생각한다는 것은 우주법칙에 대하여 자각하고 이것에 따라 삶을 영위하는 것을 말합니다. 법칙을 알면 삶을 어떻게 영위할지 알게 됩니다. 카르마 법칙 즉 원인과 결과의 법칙을 알게 되면 좋은 결과를 위하여 행동을 조심하게 되고, 윤회의 법칙을 알게 되면 일회용 삶이 아니라 지속적으로 이어지는 삶을 인정하게 되어 삶의 조급성이 사라집니다.

사람들은 자신의 삶이 고난과 역경으로 남다르다고 생각합니다. 남들은 자기보다 쉽게 성장하고 무난하게 살아온 것으로 생각하기 쉽습니다. 경우에 따라 그럴 수도 있지만 모두에게는 나름대로 아픈 과거와 험난한 사건들이 있는 법입니다. 현상만 보고 어떤 사람이 자신처럼 갈등과 고뇌 그리고 역경 없이 편하게 살아온 것으로 생각하기 쉽습니다. 자신만이 힘든 삶을 살아간다고 불평하는 사람은 삶을 살아가는 방법에 문제가 있습니다. 쉬운 길, 쉬운 삶을 찾는데 그런 것은 없습니다.

직장인: 가족과 주변 사람들에게 휘둘리며 살아가고 있습니다. 제 삶이 있는지 그런 생각도 듭니다.

예수: 일반인은 남을 의식하는 삶, 남의 기준에 따르는 삶(그것이 부모든, 사회든, 국가든)을 영위하고, 성자는 세상이나 남의 기준이 아닌 우주적인 정의와 사랑을 기준으로 살아갑니다. 사람들은 태어

나서 살다가 죽을 때까지 남에게 자신을 포장하여 보여주려는 피곤한 삶을 살아갑니다. 학벌, 직장, 결혼, 자녀, 관혼상제, 차량, 주택 등 이 모든 것에는 자신을 포장하려는 피곤한 삶의 모습이 스며있지요.

진실로 자신이 하고 싶은 것을 못하고, 돈이 되고 명예가 되고 세속적 욕망이 충족되는 것을 추구하며 살다가 한생을 마감합니다. 자신답게 살아보지도 못하고 임종을 맞이한다는 것은 참으로 슬픈 일입니다. 용기 있게 그 틀에서 벗어나서 주체적인 삶을 사세요. 아니면 삶은 고통일 수밖에 없습니다.

행복의 조건

직장인: 부족한 저의 질문에 좋은 가르침을 주시어 감사합니다. 그러나 일반인이 따르기에는 쉽지가 않을 것 같습니다. 본격적으로 구도의 길을 준비하는 사람들에게 좋은 조언이 되지 않을까 합니다. 솔직히 삶이 힘듭니다. 그래서 행복해지고 싶습니다.

예수: 그 마음이 이해가 됩니다. 그러나 구도의 길이 따로 있는 것이 아니라 그대 삶이 바로 치열한 구도의 길이 되어야 합니다. 그리고 물질 삶에서 행복을 찾으려고 한다면 그것은 무지개 같아서 가까이 가면 사라지는 환영과 같습니다. 생로병사의 틀 속에서 행복을 찾는다면 그것은 필연적으로 한시적일 수밖에 없습니다. 그러니 사라질 물질적 행복이 아니라 영원한 행복을 찾아야 합니다. 이런 일화를 들려주고 싶습니다.

어느 시골에 한 가난한 사람이 살았습니다. 집도 돈도 없이 하루하루를 근근이 연명하는 그에게는 살아가는 낙이 없었습니다. 자신의 처지를 비관하고 이런 환경에 자신을 방치한 신을 원망하였습니다. 그 원망이 하늘에 이르러 신이 그 사내를 불러 무엇이 있으면 행복하겠느냐며 소원 하나를 말해 보라 하였습니다.

사내는 부자가 되면 배를 곯지도 않고 남에게 업신여김을 당하지도 않고 자신이 원하는 것을 가질 수 있다고 생각해 부자가 되게 해 달라고 간청하였습니다. 신은 엄청난 재화를 주어 사내의 소원을 들어주었습니다.

한동안 사내는 행복했습니다. 자신의 재산을 과시하고 원하는 것은 무엇이든 샀습니다. 그러나 부자가 되고 나니 자신의 무식함이 자꾸 신경이 쓰였고 신분이 높은 사람들이 부러웠습니다. 재산이 많으면 무엇 하나 남들이 무식하다 업신여기고 존경도 받지 못하는데 라며 다시 신에게 원망을 하였습니다. 이번에도 신은 사내의 소망을 들어서 좋은 두뇌를 주어 유명 대학을 졸업하게 하였고 고시에 패스하여 남들이 우러러보는 직위에 오르도록 하였습니다.

한동안 사내는 행복했습니다. 사람들은 사내를 존경하였고 자신의 박식함과 높은 직위로 자긍심은 커졌습니다. 그러나 부와 명예가 있어도 옆구리가 허전함을 지울 수가 없었습니다. 자신의 위치에 어울리는 이상적인 여인을 만나지 못하여 무슨 일은 하든지 의욕이 생기지 않았고 삶이 따분하고 지겨워졌습니다. 재산이 많고 명예가 높으면 무엇 하나 함께 살아갈 사람과 가족이 없는데 라며 다시 신에게 원망을 했습니다. 이번에도 신은 사내에게 아름다운 여인을 소개하여 사내의 소망을 들어주었습니다.

한동안 사내는 행복하였습니다. 밤에는 아름다운 아내와 같이 잠을 자고 아침에는 아내가 준비한 식사를 하고 저녁에는 부부가 고급 레스토랑에서 와인과 함께 맛있는 식사를 즐겼습니다.

그러나 아내와 신혼을 보내고 시간이 좀 흐르니 결혼 생활이 처음 생각하였던 만큼 즐거운 일만이 아니라는 것을 알았습니다. 차츰 아내의 결점이 보이기 시작하였습니다. 자신의 일에 간섭하고 생활습관과 인생관이 달라 여러 가지 다툼이 생겨났습니다. 또한 그렇게 예쁘게 보였던 아내가 그냥 평범한 얼굴로 다가와 이제는 가슴 뛰는 흥분은 없었습니다. 그러나 신을 원망할 정도는 아니었습니다.

돈과 명예 그리고 성이 충족되면 행복하리라 생각했지만, 가슴 한편에는 늘 불안감과 외로움이 떠나지 않았습니다. 사내는 그 불안감이 자신이 지닌 욕망을 영원히 소유하지 못하고 언젠가는 죽어야 하는 운명 때문임을 알았습니다.

병에 걸려 고통스럽게 살아가는 사람, 불치병으로 죽어가는 사람, 사고로 죽는 사람 등을 보면서 삶이 우울하게 다가왔습니다. 왜 인간을 죽게 만드는 것인지, 병에 걸리지 않고 영원히 살게 하면 좋을 텐데 라며 신을 원망하였습니다. 이번에도 신은 사내에게 불사의 약을 주어 영원히 살 수 있도록 하였습니다.

사내는 한동안 행복하였습니다. 영원히 살 수 있어 두려울 것이 없었고 행복은 영원하리라 생각하였습니다. 그러나 돈과 명예, 여자와 육체의 건강이 보장되었으나 살아가면서 생겨나는 갈등이나 질투, 업무 스트레스, 분노, 슬픔, 고통, 알 수 없는 공허감과 외로움으로 여전히 행복하지 못하였습니다.

간혹 삶이 힘이 들면 죽지 못하고 영원히 이런 심적 고통을 겪으면 살아야 하느냐는 역설적이지만 죽지 못하는 것에 대한 두려움도 있었습니다. 영원히 사는 것이 반드시 행복한 것은 아니었습니다. 외부 조건은 충분한데 왜 마음이 뜻대로 되지 않는지 이런 마음을 부여한 신을 원망하며 다시 신과 대면하기를 원하였습니다. 신이 사내를 불러 물었습니다.

"그대가 원하는 것은 다 주었는데 무엇이 부족하여 아직도 나를 찾고 있는가?" 그러자 사내가 말을 하였습니다. "신이시여, 이제는 한 가지만 있으면 소원이 없겠나이다. 제게 마음의 평온을 주십시오."

그러자 신이 안쓰러운 표정을 지으며 말하였습니다. "너에게 세상 모든 것을 줄 수 있으나 너 마음만은 내가 어찌할 수 없도다. 마음은 누가 주는 것이 아니라 너 스스로 가꾸고 통제하는 것이다. 그래서 세상을 다 얻어도 자기 내면을 알지 못하면 아무 소용이 없다는 말을 하는 것이다."

사내는 비로소 행복은 외부 조건이 아니라 마음의 상태이며 자기 내면을 탐구하여 자신이 누구인지 아는 것이 인생의 궁극적 과제임을 알게 되었습니다. 그는 외부로만 향하던 자신의 삶을 멈추고 내면의 탐구를 시작했습니다.

직장인: 다시 한 번 어리석은 질문에 사려 깊게 답해주시어 감사드립니다. 그런데 윤회가 있다 하셨는데 제 전생을 알 수 있을까요?

예수: 왜, 전생을 알려고 하시는가요. 전생을 알게 되면 당신에게 이익이 있습니까? 합당한 이유가 있다면 봐 드리겠습니다.

직장인: 특별한 이유는 없고 그냥 제가 전생에 어떤 사람이었을까 궁금해서입니다.

예수: 만약 당신이 전생에 범죄자나 악인이었다면 기분이 어떠하겠습니까. 그런데 설사 당신이 전생에 유명인이거나 왕이었다고 한들 무엇이 변화겠습니까. 기억도 못하는, 더군다나 어느 누구도 기억 못하는 당신 전생이 현재의 자신과 무슨 상관이 있겠습니까?

기억도 못하는 전생을 남이 알려준다고 지금의 자신이 변하는 것은 아닙니다. 전생을 알아서 과거에 행한 실패를 다시 하지 않겠다는 교훈적인 차원이라면 다른 문제겠지만 말입니다. 그러나 자신이 기억 못하는 전생을 타인이 무어라 말해도 그것은 아무런 의미가 없는 것입니다.

지금 자신이 누구인지를 알려고 하세요. 지금 자신이 누구인지도 모르면서 전생을 알려는 것은 주객이 전도된 일입니다. 자신을 알게 되면 전생에 대한 관심은 저절로 사라지게 됩니다.

무종교인: 경험해 보지 못한 그리고 증명할 수 없는 사후세계나 깨달음 같은 이야기는 현실로 다가오지 않습니다. 생로병사가 이미 결정되어 있는 제 자신과 사람들의 삶을 바라보면 삶에는 답이 없다는 생각이 많이 들기도 합니다. 예수님 표현처럼 인생은 죽음을 향하여 달려가는 탈출구 없는 열차 같습니다. 물론 제가 종교가 없어 그럴 수도 있겠지요.

직장인: 공감합니다. 살아가면서 경험하는 감각적 즐거움이나 성취감 등은 현실을 잊게 만들지만 삶은 안개 속을 헤매는 것 같고, 답

이 없는 문제를 푸는 것 같습니다. 하나님에 대한 믿음으로 살아가는 사람들이 많지만 이성을 죽이는 일 같아서, 그 길도 걷지 못하겠습니다. 그러나 여기서 예수님께서 하신 말씀이 맞는다면 그것을 따르는 것이 희망이 될 것도 같습니다.

가치 있는 삶

예수: 깨달음을 위하여 한 생애를 보내는 것은 세속적 일을 위하여 영겁의 세월을 보내는 것보다 값집니다. 삶이 가져다주는 달콤한 물질 욕망은 사람의 관심을 외부로만 향하게 합니다. 그렇게 욕망 충족을 위하여 살다 보면 한 세월 후딱 가버립니다. 원 없이 남들이 하는 것 다 해보고 살고 싶지만 그러기에는 사람들은 너무도 많은 생을 같은 실수를 반복하며 살아왔습니다.

석가모니 붓다가 최고의 영광이 보장되어 있는 왕좌를 버리고 구도의 길로 나선 것은 삶의 목적이 분명했기 때문입니다. 가치 있는 삶은 바로 이런 것입니다.

에스키모 사람이 늑대사냥을 할 때 이런 방법을 씁니다. 칼에 피를 발라 놓으면 피 냄새를 맡고 찾아온 늑대가 칼을 핥게 되고 그러다 보면 칼날에 늑대 혀가 베입니다. 늑대는 그 피가 자기 혀에서 나는 피인 줄도 모르고 계속해서 칼을 핥다가 결국 죽고 맙니다.

이것을 이렇게 비유할 수도 있습니다. 늑대는 욕망에 빠진 우둔한 인간이고 피는 인간을 유혹하기 위하여 제공하는 욕망이라는 미끼라 할 수 있겠습니다. 이처럼 욕망은 인간을 파멸로 이끄는 독약과 같습니다. 영겁의 세월 동안 피를 핥다 죽었다면 이제는 그만

속고 영적 성장을 위한 내면 탐구로 돌아서야 합니다.

이성과 믿음

비교종교학자: 두 분이 언급한 삶에 대한 막역함은 아마 대다수 사람들이 느끼는 감정일 것입니다. 저는 여러 종교를 공부하면서 그 답을 구하려 했습니다. 저는 붓다나 예수의 가르침을 존중하지만 특정 종교를 믿는 종교인은 아닙니다. 종교마다 진리가 있고 이치에 맞지 않는 가르침도 있으니 어느 종교가 무조건 최고라고 말할 수가 없기 때문입니다.

저는 기독교에 비판적이지만 예수님을 역사적 실존 인물로 그리고 깨달은 자로 인정하여 왔습니다. 예수님을 존경하나 호전적이고 이기적이고 위선적인 상당수 기독교인을 존경할 수가 없습니다. 훌륭한 예수 가르침이 기독교인에게 왜곡되어 받아들여진 것은 참으로 통탄할 일입니다. 역사를 통하여 성경왜곡의 사례는 이미 잘 알려진 사실이고 성경해석의 문제는 지금도 진행되고 있는 사안입니다.

동일한 것도 색안경을 쓰고 보면 다르게 보이듯 진리는 하나인데 자신의 종교 개념에 매여 자신의 종교만이 최고라고 주장하는 종교인이 한국에 특히 많습니다. 이성과 식별력으로 명백히 알 수 있는 상식적인 내용도 자신의 종교 도그마에 사로잡혀 맹목적으로 믿고 타종교 가르침을 무조건 적대시하는 기독교인의 행태를 보면서 상식을 가진 사람으로 당연히 비판을 가할 수밖에 없는 것 아닌가 싶습니다.

우리가 진실하다고 생각하는 것은 우리가 그것을 믿기 때문입니다. 그런데 그 믿음은 우리의 한정된 지각에 의존합니다. 이 말은 기독교인은 자신의 한정된 지각으로 무엇이 진실하다고 생각하고 그것을 믿음이라고 생각한다는 것입니다.

자신의 일이 아니면 불의에도 눈감아버리는 현 세태에서 이런 철부지 종교인들의 무례함과 오만함을 나무라지 않으면 나중에는 이 세상이 어떻게 될 것인지 두렵기도 합니다. 일방적인 선교. 타종교인 비난과 타종교 시설물이나 성물(聖物) 파괴, 공공연한 종교차별을 두고 볼 수는 없습니다. 정의보다는 불의가 판치고 위선자가 큰소리치고 존경받는 참으로 이상한 사회에 살고 있습니다.

예수: 균형 잡힌 생각을 하고 계십니다. 오늘날 기독교는 비판받아야 마땅합니다. 당신 같은 사람이 많아져야 세상이 좋아집니다.

목사: 몸 둘 바를 모르겠습니다. 저도 비난받는 사람 중의 하나이겠지요. 믿음은 남녀노소, 학식이나 직업, 피부색 등과 상관없이 누구나 받아들일 수 있는 가장 쉬운 길이라 생각합니다. 믿음으로 위안을 얻고 살아가는 사람들도 많습니다.

예수: 나는 믿음은 완전한 앎이라고 말했습니다. 난 절대자에 대한 믿음이 무조건 나쁘다고 생각하지 않습니다. 믿음은 이성과 함께해야 합니다. 의식수준이 낮아서 홀로서기가 어려운 사람에게는 절대자 같은 마음의 의지처가 도움이 됩니다. 그러나 이것은 일시적 방편일 뿐이지요. 궁극적 해결책은 되지 못합니다. 비유를 들자면 자식이 성장하면 부모 곁을 떠나야 합니다. 그러지 못하면 영원히 의존적인 아이, 미성숙한 아이로 남게 됩니다. 이렇듯 누구나 때가 되

면 홀로 서서 삶의 실상을 들여다보고 그 문제를 해결해야 합니다.

무슨 종교 교리이든 그 내용을 이성적으로 접근하여 진실을 캐내야 합니다. 이렇게 하게 되면 앎에 기초한 믿음이 생겨납니다. 이런 믿음이 감성이 아닌 이성적 접근이고 바른 믿음입니다. 교회에서는 이렇게 하고 있습니까? 이성을 억제하고 맹목적인 믿음만 강요하지 않나요?

불교를 보세요. 교리를 무조건 믿으라고 하지 않습니다. 심지어 창시자인 석가모니에 대한 맹목적인 믿음도 없습니다. 붓다가 역사적으로 존재하지 않아도 괜찮습니다. 전해진 교리의 내용(삼법인, 사성제, 팔정도 등)이 이성적으로 납득이 되고 이것을 통하여 마음을 다스릴 수 있어서 그 가치가 증명이 되기 때문입니다. 누가 말한 것이 중요한 것이 아니라 말해진 내용이 중요합니다.

교회는 이성을 앞세우면 신도들의 믿음이 약해질 것을 두려워합니다. 그래서 그냥 믿으라고 합니다. 이성 앞에 약해지는 믿음이라면 그것은 모래 위에 세워진 언제나 무너질 참으로 나약한 믿음일 것입니다. 폭풍 앞에서도 죽음 앞에서도 흔들리지 않는 믿음은 이성과 앎으로 무장한 믿음입니다.

자력과 타력

비교종교학자: 구도의 길에 자력과 타력의 길이 있습니다. 전자는 불교이고 후자는 기독교입니다. 당신께서는 이 2개의 방법이 서로 보완하여 존재한다는 입장이신가요?

예수: 불교는 무신론이고 기독교는 유신론이라고 쉽게 정의내립니

다. 깨달음의 종교인 불교에서 신에 대한 믿음을 말하면 교리에 어긋나는 것처럼 여겨지고 신에 대한 믿음의 종교인 기독교에서 모두가 신이 될 수 있는 씨앗 즉 불성이 우리에게 내재한다고 주장하면 이단으로 간주되는 것이 일반적입니다. 불교 수행자가 근원적인 존재에 대하여 명상하는 것이나 기독교 수행자가 내면의 참 존재를 찾아 나서는 일 모두 바람직합니다.

이미 신비적 합일을 통하여 신과의 일치를 주장하는 이슬람 수피, 카발라 수행자, 기독교 신비주의자들이 이런 시도를 하였고 부처에 대한 믿음을 중시하는 불교 종파도 그런 예의 하나일 것입니다.

신을 근원적 존재, 모든 것의 제1 원인으로 정의한다면 신은 어느 특정 종교에 속할 수 있는 것이 아닙니다. 유한이 무한을 포함할 수 없듯이 물질에 매여 있는 우리가 무한 존재를 바로 이해하고 정의할 수는 없습니다. 기독교의 하느님이나 이슬람의 알라, 한국의 천지신명 등 여러 종교에 나오는 신은 그것을 믿는 사람들의 의식 수준에 따라 형성된 신에 대한 한정된 개념일 뿐입니다. 그러므로 자신이 믿는 신이 더 우월하다는 생각이나 주장은 어리석은 일일 것입니다.

이 근원적 존재와 우리 자신과의 관계를 어떻게 설정하고 이해하느냐에 따라 깨달음의 종교와 믿음의 종교가 나타난 것이지요. 우리가 이 근원적 존재에서 나온 신성한 존재이며 그 일부분으로 보는 종교에서는 원래의 속성을 찾아가는 수련과 명상이 필요하였고 그 상태의 회복을 깨달음이라 부르기도 하였습니다. 힌두교나 카발라, 수피즘에서는 신과 합일을 말합니다.

신의 피조물로 우리와 신과의 관계를 설정한 기독교에서는 인간은 신의 의지에 전적으로 따를 수밖에 없게 되고 필연적으로 절대자에 대한 믿음이 우선시됩니다. 사람들은 신의 은혜를 통하여 구원 즉 평온을 얻으려 합니다.

우리가 신성한 존재인가 아니면 신에 의하여 창조된 피조물인가는 너무도 다른 시각입니다. 그러나 수피나 기독교 신비주의, 카발라 같이 신을 인정하면서도 우리를 신의 속성을 띤 신성 존재로 보는 가르침이 있어 서로 너무도 달라 보이는 무신론인 불교와 유신론인 기독교의 간격을 매우는 역할을 하고 있는 듯합니다.

불교도 근원적 존재를 부정하는 것은 아닙니다. 근원에 대한 장황한 사변적 논의보다는 삶의 고통에서 벗어나는 것이 절실한 문제라고 생각하였기 때문에 붓다가 논의를 회피하였을 뿐입니다. 붓다가 언급하지 않았다는 이유로 근원적 존재를 부정하는 이유가 될 수는 없을 것입니다.

북방불교에 나오는 비로자나불이나 아미타불은 신도들에게 믿음의 대상이 되고 있으니 절대자에 대한 기독교인이나 힌두교인의 믿음과 크게 다를 것이 없습니다. 흔히들 불교는 자력신앙이고 기독교는 타력신앙이라고 합니다만 북방불교에서는 자력신앙이 전부가 아닌 것입니다.

구도의 길에 자력과 타력이 따로 존재한다기보다는 이 양자가 보완하여 존재합니다. 내면의 탐구도 중요하고 무한의 존재인 근원에 대한 탐구도 중요합니다. 신을 찾고자 나선 외부의 길에서 자신을 만나고 자신을 찾고자 나선 내면의 길에서 신을 만나게 됩니다. 안이 바깥이 되고 바깥이 안이 되고, 시작과 끝이 하나가 될 때 우리는 근원적 존재와 만나게 되며 이것은 원래 상태로 회귀이며 구원이며 깨달음입니다.

무종교인: 사실 의지할 것이 없이 살아간다는 것이 쉽지가 않습니다. 그래서 솔직히 난 당신께서 "나를 믿으면 구원받는다."라고 말했으면 그런 생각도 했습니다. 그냥 믿으면 편하고 힘도 들지 않으니 말입니다. 아마 그런 말씀을 하셨다면 난 당신을 믿고 살아갔을지도 모르겠습니다. 기독교인을 포함하여 대다수 사람의 믿음은 이런 수준이 아닐까요. 심지어 깨달음의 종교라는 불교의 상당수 신도도 같은 마음일 것 같습니다. 그들도 부처님을 신처럼 믿지 않습니까?

예수: 인간 심리가 그러하지요. 올바른 길은 좁지만 우리를 바르게 인도합니다. 난 도를 위하여 많은 것을 버리고 출가한 스님들의 구도열정을 존경합니다. 사람들은 아무것에도 의지함이 없이 홀로 우뚝 선 스님들의 모습을 닮아야 합니다.

승려: 몸 둘 바를 모르겠습니다. 저는 마음이 흔들리면 신라와 당나라 시대에 법을 구하려 인도에 간 구법승들을 생각합니다. 신라시대에 많은 스님들이 불법을 구하러 중국으로 유학을 떠났습니다. 지금이야 편하게 어디든 유학을 갈 수 있지만 당시는 순전히 걸어서 혹은 배편으로 목숨을 건 여행을 하여야 했습니다.

그런데 중국으로의 구도여행도 생명을 건 엄청난 모험인데 저 멀리 인도까지 구도여행을 떠난 스님들도 있었습니다. 그들이 걸었던 길은 중국 장안에서부터 돈황을 거쳐 타클라마칸 사막을 가로질러 파미르 고원, 아프가니스탄, 파키스탄, 인도 서북부, 인도 동북부에 이르는 엄청나게 멀고 험한 길이었습니다. 그들의 진리에 대한 열정에 절로 고개가 숙여집니다.

그들의 최종 목적지 중에는 인도 동북부에 위치한 나란다 대학이 있었습니다. 나란다 대학이 있는 곳은 원래 붓다가 열반을 준비하기 위해 쿠시나가라로 가던 중 3개월 동안 머물렀던 망고 동산이었다고 합니다. 이후 기원전 250년경 아쇼카 왕이 나란다에 있는 사리푸트라(사리불) 스투파에 참배한 후 나란다 사원을 건립한 것이 나란다 대학의 기원이 됩니다.

나란다 대학은 굽타왕조의 쿠마라굽타 1세(415~454)가 오늘날의 대학이라 할 수 있는 날란다사(寺)를 창건한 이후 역대 왕조에 의해 증축, 확대되면서 최고, 최대의 불교대학이 되었습니다. 5세기부터 12세기까지 700여 년 동안 나란다는 당시 불교교육의 중심지였습니다. 아쉽게도 1199년에 무슬림의 침략으로 승원과 장서들이 3개월간 불에 타서 재가 되었습니다.

중국의 현장(602년~664년)법사가 18년간 인도 및 중앙아시아를 여행하면서 쓴 대당서역기(大唐西域記)에 의하면 640년경 나란다 대학에는 전 세계에서 몰려든 1만여 명의 학승과 1천500여 명의 교수가 있었다고 합니다.

나란다 사원에서 수학한 중국 승려 의정(635~713)이 쓴 〈대당서역구법고승전〉에 보면 나란다 대학에서 공부하던 신라스님들의 이야기가 나옵니다. 아리야발마와 혜업스님이 그들인데 아쉽게도 두 스님 모두 귀국하지 못하고 나란다 사원에서 구도자의 생을 마감했습니다.

그리고 이름 모를 신라의 두 스님도 당나라로 돌아가는 도중 병에 걸려 죽고 말았다는 기록이 나옵니다. 기록에 남아있지 않지만, 오직 법(法)을 위해 모든 것을 다 버리고 구도의 길에 나섰던 많은 신라 스님들이 있었을 것입니다. 그들은 법을 구하다 고국으로 돌아오지 못하고 타클라마칸 사막에서 혹은 파미르 고원에서 또는 불교 유적을 순례하다가 이름 모를 곳에서 입적하였을 것입니다.

    이분들을 생각하면 마음이 짠합니다. 수많은 사람이 걸었던 평범하고 안락한 길 대신에 남들이 가지 않은 길을 걸었던 용감하고 위대한 영혼들의 맑은 눈빛과 숨결이 시공간을 떠나 지금 제게 절절히 느껴집니다.

    깨달음을 위하여 치열하게 살다 가신 이런 분들을 생각하면 다시 한 번 우리들의 삶을 생각하게 됩니다. 세속적으로 할 것은 무척 많아 보이나 거의가 욕망 추구의 삶입니다. 자신이 누구인지, 왜 사는지를 모르고 그냥 눈앞의 욕망만 추구하다가 끝나는 삶입니다.

    이들의 삶을 보면서 목적이 있는 삶, 의미가 있는 삶, 남에게 도움이 되는 삶이 무엇인지 생각하게 됩니다. 우리는 너무 얌전히 그리고 안전하게 그리고 무엇보다 이기적으로 비겁하게 살아가고 있는 것은 아닐까 생각합니다.

예수: 사람들에게 매우 교훈이 되는 말씀입니다. 이런 스님들처럼 목숨을 걸고 진리를 구해야 합니다. 진리에 목숨을 거세요. 그래야 얻어집니다.

종교의례

무종교인: 한때 성당을 다녔었는데 미사 의식이 장황하여서 왜 이런 것이 필요하지 그런 생각을 많이 했습니다. 템플스테이에서 법회에도 참가해 보았지만 역시 의식이 장황하였습니다. 친한 친구가 안식일 교회를 다니는데 돼지고기와 비늘 없는 물고기를 먹지 않고 반드시 토요일은 안식일로 지킵니다. 종교생활에서 이런 의식이 꼭

필요한 것인가요?

예수: 종교의례는 마음을 안정시키고 소속감이 들게 해주는 긍정적인 측면이 있습니다. 다만 의례는 의례로 끝나야지 큰 의미를 두어 그것에 구속이 되면 안 됩니다. 의례와 관련하여 이런 비유적인 글이 도움이 되겠군요.

어느 마을에 성자가 한 분 살았습니다. 그의 위대함이 알려져서 점차 사람들이 모여들기 시작하였고 얼마 후에는 성자의 말씀을 전하는 교단이 형성되었습니다. 성자가 죽고 그분이 전한 가르침과 의식(儀式)은 수백 년 동안 교단의 교리와 의례가 되어 지켜져 내려왔습니다. 오랜 세월이 흘러서도 추종자들은 성자가 살았던 시절의 전통을 그대로 따랐고 그것을 너무도 당연하게 받아들였습니다. 이 단체에서는 반드시 지켜야 하는 규율이 여럿 있었는데 예를 들면 이러한 것들이었습니다.

사원 안으로 꽃을 가지고 들어갈 수 없고 사원 경내에 꽃 재배 금지, 예배나 의례에서 남녀 동석 금지, 우유 금지. 사원에서는 양말 착용 금지 등.

신도들은 오래전부터 내려온 전통이라는 이유로 이 규칙을 철저히 지켰고 그것은 신앙의 일부가 되었습니다. 그러나 가끔 이런 규칙에는 무슨 이유라도 있느냐라는 질문을 받기도 했지만, 전통이라는 이유로 무시하곤 했습니다. 경내는 꽃이 없어 삭막하였고, 겨울에 사원에서 맨발로 다녀야 하는 사람들은 발이 시려 힘들어하였고 더러 동상으로 고생을 하였습니다. 부부가 함께 의식에 참가할 수 없어 불편하였고 자녀와 성(性)이 다른 경우는 자녀와도 떨어져 있어야 했습니다.

그런데 믿음과 지적 탐구력이 강한 신도 하나가 규율에는 반드시 무슨 합당한 근거가 있으리라 생각하고 그 근거를 찾아 나섰습니다. 그 근거를 찾아 규율이 시대착오적임을 비난하는 외부 사람들의 코를 납작하게 해주고 싶었습니다.

성자가 남긴 글, 성자를 가까이 모신 신도들이 남긴 글, 성자에 대한 일화, 여러 문서 등을 조사하기 시작하였습니다. 성자에 대하여 알아낸 것은 성자가 꽃에 알레르기 증상을 보였고, 발에 열이 많아 사원에서는 늘 맨발로 다녔고, 우유를 먹으면 설사를 하였다는 사실입니다.

그래서 자연스럽게 사원 내부로 꽃 반입이나 재배는 금지가 되었고, 성자가 우유를 먹지 않자 사람들은 덩달아 우유를 먹지 않게 되었고, 성자에 대한 존경심이 컸던 사람들이 성자의 행동이나 모습을 따라 하였는데 맨발로 다니던 성자의 모습을 고상하게 보고 그대로 따라했음을 알았습니다.

예배 시 남녀 구별은 성자가 살았던 시대에 남녀구별이 엄격하여 따로 강연을 하였는데 그것이 지금까지 전통으로 내려왔음도 알게 되었습니다.

신도는 규칙이 성자의 가르침과는 상관없는 것이라며 폐지를 주장하였으나 성직자와 신도들은 그의 주장에 냉소적이었고 심지어 적의를 드러내기도 하였습니다. 규칙은 믿음의 문제라며 전통은 그냥 따르면 되지 판단이 필요 없다고 하였습니다. 그들은 왜라고 묻지 말고, 그냥 믿으라고 말하였지요.

이 비유처럼 지금도 종교에는 의미 없는 의식이나 금기가 많을 것입니다. 의식이 깨어나야 합니다.

동성애

사회자: 동성애를 둘러싸고 첨예한 대립이 있습니다. 기독교는 반대하는 편이고 인권단체나 진보 진영에서는 찬성하는 편입니다. 목사님은 동성애를 어떻게 보시는지 묻고 싶습니다.

목사: 저는 동성애가 올바르지 않다고 생각합니다. 구약이나 신약에 동성애를 반대하는 구절이 상당합니다.

인권 활동가: 교회 목사들이 성경을 들먹이며 동성애에 가장 비판적입니다. 사랑의 하나님이 동성애를 한다고 벌주지는 않을 거로 생각합니다. 많은 정부가 동성애를 인륜이나 사회 풍속에 반하는 행위로 통제를 하고 있지만 개인의 성 취향을 국가가 개입하여 통제하는 것은 인권침해라 생각입니다.

예수: 동성애 문제는 쉽게 결론 내릴 수 없는 것이지만 이것을 비의 가르침에 의거하여 바라보면 새로운 해결책이 나올 것입니다.

태초에는 남자와 여자가 하나였습니다. 하나 속에 둘이 존재하는 상태였지요. 그때는 그 자체로 완전한 상태여서 지금처럼 자신의 짝을 찾을 필요가 없었습니다. 그런데 어떤 계기로 하나는 둘로 나누어졌습니다. 남녀가 서로에게 끌리고 사랑하는 것은 자신에게 없는 한쪽을 찾기 위한 것입니다. 그런데 육체적인 합일은 진정한 만남이 아니고 의식을 상승시켜 개인의식이 우주의식과 연결될 때 비로소 완전한 만남이 이루어집니다.

영혼은 여성 영혼과 남성 영혼으로 존재하고 대부분은 그 속성에 어울리는 남녀 육체(남성 영혼은 남자 육체에, 여자 영혼은 여성 육체)로 들어갑니다. 이 말은 수태 시점에서가 아니라 아이가 태어나는 시점에서 영혼이 육체를 선택하는 것을 의미합니다. 그런데 동성애는 영혼과 육체가 서로 반대가 되어서(남성 영혼이 여성육체에 들어가거나 여성 영혼이 남성 육체에 들어가는 것) 생겨나는 일입니다.

영혼은 늘 동일한 성으로 윤회를 하는데 특수한 경우 즉 전생에서 지나치게 다른 성을 싫어하였던가, 아니면 다른 성으로 태어나고 싶은 아주 강한 갈망이 있었던 경우에는, 예외적으로 교훈적인 차원에서 자신의 성과는 다른 육체에 태어나서 타성을 경험하면서 필요한 교훈을 배웁니다. 이렇게 태어난 영혼은 영혼과 육체가 서로 반대되는 극성이어서 혼란을 겪고 동성에 끌리게 됩니다. 그러므로 이들의 동성애적 성향은 선천적이라 보아야 합니다.

반면에 영혼과 육체의 반대 극성으로 인한 혼란이 아니라, 좀 더 색다르고 자극적인 성적 욕망을 얻고자 이성에 만족하지 못하고 동성에게 성적 충동을 느끼는 사람들이 있습니다. 이런 경우는 후천적 요인으로 동성애자나 양성애자가 된 것입니다. 유럽 같은 경우는 상당수의 사람이 동성애자들인데 그들 전부가 영혼과 육체의 극성이 반대여서 생겨난 성향이기보다는 성에 대한 자극적인 욕망 추구가 원인일 수 있습니다. 왜냐하면, 아주 특별한 경우를 제외하고는 이런 성향으로 태어나는 사람이 그다지 많지 않기 때문입니다. 후천적으로 동성애자나 양성애자가 되는 것은 문제가 많습니다.

우주법칙 중에는 음양의 법칙이 있는데 이것은 만물은 음(-)과 양(+)으로 존재한다는 것입니다. 이것은 인간의 남녀, 동식물의 암수, 전기 포함해 모든 에너지의 음(-)과 양(+), 원자의 전자(-)와 양자(+) 등으로 드러납니다. 양은 적극성을 띠고 음은 수동성을 띠며 이것이 남녀의 속성을 대표합니다. 이 속성은 변할 수 없는 본질적인 부분입니다. 그러므로 이런 본질적인 차이에 근거하여 양성의 평등 문제가 다루어져야 할 것입니다.

우주의 메커니즘을 벗어나 동성에게 성욕을 느끼고 사랑을 나누는 것은 아주 예외적인 현상으로 보아야 합니다. 이런 사람들을 차별하는 일은 없어야 하겠지만 동성애의 권리를 법적으로 보장하는 문제는 좀 더 논의가 필요한 일일 것입니다.

이처럼 동성애 문제를 영혼과 결부시켜 바라보면 동성애자에 대한 엄격한 시선이 조금은 바뀌지 않을까 싶습니다. 그러나 분명한 것은 음양의 법칙은 우리가 깨뜨릴 수 없는 우주법칙이므로 이것을 부정하는 일은 절대로 있어서는 안 됩니다. 동성애는 우주법칙에 비추어보면 아주 예외적인 현상이므로 이것을 음양법칙과 같은 위치에 두고 논할 수는 없습니다. 그러나 육체 속에 거주하는 영혼은 누구나 동등하게 신성합니다.

심리학자: 이러한 성향의 사람들이 늘어나는 추세이고 이런 흐름은 오랜 기간 유지해온 인류의 사회구조의 틀을 무너뜨릴 수도 있습니다. 몇몇 나라에서는 사회구조의 틀을 뒤흔들 수 있는 동성 간의 결혼, 입양, 배우자 권리 등을 인정하기도 합니다.

여러 분야의 학자들이 동성애의 원인(예를 들면 심리적 혹은 유전적 차원 등)을 다각적으로 연구하고 있으나 획기적인 연구 결과는 나오지 않고 있습니다. 그런데 예수님의 말씀을 들으니 수긍이 갑니다. 동성애 원인을 물질적 차원에서 찾으려는 학자들의 노력이 헛되어 보이기도 합니다.

난민과 인권, 사랑과 정의로움

사회자: 예수님의 말씀을 듣고 동성애를 보는 시각이 달라졌습니다. 동성애 못지않게 사회문제가 되는 것이 난민 특히 무슬림 난민입니다. 세계가 이슬람 난민으로 고민에 빠져있습니다. 서유럽이 사랑으로 이들을 수용하였더니 범죄를 저지르고 자신들에게는 이슬람 교리를 적용하게 해달라는 무리한 요구를 하고 있습니다.

그들은 이슬람 공동체를 형성하고 그곳에 모스크를 세우고 자녀들에게 이슬람 교육을 시키고 샤리아 법을 적용하고 있습니다. 사회에 융화가 되지 않고 있습니다. 한국에도 최근 수년간 적지 않은 무슬림들이 난민신청을 하고 한국에 정착하고 있습니다. 서유럽의 사례나 무슬림의 행동을 고려하면 과연 이들을 사랑으로 받아들여야 할까요, 아니면 냉정하게 거부해야 할까요?

예수: 사랑으로 모든 것을 받아들여야 한다고 생각하는 사람들이 있지요. 이들을 박애주의자, 인권주의자라 부릅니다. 이들은 조건 없이 베풀고 감싸 안는 것을 사랑으로 여깁니다. 그런데 사랑은 무엇일까요? 사랑은 상대방의 의식이 성장하도록 도와주고 배려하는 행동이에요. 그래서 눈앞의 결과가 아니라 먼 미래를 보고 사랑을 베풀어야 합니다. 따라서 사랑은 엄하고 심지어 잔혹하게 보일 수도 있습니다. 내가 성전에서 고리대금업자들을 심하게 꾸짖어 쫓아낸 것은 사랑이었습니다. 이처럼 사랑의 수단은 거칠 수 있음을 알아야

합니다.

　티베트의 성자 밀라레빠는 부모 원수를 갚기 위해 많은 생명을 해쳤습니다. 나중에 자신의 행동을 반성하고 당대의 최고 스승인 마르빠를 만나 가르침을 청합니다. 마르빠는 밀라레빠가 지독한 카르마를 극복하도록 굉장한 고통을 가합니다. 탑을 쌓게 하고 그것을 무너뜨리기를 반복하게 하고 심하게 학대를 합니다. 그렇게 하지 않으면 카르마를 극복할 수 없기에 그것은 스승이 그에게 베푼 사랑의 매였습니다. 결국 그는 당대에 깨달음을 얻게 됩니다. 무조건 위한다고 사랑은 아닙니다.

사회자: 이슬람 국가는 외국인에게 엄격하게 자신들의 이슬람 문화를 강요하면서(음주금지, 돼지고기 금지, 여성 히잡 착용, 타종교 전도 행위 금지, 샤리아법 적용 등), 자신들은 외국에 나오면 그 나라 법과 풍습에 따르기보다는 이슬람법과 문화를 허용해 달라는 이중적인 태도를 보입니다.

　무슬림이 다른 종교로 개종하려면 목숨을 걸어야 하지만 타 종교인을 무슬림으로 전도하는 일에는 적극적이고, 여성은 무슬림 남자와 결혼해야 합니다. 이처럼 배타적이고 배려심이 없는 종교 이념을 지닌 사람들을 보면 이들이 아직도 유럽 중세시대 수준에서 살아가는 것 같다는 생각이 듭니다.

예수: 이 사안에 대해서 내가 하고 싶은 말은 황금률(너희가 대접받고자 하는 대로 너희도 남을 대접하라!)입니다. 누군가 이 원칙을 지키지 못한다면 우리는 그 사람과 어울리는데 있어서 심각하게 생각해야 합니다. 상식을 지키지 못하는 사람들과 살아가려면 피해를 감

내해야하고 심하면 그들로 인하여 평화로운 공동체가 파괴될 수 있습니다. 국가 간의 비자 장벽이 존재하는 이유, 대학 입시에 자격이 필요한 이유 등은 모두 더 공정하고 안전한 사회를 위한 조치입니다. 양보와 배려 그리고 사랑이 전부가 아닙니다.

사회자: 잘 알겠습니다. 그런데 난민을 반대하면 인종 차별주의자, 혐오주의자, 극우 등으로 비난받아서 반대의견을 내놓기가 부담스럽습니다. 이런 프레임이 먹혀들어 가고 있습니다. 사람들은 문제점을 알면서도 착하게 보이고 싶어서 눈치를 보며 입을 다물고 있습니다.

예수: 이해합니다. 모두 지혜가 부족하여 일어나는 일들이지요. 우주는 엄함 즉 정의로움과 사랑의 균형 속에 운영되고 있습니다. 어떤 사안에 대하여 정의로움/엄함을 중시하면 개선의 기회가 없겠고 사랑을 중시하면 발전이 없게 됩니다. 이 두개의 속성을 균형 있게 사용해야 합니다. 파국이 보이는데 사랑으로만 감싸면 그것은 어리석음이지요. 사랑은 지혜가 밑바탕에 있지 않으면 그리고 정의로움이 수반되지 않으면, 그것은 사랑이 아니라 독약과 같습니다. 지혜롭게 행동하세요.

자비를 베푼다면서 자발적 거지에게 적선하면 그는 근로 의욕을 잃고 영원히 거지로 살 것입니다. 자신이 진실의 편에 있다고 생각하면 용감해야 합니다. 진리를 어둠과 거래해서는 안 됩니다. 그러나 명심할 것은 육체 속에 거주하는 영혼은 누구나 동등하게 신성합니다.

어둠의 세력, 사탄

무종교인: 기독교인들은 자신들의 마음에 들지 않으면 사탄의 짓이라 하고 심지어 자신의 실패 등에 대해서도 사탄의 유혹 때문이라고 합니다. 자신들의 교리에 어긋나는 가르침은 그 배후에 사탄이 있다는 식으로 말합니다. 심지어 상당수 기독교인은 붓다 가르침마저 사탄의 가르침으로 혐오하고 있는 실정입니다. 심하게 말하면 내 편이 아니면 사탄이라는 말입니다. 사탄이 있습니까? 아니면 기독교가 만들어낸 허구인가요?

예수: 믿음만 강조하는 기독교 교리에 의하면 나도 사탄이 됩니다. 이들의 주장은 논의할 가치도 없는 것입니다. 그릇된 교리에 의거하여 타 종교인을 비난하고 혐오하는 기독교인이야말로 어둠의 통로가 되어 있다고 말하는 편이 나을 것입니다.

그러나 내가 오늘날 기독교인들의 일방적인 주장을 부정한다고 해서, 어둠의 세력이 없다는 말은 아닙니다. 인류를 어둠의 영역에, 물질 욕망 속에 가두어 버리려는 악의 세력은 존재합니다. 신약에서 어둠의 세력은 주로 마귀나 사탄으로 표현이 됩니다.

교회에서는 이브에게 사과를 먹도록 꾀어낸 일도 사탄의 짓으로 보고, 항상 하느님과 적대관계에 있는 모든 악의 근원처럼 쓰고 있지요. 사탄은 어둠의 신으로 자리매김하고 있습니다. 그런데 이브에게 사과를 권한 것은 사탄이 아닙니다. 에덴동산은 선과 악을 넘어선 상태여서 사탄이 존재할 수 없고, 실제로 사탄은 인류가 에덴동산에서 추방당한 이후에 생겨났습니다. 에덴동산의 생명나무와 선악과나무는 엄청난 비의 지식을 담고 있는 상징임을 알아야 합니다.

이런 나의 말은 기독교인들이 추측하고 있는 내용과는 아주 많이 다를 것입니다.

　다시 말하지만, 아담과 이브 사건은 순전히 상징입니다. 아담은 온 인류를 대표하는 상징이었고 우리가 아담의 후손이 아니라 바로 아담 그 자체입니다.

　구약에 보면 사탄은 본래 천사였는데 하나님 앞에서 교만하여지더니 신의 저주를 받아 천상에서 쫓겨나서 악한 영이 됩니다(에스겔 28:14,16-17). 그리고 욥기(1~2장)에 사탄이 하나님과 함께 있는 것이 나옵니다. 창세기와 마찬가지로 이 구절도 상징임을 알아야 합니다. 이 구절은 비의 지식이 없으면 해석하기가 어렵습니다.

　어둠의 세력은 여러 종류가 있고 이들은 힘을 합쳐서 인류를 혼란으로 몰아가려고 합니다. 이들은 빛보다 어둠을 사랑하며 인류가 물질에 매여 자신의 신성함을 잊고 혼돈과 파괴 속에 살아가는 것을 즐깁니다.

　이들 무리의 우두머리는 적그리스도라고 불립니다. 이 존재는 인간처럼 영혼이 있는 것이 아니라 악의 힘이 집중된 지성체입니다. 위대한 존재들이 빛으로부터 힘을 얻는다면 이들은 사람의 부정적 속성(미움, 질투, 분노 등)으로 생명을 유지합니다. 그래서 인간의 부정성이 다 사라지면 자연히 사라질 존재이기도 합니다.

　어둠의 세력에 대한 비의적인 지식은 카발라의 생명나무에서 찾을 수 있습니다. 신성한 생명나무가 부질서한 빛(어둠)에 비추어져 생겨난 그림자가 악의 근거지가 되었고 그곳의 악의 힘을 킬리포트라고 합니다. 세상의 악한 힘은 전부 이 킬리포트와 연결되어 있습니다.

비교종교학자: 여러 종교를 연구하는 저도 카발라 생명나무 개념은 어렵습니다. 깊게 공부해야 할 것 같습니다. 그런데 어떤 종교 단체에서는 적그리스도에 대해서 말하면서 적그리스도를 교황이라는 주장을 하고 있습니다.

예수: 세상에는 혼란을 사랑하고 인류의 타락을 즐기는 그런 악의 존재들이 분명히 있습니다. 이들은 인류가 영적 성장을 통하여 빛과 조화로 돌아서는 것을 견디지 못하고 자신들처럼 어둠과 혼란 속에 살아가기를 바랍니다. 이런 심리는 사람들에게서 많이 목격되는 일이기도 합니다.

반면에 모든 중생이 무명에서 벗어날 때까지 세상에 남아 봉사하겠다는 보살의 정신으로 살아가는 빛의 형제들도 있습니다. 속지 말아야 할 것이 어둠의 세력은 폭력과 미움을 설파하는 악마의 모습으로 나타나는 것이 아니라 평화를 사랑하고 인권을 존중하는 지극히 정상적이고 신뢰할 만한 인격자로 나타난다는 사실입니다.

어둠의 세력은 겉모습은 성자나 박애주의자 등으로 보이지만 본질은 어둠이고 혼란이고 파괴입니다. 그들은 아주 교묘하고 영악하여 자신들의 정체를 평화, 인권, 사랑, 온정 등과 같은 좋은 언어로 포장하여 세상을 속이고 있습니다. 그래서 사람들은 이들이 만든 프레임에 갇혀서 자신이 이들의 하수인으로 이용당하는 것을 모르고 있습니다. 종교단체, 인권단체 등이 그러합니다. 그리고 교황은 적그리스도가 아닙니다. 다만 자신도 모르게 어둠의 세력이 만들어 놓은 프레임이 갇혀서 이들에게 이용당하는 면은 있습니다. 지혜가 부족한 탓이지요.

비교종교학자: 구체적으로 어떻게 이용당하고 있는지 말씀해주세요.

예수: 교황이라는 위치 때문에, 사랑과 평화 그리고 인권을 말해야 한다는 의무감과 명예심에 사로잡혀 있습니다. 나라마다 입장과 상황이 다른데 교황은 무조건적인 사랑과 평화 그리고 인권을 주장합니다. 교황은 나의 가르침을 아주 오해하고 있습니다. 이것은 필연적으로 부정적인 결과를 낳게 됩니다. 이것은 국가 간에 사람들 간에 갈등과 혼란을 야기하고 적그리스도가 노리는 일입니다.

유엔이 성급하게 세계를 단일한 사회로 만들려고 시도하고 있습니다. 그래서 내세우는 것이 소수자 인권과 이주의 자유, 국경개방 등입니다. 소수자 범주에는 동성애를 포함한 난민, 불법체류자, 무슬림, 여성 등이 속합니다. 이런 주장은 언뜻 보면 훌륭해 보이지만 주의 깊게 살펴보면 아주 부정적인 결과를 야기할 수 있는 갈등의 씨앗이 담겨있습니다. 전부 그럴듯한 프레임을 내세워 사람들을 속이고 있는 것이지요. 인류 의식이 발전하면 저절로 단일한 세계가 될 것입니다.

앞에서 말했듯이 성 소수자인 동성애는 차별되지 말아야 하지만, 이것은 변할 수 없는 우주법칙인 음양법칙의 예외적인 현상으로 인정되어야지 그것을 넘어가는 무리한 주장은 우주법칙의 위배입니다. 그리고 의무 없이 인권만 내세워서 권리를 주장하는 것은 우주법칙 중 하나인 카르마법칙을 어기는 일입니다. 모두 같은 사람이란 이유로 타국의 법을 어기고도 인권을 내세워 불법체류를 합법화하라는 요구나 가짜 난민을 무조건 수용하라는 요구는 모두에게 부정적 카르마를 낳습니다. 의무를 다하고 권리를 주장해야 합니다.

맑은 물에 구정물이 조금씩 흘러들어오면 맑은 물은 이것을 정화하겠지만 정화할 수 있는 수준 이상의 물이 들어오면 맑은 물은 오염이 되어 먹을 수 없게 됩니다. 사랑도 평화도 인권도 마찬가지입니다. 사람들의 의식수준이 많이 다른데 무조건 사랑과 인권을 내세워 함께 살게 하면 전체가 혼란에 빠집니다.

실력이 되지 않아 대학입학이 불허되어도 인권침해가 아니듯, 죄를 저질러서 사회에서 격리되는 것이 인권탄압이 아니듯, 여러 방면에서 우리에게는 적절한 분리가 필요합니다. 그래서 국경은 존중되어야 하고, 각 나라의 고유한 가치와 주권은 존중되어야 합니다. 이것은 원인과 결과의 법칙이 적용되는 방식이기도 합니다.

육체적으로 건강한 사람이 자발적으로 거지가 되어 구걸하면 이들에게 한 푼도 적선하지 말아야 합니다. 적선하면 그들은 스스로 일어서지 않고 그렇게 살다가 삶을 마칠 것이기 때문입니다. 이것은 다른 여러 상황에서도 적용되어야 합니다. 무상 정책이 무조건 좋은 것만은 아닙니다. 경우에 따라서는 근로 의욕을 뺏어가고 나태함을 불러일으킵니다. 이것은 영적 성장을 방해하는 요인이 됩니다. 합당한 대가를 지불하고 무언가를 얻어야 그 사람은 노동의 대가를 알고 그 과정 속에서 교훈을 얻고 성장해갑니다. 물론 형편이 어려운 자를 도와주는 일은 필요합니다.

유엔이 좋은 일을 많이 했습니다. 그러나 지금 유엔은 알게 모르게 어둠의 세력에게 이용당하는 상황에 이르렀습니다. 인류애에 근거하여 유엔의 난민협정을 따랐던 유럽이 혼란과 분란 속에 있는 것도 어둠의 세력이 바란 결과입니다. 이들 무리는 파괴와 혼란을 먹고 살아가는 존재입니다.

사랑, 온정, 인권 같은 그럴듯한 개념에 사람들이 매료될 때 이들은 이것을 혼란과 파괴의 통로로 사용합니다. 인권단체 상당수가 알게 모르게 악의 통로가 되고 있습니다. 자신이 악의 손발로 이용되고 있음을 자각 못하는 사람도 있겠지만, 문제점을 알면서도 명예나 금전적 이유로 이런 일에 매진하는 사람들도 있습니다. 전자는 무지 때문에, 후자는 이기적 욕망 때문에 악업을 쌓고 있습니다.

인권 활동가: 예수님에게서 이런 말씀을 듣다니 정말 의외입니다. 유엔이나 인권단체의 역할을 부정하시는가요?

예수: 오해하시는군요. 인류에게 그런 단체가 필요합니다. 다만 그들이 지혜롭게 행동해야 한다는 것이지요. 온정만으로 세상을 구원하지 못합니다. 어떻게 우주법칙이 작동되는지 알고 그 법칙에 따라 행동하고 살아가야 합니다. 다시 강조하지만 신은 사랑과 엄함의 균형 속에 세상을 다스립니다. 때로는 엄함이 사랑입니다. 무지함에서 벌이는 온정이나 사랑은 혼란과 갈등 그리고 부조화를 야기합니다.

심리학자: 말씀을 들으니 정치인들이 떠오릅니다. 정치인은 분명하게 의사표명을 해야 하는 사안에서도 정치적 입지를 고려하여 모호한 입장을 취합니다. 그리고 불법체류자 문제에 대해서는 자신의 이미지(인권 문제에 사랑으로 대하는 온화하고 배려심이 있는 자신의 모습) 관리를 위하여 매우 우호적인 자세를 취합니다. 그런 점에서는 종교인이나 언론인, 인권 단체도 예외는 아니지요. 이들은 문제점에 대한 언급을 회피하고 앵무새처럼 사랑과 평등을 내세웁니다.

사랑, 온정, 인권 등의 단어는 정치인이나 종교인, 언론인, 인권 운동가들이 구호로 내세우기에 그지없이 좋은 단어들이고 어느 누구도 반대하거나 비판할 수 없는 주제입니다. 그랬다가는 옹졸하다거나 인종차별주의자로 몰려 낭패를 당하기 때문이지요. 그래서 이런 문제에 대해서는 무엇을 해도 그들에게는 손해나는 장사가 아닙니다.

그러나 이들의 위선적인 자기포장 때문에 피해를 보는 것은 불법 체류자와 일자리 경쟁과 급여 싸움을 해야 하는 일반 국민입니다. 먹고사는 일에 걱정이 없고 언제든지 외국으로 떠날 수 있는 상위층들은 이들과 부딪힐 일이 없지요. 그들에게는 내국인보다 싼 임금으로 물건을 만들어 줄 인력이 필요할 뿐이고 돈이 국적입니다.

사랑과 온정이 지혜 없이 행해졌을 때 필연적으로 사회 갈등과 혼란이 일어나고 역차별이 생겨납니다. 예를 들면 다문화 가정에 대한 특혜는 도가 지나쳐서 한국에서 태어나서 국민의 의무를 다해온 일반 국민을 역으로 차별하는 지경에 이르렀습니다. 세상 어느 나라에서 자국민이 외국인과 결혼하였다는 그 이유 하나만으로 소득 관계없이 법이나 조례로 여러 혜택을 주고 있는지 궁금합니다. 앞에서 말했지만, 이것은 정치인이나 종교인, 인권운동가들의 이미지 관리와 무지함 때문에 일어나는 일입니다.

엄격한 기준이 없는 일방적 시혜는 의타심을 키워 평생 정부나 타인에게 의존하여 살아가게 만들고 시혜를 자신들의 권리로 생각하게 만듭니다. 베풀어도 고마움을 모르고 요구만 늘어가고 스스로 일어서려고 하지 않는다면 이것은 안 하니만 못한 일이 됩니다. 종교인, 정치인, 인권활동가들은 인권을 존중하고 약자를 사랑하는 모습으로 보이고 싶어서 입에 좋은 말만 합니다. 저는 이런 위선적인 모습이 보기 싫지만 옹졸하게 보이기 싫어서 입을 다물고 있습니다.

예수: 만약 내가 사랑만 내세우면 보기에는 그럴듯해 보여도 그것은 위선일 것입니다. 누누이 강조했지만, 사랑과 정의가 균형이 잡혀야 합니다. 자식에게 사랑의 매로 훈육을 하듯 그렇게 해야 합니다. 지혜로운 자는 오해를 받을 수 있지만 사랑 못지않게 정의를 가지고 균형 속에서 판단하고 행동합니다. 중요한 것은 모든 영혼을 빛으로 인도하겠다는 마음가짐입니다.

과학자: 성경에 아담과 이브가 카인과 아벨을 낳고 큰아들 카인이 동생 아벨을 죽입니다. 그 결과 세상에는 아담과 이브 그리고 카인만이 존재합니다. 그런데 카인이 아내를 얻어 노드의 땅에 도시를 세웁니다. 그러면 어디에서 카인은 아내를 얻었습니까?

예수: 앞에서 창세기는 상징으로 해석하여야 한다고 말했지요. 이 이야기 역시 상징입니다. 문자 그대로 믿으면 답이 없습니다. 이스라엘 역사학자나 성서학자 중에 상당수가 모세오경을 이스라엘 역사라기보다는 거의가 신화로 이루어진 작품으로 받아들이고 있습니다. 카발라 전승에서는 구약 중에 모세오경을 이스라엘 역사가 아니라 여러 다른 의미를 담고 있는 상징으로 간주합니다.

　카인과 아벨은 실제 인물이 아니라 선과 악의 상징입니다. 카인은 죽음을 상징하고 아벨은 생명을 상징하며 카인이 아벨을 죽인 것은 죽음이 생명을 정복했음을 보여주는 상징입니다. 이것은 인류가 원래의 상태(신의식과 하나 됨)에서 분리되었음을 말하고 이 상태로 돌아갈 때까지 죽음에 종속되어야 함을 말하는 것입니다.

금기음식, 음주, 안식일

직장인: 동료 중에 무슬림이 있고 가리는 음식이 많아 부서원들이 힘들어합니다. 금기음식이 근거가 있습니까?

예수: 금기음식은 유대교가 더 심하지요. 금기 음식 중에 몸에 나쁜 음식이 있다면 당연히 피해야 합니다. 그러나 그런 음식 중에 몸에 해로운 것이 있나요? 시대적 상황에 따라 특정 음식이 금지되었을 수도 있습니다. 시대가 변하면 음식에 대한 생각도 변해야 합니다. 사실 입으로 들어오는 음식보다 입에서 나가는 말이 더 해롭지 않은가요? 앞에서 언급했지만, 사람은 개념에 매여 살아갑니다.

비교학자: 많은 수련단체나 종교단체에서 채식을 권장하고 심지어 어떤 단체는 육식은 각성에 방해가 된다고까지 말합니다. 그들의 논지는 동물이 죽임을 당할 때 고통과 두려움으로 인간에게는 해로운 화학물이 분비되어 인간의 몸에 나쁘며, 아울러 모든 생명을 존중하는 입장에서 생명을 인간의 먹이로 삼는다는 것은 업을 쌓는 일이며 가르침에 어긋난다는 것입니다. 이러한 입장과는 상관없이 채식을 건강상 이유로 선호하는 사람들도 많이 있습니다. 영적 성장에 채식이 좋습니까?

예수: 먼저 채식만이 각성에 이르는 식이요법이라고 주장하는 사람들은 식물도 동물처럼 느끼고 반응하는 생명체라는 것을 잊고 있습니다. 동물의 경우는 식물에 비하여 고통을 느끼는 신경망이 적으며 중추신경이 절단되면 곧 숨을 거두지만 식물은 절단되어도 모든 부분의 신경은 살아서 생명이 유지됩니다.

식물의 잎사귀 하나하나 비록 몸체에서 떨어져 있어도 싱싱한 생명력을 오랫동안 유지하는 이유도 자체적으로 생명을 유지하는 능력이 있기 때문입니다. 그런 면에서 단시간에 생명이 끊어지는 동물에 비하여 오랜 기간 고통을 느끼고 반응합니다. 최근의 실험에서도 인간의 감정에 능동적으로 민감하게 반응하는 식물의 모습을 보여줍니다.

생명 존중 차원에서 채식을 한다면 우리는 아무것도 먹지 말아야 합니다. 동식물 모두 생명입니다. 음식은 몸속에 들어가면 필요한 성분은 분해되어 몸의 에너지원으로 사용되고 그렇지 않는 부분은 배출되는 것입니다. 고기고 야채고 몸에 들어가면 영양분으로 분해될 뿐입니다.

문제는 동물이 가지는 외형적 특징이 인간에게 가까워 생명에 대한 보호본능이 발휘되는 우리의 관념이 문제이지 고기 그 자체는 아닙니다. 물론 생명을 죽이 돼 가려서 죽여야 한다는 것은 당연한 진리이며 그것이 인간의 심성을 보호하는 방책입니다. 생명을 잔인하게 이유 없이 죽이는 성격이라면 그런 성향이 인간에게도 적용되지 않을까 두려워하는 것은 당연합니다.

그런데 채식을 하면 인간의 심성이 온순하고 좀 더 영적일 수 있다는 생각하는 사람들이 많은데 이 또한 오해일 수 있습니다. 잔혹한 독재자 중에 채식주의자도 많습니다. 중요한 것은 먹는 음식이 아니고 먹는 사람의 성품입니다. 붓다나 내가 고기를 먹는다고 신성함이 사라지고 살인자가 채식한다고 그들의 성품이 고상하게 될까요? 모든 문제는 자신에게 있습니다.

북극의 원주민들은 기후관계로 고래 고기나 육류만 먹어야 합니다. 마찬가지로 북시베리아 원주민들은 순록이나 사슴을 식용해야 합니다. 몽골의 유랑민도 육식이 주식입니다. 티베트 승려들은 고기를 먹습니다. 그들이 고기를 먹는다고 호전적이고 영적 각성을 얻지 못하는가요?

많은 것이 잘못된 고정관념의 소산입니다. 채식이 좋으면 그렇게 하고 육식이 좋으면 그렇게 하면 됩니다. 중요한 것은 육체에 필요한 영양분을 위해서는 균형 잡힌 식생활이 필요하다는 점입니다.

육식이 생명 경시로 이어지면 안 되겠지만 영적인 각성은 음식과는 상관없습니다. 그러나 성욕을 자극하거나 감정을 불러일으켜 명상에 방해가 되는 음식이 있으므로 구도자는 적절하게 음식물을 통제할 필요는 있습니다.

직장인: 업무 때문에 자주 술을 마시게 되는데 술은 괜찮습니까?

예수: 취하지 않을 정도의 적당한 술은 육체의 혈액순환에 도움이 됩니다. 이것은 술이 우리에게 줄 수 있는 유익한 점이라 할 수 있습니다. 그러나 술은 부정적 측면이 많습니다. 현실의 괴로움을 잊기 위하여 술을 마시는 경우, 일시적인 도피는 되겠지만 영구적인 해결책은 되지 못합니다. 술은 중독성이 있어서 마약처럼 위험합니다. 무엇보다 술은 의식의 각성 문제 즉 영적 성장과 깊은 관련이 있습니다.

육체는 눈에는 보이지 않지만 4차원적 구조에 의하여 지탱되고 있으며 이 4차원적 구조가 파괴되면 육체는 존재할 수 없습니다. 우리가 생명을 유지하기 위하여 음식물과 산소를 흡입하지만, 이것은 외면적인 요소이며, 4차원 통로를 통하여 영적인 에너지가 흐르지 않는다면 생명은 유지되지 않습니다. 여러 다양한 영적 에너지가 이런 4차원 구조를 통하여 흐르며 이들은 생명의 원천입니다.

이 4차원 구조에는 채널 이외에도 신비센터가 있으며 이것은 상위의 영적 에너지를 몸 여러 부위로 보내는 기능을 합니다. 그런데 술은 이 신비센터에 심각한 영향을 주며, 음주 후 24시간 동안은 상위자아와 접촉하는 것을 방해합니다. 이 말은 명상을 하더라도 아무런 효과를 얻지 못한다는 뜻입니다.

깨달음을 육체 입장에서 정의한다면 신비센터가 각성되어 상위의 영적 에너지가 육체로 충만하게 흐르는 상태를 말합니다. 결국 술을 많이 마시는 것은 영적 발전에 아주 부정적이며 만약 과다한 음주로 4차원 구조가 손상을 입기라도 한다면 결국 그 생에서는 깨달음을 얻을 수 없습니다.

명상을 하는 사람 중에 술을 즐기는 사람이 더러 있습니다. 하루나 혹은 여러 날 열심히 명상하여 영적 진동을 올려놓고는 술을 마셔 그 효과를 순식간에 무효로 만듭니다. 명상은 의식을 명료하게 깨어있도록 하는데 반하여 술은 의식을 무디게 만듭니다.

의식이 무디게 되면 감정과 욕망의 영역인 잠재의식의 통제가 어렵게 되고 실수를 하게 됩니다. 과다한 음주, 빈번한 음주는 육체와 정신에 해가 될 뿐 아니라 영적 자살 행위입니다.

목사: 안식일은 꼭 지켜야 합니까?

예수: 안식일이 사람을 위하여 있는 것이지, 사람이 안식일을 위하여 있는 것은 아닙니다. 안식일의 주인은 사람입니다. 특정일을 정하여 이날은 무슨 일이 있어도 안식을 지켜야 하는 것이 안식일은 아닙니다.

안식일을 만든 이유는 무엇일까요? 그것은 특정일에 아무 일도 하지 않고 휴식하라는 말이 아니라 바쁘게 살아가는 사람들에게 일주일에 하루만이라도 시간을 내어 세속의 욕심을 버리고 자신을 성찰하고 신에 감사하고 마음을 정화하라는 의미의 휴일이었습니다.

이렇게 안식일을 정해 놓았기에 바쁜 일상에서도 사람들은 시간을 내어 그날만큼은 형식적이든 아니든 간에 자신에 대하여 성찰하고 신에 기도합니다. 강제성이 없으면 한없이 게으른 것이 인간이기 때문입니다. 그러니 안식일이, 아침에 면도하고 세수하듯 별 의미를 두지 않고 습관적으로 하는 행사라면, 안식일의 의미는 없는 셈입니다.

어떤 의미에서 아침이나 저녁에 시간을 내어 기도하고 명상하는 시간도 안식일이고 장소나 시간과 상관없이 깨어서 자신을 성찰하는 매 순간이 안식일입니다. 참된 안식일은 특정일이나 특정 형식이 아니라 마음의 태도에 달려있습니다. 자기 형편에 따라 적당한 날을 잡아 삶을 진지하게 되돌아보고 신에게 기도하고 명상하라는 말입니다.

착하게 사는 기준

무종교인: 질문 타이밍을 놓쳐서 지금 질문드립니다. 나쁜 짓 하지 않고 바르게 착하게만 살면 카르마를 짓지 않는가요?

예수: 이것에 답하려면 고려해야 할 것이 바르게 산다는 기준입니다. 무슬림들은 코란에 따라 바르게 살고 있다고 생각할 것이고, 기독교인은 성경에 따라 자신이 바르게 살고 있다고 생각할 것입니다. 이처럼 바르게 산다는 기준은 주관적이고 최면적인 속성을 지니고

있습니다. 그러면 이런 종교적 기준이 아니라 국가법이나 사회 상규에 따라 법적으로 혹은 도덕적으로 문제없이 살아가면 바르게 사는 걸까요?

시공간에 따라 변화하는 것이 국가법이고 사회규범인데 지금의 규범이 미래에 바른 규범으로 인정받을 수 있을까요? 중세시대의 바른 규범으로 인정받았던 신분 차별과 성 차별은 지금 시각으로 보면 분명히 잘못된 제도입니다. 그러나 당시 사람들은 그런 규칙에 따라 살아가는 것을 바른 삶이라고 생각했을 것입니다.

그래서 시공간과 상관없이 영원히 변하지 않는 법칙만이 바른 지침이 될 수밖에 없고 그것에 따라 사는 것이 바른 삶입니다. 변하지 않는 영원한 법칙을 우주법칙(카르마법칙, 윤회의 법칙, 진동의 법칙, 음양의 법칙, 진화의 법칙, 리듬의 법칙, 영적 성장의 법칙, 일체화의 법칙 등)이라 하고, 이 법칙에 따라 조화롭게 살아간다면 우리는 카르마를 쌓지 않게 되고 기독교에서 말하는 구원을 얻을 수 있고 불교에서 말하는 깨달음을 얻을 수가 있습니다.

반복해서 말하지만 나를 믿으면 구원받는다는 기독교 구원론은 내가 아니라 교부들이 만들어낸 황당한 교리입니다. 구원은 누구에게 받는 것이 아니라 자신이 노력하여 얻는 것입니다. 법칙을 몰라 즉 우주법칙에 대한 무지로 인하여 생겨나는 카르마는 피할 수가 없습니다. 세상에는 착하지만 지혜가 부족하여 우주법칙에 반하는 일을 저지르는 사람들이 많고 그들은 당연히 카르마를 받습니다.

그래서 붓다는 세상의 실상을 꿰뚫어 보고 우리가 무지에서 벗어날 수 있는 바른 길(8정도)을 제시하였지요. 무지는 용서가 되지 않는 것이 우주법칙입니다. 위대한 성자들은 한결같이 "지혜를 구하라"라고 말했습니다. 나는 진리가 사람을 자유롭게 하리라고 말했습니다.

 누누이 강조하지만, 카르마는 정해진 운명이 아니라 우리를 특정한 방향으로 끌고 가는 매우 강한 흐름입니다. 그러나 이것은 거역할 수 없는 흐름이 아니라 노력하면 변화시킬 수 있는 흐름입니다. 운명의 흐름에 대책 없이 떠내려가는 대신에 힘을 내어 헤엄쳐서 나오세요. 카르마를 만나 대처하는 방법은 무수히 많고 이것에 따라 새로운 카르마가 만들어집니다. 카르마는 운명이 아니라 우리가 변화시켜야 하는 대상입니다. 그런데 물어보겠습니다. 착하다는 기준은 무엇인가요?

무종교인: 남을 도와주는 것, 법이나 사회 규칙을 잘 지키는 것, 도덕적으로 깨끗하게 사는 것, 종교 가르침에 따른 삶 등이 아닐까 합니다.

예수: 사람들이 크게 오해하는 것이 착한 행동입니다. 불쌍한 사람을 선한 의도로 도와주었더니 오히려 나중에 해를 가하는 경우에 이 선한 행동은 악한 결과를 가져왔습니다. 선한 의도와는 상관없이 이들을 도와준 사람은 무지로 인한 카르마를 받게 됩니다. 물론 카르마에 선한 의도가 반영은 됩니다. 그래서 착한 사람이 되기에 앞서 지혜로운 사람이 되어야 합니다. 우주법칙에서는 무지로 저지른 일이라도 용서가 되지 않습니다. 무지하여 선거에서 히틀러를 뽑아준 독일인이 어떤 카르마를 받았는지 기억하세요.

무종교인: 지혜가 동반되지 않으면 선한 행동도 악업이 될 수 있다는 말씀이 가슴에 와 닿습니다만 남을 도와주면서 어떻게 그 결과

를 예측한단 말인가요? 그러면 아무런 행동을 하지 않는 것이 더 나을까요?

예수: 내 말을 오해하셨군요. 불의에 저항하거나, 위기에 처한 사람을 돕는 일은 인간으로서 해야 할 일입니다. 다만 지혜롭게 행동하라는 말이었습니다.

그리고 우리는 적극적으로 행동하여야 그 결과에 대한 카르마를 받는 것으로 알고 있습니다. 이것은 오해입니다. 카르마는 두 가지 즉 적극적으로 행하여 받는 카르마와 소극적 태도로 인하여 받는 카르마가 있습니다. 예를 들면 세상의 불의를 보면서도 이를 적극적으로 거부하지 않고 소극적으로 수용하게 되면 이것은 불의를 용인한 것이 되어서 카르마를 받습니다. 물론 적극적인 행동에 대한 카르마에 비해서는 정도가 약할 것입니다.

그래서 이런 수동적 카르마를 방지하기 위해서는 불의나 부정을 거부하거나 적극적으로 이런 상황을 조화롭게 변화시켜야 합니다. 예를 들면 불의를 행하는 사람에게 무엇이 올바른지 보여주어야 합니다.

다시 말하지만 착하게 살면서 주변에 일어나는 불의에 눈을 감는다면 그 사람은 필연적으로 소극적 행동으로 인한 카르마를 만나게 됩니다. 그러므로 착하게 사는 것만으로 충분하지 않습니다. 우주는 그물망처럼 연결되어 있어서 전체가 하나이고 하나가 전체임을 기억할 필요가 있습니다. 지혜롭게 살면서 동시에 세상의 불의나 부패에 눈을 감지마세요.

과학자: 결국 깨닫기까지 우리는 무지하기 때문에 무슨 행동이든

완전할 수 없다고 이해를 해야겠습니다.

예수: 정확히 이해하셨습니다.

철학자: 우리가 타고난 본성은 선하지만 나쁜 환경이나 그릇된 욕망 때문에 악하게 된다고 주장하는 성선설과 인간의 타고난 본성을 악으로 보고, 도덕적 수양은 교육을 통한 후천적 습득에 의해서만 가능하다는 성악설이 있습니다. 세상 곳곳에서 인간에 의해 벌어지는 금수만도 못한 온갖 사악한 일들을 바라보면서 인간은 원래 어떠한 존재인지에 대해서 많은 생각을 하게 됩니다. 예수님께서는 영혼이 신성한 존재라고 하셨는데 그러면 인간의 본성은 선하다고 이해하면 될까요?

예수: 우선 기독교 원죄설은 바울과 교부들이 만든 이론이라 논할 가치가 없다는 것을 말하고 싶습니다. 그리고 이 문제는 관점을 어디에 두느냐에 따라 얘기가 달라집니다. 즉 인간의 근원적 속성과 현생에서 드러나는 속성은 다릅니다. 인간은 신으로부터 확장되어 나온 신성한 존재이고 이런 점에서는 인간 본성은 선합니다. 반면에 신성한 상태에서 추락한 후에(신과 분리) 카르마에 따라 윤회하는 인간의 본성은 선과 악이 혼재하여 존재합니다.

사실 인간의 근원적 속성이 선하다고 말은 했지만, 엄밀히 말하자면 신적 존재인 인간 영혼은 선과 악 즉 이원성을 넘어선 상태에 있습니다. 분리의 세계에서만 선과 악이 존재하는 것입니다.

윤회하는 인간은 그 수준이 천태만상입니다. 수준이 높은 영혼은 진리를 구하고 남에게 피해를 주지 않고 심지어 보살의 마음으로 살아가지만, 수준이 낮은 영혼은 욕망과 충동에 의해 살아가므로 끔찍한 일들을 저지릅니다. 그래서 세상이 혼란스럽습니다. 범법자를 감옥에 가두는 일이 차별이 아니라 사회 안전을 위한 정의로운 일이듯이, 필요에 따라 사람의 수준을 일시적으로 구분하여 다루는 것은 차별이 아니라 합당한 일인 경우도 있습니다. 오늘날 이런 구분이 필요한 사건들이 많이 있습니다.

우리는 인생이라는 배움터에서 여러 경험을 통하여 영적으로 성장하고 있습니다. 그래서 어둠과 빛이 만나는 이 물질 삶에서 혼란은 필연적이고 이것을 극복하여 원래의 참모습을 찾는 일이 우리의 임무입니다.

비교종교학자: 기독교인의 하나님에 대한 믿음은 그 어느 종교인보다 강해 보입니다. 자신들이 믿는 하나님만이 유일신이고 타종교에서 믿는 절대자에 대해서는 자신들이 믿는 하나님과는 다른 존재로 무시하는 편입니다. 이런 생각 때문에 이들은 타종교에 배타적이고 종교 간에 긴장과 갈등이 생겨나기도 합니다. 이에 대하여 어떤 말씀을 해주시겠습니까?

예수: "세상에는 인구만큼의 신이 존재한다."라는 말이 있습니다. 이것은 우리가 자신이 이해하는 수준의 신을 신으로 생각한다는 말입니다. 유한한 존재가 무한의 신을 올바르게 이해할 수가 없습니다. 오래전에는 하늘나라에서 옥좌에 앉아 세상을 다스리는 그런 신을 믿었습니다. 인간의 모습을 한 신은 우리 인간의 개념에서 바라본 아주 원시적인 신이었습니다. 구약에는 분노하고 심판하는 무시무시한 신의 모습이 나오지요. 이것은 그 시대의 수준을 반영한 신

관이었습니다.

　　보는 방향에 따라 무수히 다른 모습으로 보이는 보석처럼, 신은 문화와 종교에 따라 다르게 보이지만 신은 하나입니다. 신의 우월을 논한다는 것은 마치 색안경 끼고 무언가를 보고서는 자신이 본 색깔만이 진짜라고 주장하는 것과 다름이 없습니다.

　　그래서 엄밀히 말한다면 우리가 자신의 수준에서 알고 있는 신은 진짜 신이 아닙니다. 신은 모든 개념을 넘어서 있는, 표현할 수 없는 무한의 존재입니다. 사실 존재란 단어도 어울리지 않습니다.

과학자: 언어로 표현할 수는 없지만 절대자가 존재한다는 말씀인데, 무신론자를 어떻게 설득하시겠습니까?

예수: 앞에서 이미 언급하였는데 또다시 질문을 하시군요. 신이 존재하느냐 아니냐는 형이상학적인 문제여서 답하기가 어렵습니다. 다만 신을 법칙으로 이해한다면 그나마 도움이 되지 않을까 합니다. 우주(cosmos)가 조화와 질서를 의미하듯이, 우주를 보면 아주 정교하고 조화롭게 운영되는 것을 알 수 있습니다. 이 조화가 조금이라도 무너지면 우주는 순식간에 파괴되어 사질질 것입니다.

　　이런 조화로움을 가능하게 만드는 것이 우주법칙입니다. 이 우주법칙에는 음양의 법칙, 진동의 법칙, 리듬의 법칙, 진화의 법칙, 카르마 법칙 등이 있습니다. 이런 법칙이 우연히 나온 것이 아니고 우주가 우연히 만들어진 것도 아닙니다. 그 뒤에는 모든 것이 나온 근원적 존재가 있습니다. 이것을 신이라 부를 수도 있을 것입니다. 그러니 하나님이 기독교에만 있지 않습니다. 기독교의 하나님에 대해서는 참으로 할 말이 많습니다.

구도자의 자세

승려: 구도자는 살아가면서 어떤 마음가짐을 지녀야 할까요?

예수: 인류에 대한 자비심입니다. 모두가 신성한 영혼임을 알고 이들이 어둠에서 벗어나도록 지혜를 전해야 합니다. 이러기 위해서는 먼저 지혜를 닦아야 합니다. 난 모든 중생을 고통스러운 윤회로부터 해탈시키겠다는 보살의 정신을 좋아합니다. 모든 종교가 이런 마음가짐을 가져야 합니다. 이런 보리심은 어느 종교에서도 보기 어려운 불교만의 독특한 개념입니다.

기독교는 열심히 전도를 하지만 이웃에 대한 자비 때문만이 아니라 신에게 잘 보여 천국에 가려는 동기가 큽니다. 이런 행위에는 보리심의 핵심이 되는 이타심이 부족하고 무엇보다 그릇된 교리를 전하여 악업이 됩니다.

승려: 보리심에 대한 말씀을 들으니 상구보리 하화중생(위로 깨달음을 구하고 아래로 중생을 교화한다)이 생각납니다. 이것은 모든 중생이 고통에서 벗어날 때까지 이 세상에 남아 가르침을 전하겠다는 보살의 정신입니다. 불교에서는 교리공부와 수행을 통하여 깨달음을 성취하는 일과 아울러 세상 사람들에게 참 가르침을 전하여 세상을 각성된 사회로 만들어나가는 것이 중시됩니다. 티베트 불교에서는 보리심을 수행의 전면에 내세우고 있고 보리심 없이 부처의 경지에 오른 예는 없다고 합니다. 티베트 승려인 산티데바는 〈입보리행론〉에서 이렇게 말했습니다.

우주가 지속되는 한

모든 생명 가진 존재들이 남아있는 한

나 또한 여기에 남아

세상의 모든 불행을 몰아내리라.

용서명상, 자애명상

직장인: 예전에 부하 직원에게 좀 심한 말을 하여 그 사람이 회사를 그만두었는데 그것이 늘 마음에 남아있습니다. 이런 마음의 짐은 어떻게 하면 좋겠습니까?

무종교인: 반대로 저는 직장생활 하면서 심하게 왕따를 당한 기억이 마음에 상처로 남아있습니다. 저를 무시하던 동료들을 생각하면 아직도 용서되지 않습니다.

예수: 자신이 가해자였던 피해자였던 마음의 상처는 늘 가슴을 짓누릅니다. 그냥 잊으면 되지만 잊지 못하는 것이 인간의 마음이지요. 이들을 정화하는 방법에는 자기 성찰, 지켜보기, 시각화, 참회/회개, 사랑, 생명나무 수련법 등 여러 가지가 있습니다. 불교에 괜찮은 명상법이 있다고 알고 있습니다. 스님께서 아시는 것을 말씀해 주세요.

승려: 여러 가지 용서명상이 있습니다. 제가 아는 방법은 상당히 긴데 여기서는 간단하게 소개하고자 합니다.

조용히 앉아서 몸을 이완하고 마음을 호흡에 집중합니다. 용서 못할 기억과 감정을 마음으로 자유롭게 흐르게 합니다. 이제, 내가 용서하고 싶은 사람을 상상합니다. 마음으로 그들에게 다음의 말을 합니다.

"당신이 의도하였든 아니었든 내게 행한 모든 것을 용서합니다. 나는 당신을 용서합니다. 그대가 고통과 혼란에서 벗어나 행복했으면 합니다. 나는 고통을 겪었으나 교훈을 배워서 성장했고 이제 나 자신에게 마음을 열 준비가 되었습니다. 당신과 내가 마음을 열어 사랑과 이해로 만났으면 합니다."

나를 용서할 사람을 상상하고
"내가 의도하였든 아니었든 당신에게 행한 모든 것을 용서해 주시기를 바랍니다. 나로 인해 당신이 겪었을 고통과 분노에 한없는 용서를 빕니다. 나는 당신의 용서를 바랍니다. 이 일로 당신이 성장했으면 하고 행복했으면 합니다. 당신과 내가 마음을 열어 사랑과 이해로 만났으면 합니다."

심리학자: 스님 참 좋습니다. 제가 아는 것에는 "미안합니다. 용서하세요. 사랑합니다. 고맙습니다."로 대표되는 〈호오포노포노〉라는 명상 프로그램이 있습니다. 이것은 회개와 사랑을 통한 마음정화법입니다. 〈호오포노포노〉 이론은 간략히 설명한다면 이러합니다.

우주는 생각의 발현이다. 생각이 병들었으면 그 생각이 질병을 유발한다. 그러므로 존재하는 모든 것은 전적으로 자신의 책임이다. 기억에 저장된 오류를 바로잡으면 신성이 효능을 발휘하게 되고 마침내 진정한 자아인 공/제로상태에 이르게 된다. 문제의 해결은 마음을 제로상태와 연결하는 일에 달려있다. 이를 위해서는 기억 정화를 해야 하고 그 방법이 〈호오포노포노〉법이다. 즉 "미안합니다. 용서하세요, 고맙습니다."를 말함으로써 우리와 신성 사이의 연결을 방해하는 기억을 없앤다. 사랑 혹은 신이라고 불리는 근원과 접속한 뒤 잘못된 생각들을 바로잡아 달라고 사랑에 호소하면 이에 대한 반응으로 사랑은 그릇된 생각들을 변화시키기 시작한다. 여기서 치유가 일어난다.

고통, 두려움, 아픔, 미움, 미안함 등의 기억이 떠오를 때마다 그 기억에 대하여 "미안합니다. 나를 용서해주세요. 사랑합니다. 고맙습니다."를 온 힘을 다해 진심으로 말합니다. 물론 아픈 기억만이 아니라 불편한 신체 부위가 있다면 그것에 대해서도 같은 말을 합니다. 그것은 우리의 부정적 생각이 반영되어 나타난 결과이기 때문입니다. 정화를 통하여 마침내 원래의 상태인 공/제로상태로 돌아갑니다.

이 방법은 (1) 참회, (2) 신성과 연결, (3) 신성에 맡겨버림(믿음)으로 이루어집니다. 이것은 새로운 내용이 아니라 이미 오래전부터 여러 종교에서 가르쳐온 것으로 현대인이 이해하기 쉽고 행하기 쉽게 정리한 것으로 보입니다.

즉 무한의 존재인 공/제로상태가 있고 기억으로 말미암아 인간은 자신의 참모습을 볼 수가 없습니다. 이것을 정화하면 근원과 연결되어 완전한 상태에 있게 됩니다. 그래서 참모습의 드러남을 방해하는 기억/생각을 정화하는 것이 핵심입니다. "미안해요, 용서하세요."처럼 회개와 참회를 할 때는 마음이 순수하고 절실해져서 그 순간 내면의 자아가 드러나게 해야 합니다. 그래야 내면의 힘이 부정적 생각을 만나 그것을 조화롭게 정화할 수 있기 때문입니다.

사랑한다고 말할 때도 마찬가지로 진심으로 전력을 다하여 경건하게 해야 합니다. 이런 상태에서 우리 마음은 자연스럽게 내면의 자아와 연결이 되고 신의 힘이 흘러나와 기억을 정화하고 그 결과로 치유가 일어납니다. 이 원리는 호오포노포노만의 방법이 아니라 다른 정화법에서도 동일합니다.

예수: 좋은 말씀 해 주신 두 분에게 감사합니다. 질문하신 분께서는 이것을 참고하시면 되겠습니다. 마음의 짐은 빨리 내려놓아야 합니다. 만나지 않더라도 마음으로 진실하게 용서를 구하고 또 용서를 해주시기 바랍니다. 그러면 마음이 가벼워지고 행복해집니다.

엄밀히 따지면 어떤 용서든 그것은 자신에게 하는 것입니다. 사실 자신의 무지를 깨닫고 이것에서 벗어나는 것이 용서이기 때문입니다. 자신이든 타인이든 잘못을 저지른 사람이 용서를 구하지 않으면 우주법칙이 알아서 합니다. 진심으로 잘못을 반성하고 커다란 교훈을 얻었다면 용서가 된 것입니다.

그리고 우리 모두는 하나이므로 모두에게 사랑의 마음을 전하는 명상도 유익합니다. 스님께서 자애명상에 대해 알고 있으면 말씀해 주세요.

승려: 제가 하는 자애명상을 소개해 드리겠습니다. 가슴에 집중하는 자애 명상은 제 자신의 자비심을 함양하고 모든 중생에게 사랑의 빛을 확장하는 것입니다. 가슴에 집중하고 호흡이 자연스럽게 흐르게 합니다. 대상을 선택하여 다음 구절을 조용하게 혹은 침묵으로

반복하여 말하면서 이들 단어에 깔린 느낌을 마음에 새깁니다.

그대가 행복하고 평화로웠으면 합니다.
그대가 사랑과 자비심으로 충만한 삶을 살았으면 합니다.
그대가 내면의 힘을 깨달아서,
그대의 참된 본성이 드러났으면 합니다.
그래서 고통과 아픔에서 벗어났으면 합니다.
그대가 자유롭게 되었으면 합니다.

저는 자비심 배양을 위해 티베트 승려 산티데바의 말씀을 늘 상기하고 살아갑니다.

지금부터 앞으로 영원히
보호가 없는 사람의 보호자가 되게 하시고
길을 잃은 사람의 안내자가 되게 하시고
바다를 건너는 사람의 배가 되게 하시고
강을 건너는 사람의 다리가 되게 하시고
위험에 처한 사람의 피난처가 되게 하시고
어둠 속을 걷는 사람의 등불이 되게 하시고
쉴 곳이 없는 사람에게 보호처가 되게 하소서.
그리고 어려움에 처한 사람에게 하인이 되게 하소서.

— 산티데바(Shantideva) —

지구 인구 증가와 윤회

과학자: 100년 만에 지구 인구가 대략 50억이 늘었습니다. 아시겠지만 지구는 한정된 공간과 자원을 지닌 작은 행성입니다. 이렇게 늘어난 인구 때문에 지구 오염은 심각하고 생존경쟁은 날로 치열해지고 있습니다. 지구온난화로 지구 곳곳에 이상 현상이 나타나고 있습니다.

 이렇게 인구가 늘어나다 보면 지구가 이것을 감당할 수 없어 멸망하지 않을까요? 그런데 영혼은 그 수가 결정되어 있고 인간은 인간으로만 윤회한다고 앞에서 말씀하셨는데 이 많은 영혼이 어디에서 오고 있습니까?

예수: 인구가 무한정 늘어나지는 않을 것이므로 인구증가로 인류가 멸망하지는 않을 것입니다. 그러나 기후변화로 지구촌이 혼란스러울 것입니다. 그리고 과학의 발달로 새로운 에너지원들이 개발되기 때문에 자원 고갈로 인류가 멸망하지도 않을 것입니다. 과학에 의존함이 커지게 되면 내적 추구보다는 물질 추구에 전념하게 되어 영적으로 삭막한 사회가 되지 않을까 우려됩니다.

 과학이 많은 것을 해결해 주는 그런 시대가 도래하고 인류는 과학을 신처럼 신뢰하게 될 것으로 보입니다. 그리고 의학의 발달과 위생환경의 개선으로 인간의 수명이 늘어나서 인구가 증가하였지만 지구 인구증가의 원인으로는 다른 숨겨진 요인이 있습니다.

 지구의 급격한 인구증가는 지구보다 낮은 수준의 행성에서 졸업한 영혼들이 지구로 이동하여 일어나는 일입니다. 지구로 윤회한 지 얼마 되지 않는 혼들은 지구에 오랫동안 살아온 혼들보다는 의식수준이 낮습니다. 그래서 이들로 인하여 지구에 혼란과 갈등이 생깁니다.

지구촌 사람들을 살펴보면 알겠지만, 국가 간, 개인 간의 의식수준의 차이를 실감할 수 있습니다. 미개인이나 중범죄인, 종교 근본주의자자들은 지구에 도달한지 얼마 되지 않는 영혼일 수 있습니다.

선진국에 의식수준이 뒤떨어지는 사람들이 대량으로 난민이나 노동자 혹은 이민자로 몰려오고 있습니다. 이들은 기존의 주민들과 어울리지 못하고 자신들만의 사회를 만들어 살면서 서서히 자신들의 욕망을 발산하게 됩니다. 선진국에 의식수준이 뒤떨어진 사람들이 대량으로 밀려와서 기존 주민의 수를 압도하면 그 나라는 혼란스럽게 됩니다.

지구에 오래 살아온 영혼들이 새로운 영혼들에게 봉사하는 역할이 부여되었다고도 볼 수 있습니다. 시간이 흐르면서 새로운 영혼들은 많은 것을 경험하고 배우게 되면서 의식이 성장하게 됩니다. 그런데 그 과정 속에서 많은 희생이 일어납니다. 이것을 최소화할 필요가 있습니다.

행성 간에는 진동의 벽이 설치되어 그 진동을 통과할 수 있는 수준의 영혼만이 상위 행성으로 들어갈 수 있습니다. 수준이 되지 않은 영혼이 들어오게 되면 그곳이 혼란에 빠지기 때문입니다. 선진국과 후진국 사이의 출입 장벽도 그런 역할로 존재해야 합니다. 이런 문제는 사랑과 감성만으로 해결이 되지 않습니다.

유럽에서 문화적 풍요를 말하면서 다문화를 주도했지만 결과는 유럽의 혼란과 몰락으로 끝나고 있습니다. 무지하여 한 치 앞도 볼 줄 몰랐던 사회주의자, 인권활동가, 종교인, 온정주의자들이 내세웠던 사랑과 인권은 지금 증오와 폭력 그리고 갈등으로 나타나고 있습니다. 지혜 없이 위선과 무지로 벌인 일들입니다. 엄함과 정의가 없이 사랑만 내세운 결과는 참혹합니다. 누가 책임져야 하는가요? 인간의 보편적 가치에 모순되는 율법이나 문화와 정신을 인권과 사랑 등을 이유로 수용하려 한다면 그것은 엄청난 재앙이 될 것입니다.

과학지식의 한계

과학자: 정말 새로운 내용이지만 행성 간의 영혼 이동은 공상과학 이야기처럼 들리기도 합니다.

예수: 이해합니다. 그럴 수 있습니다. 과학으로 모든 현상을 증명할 수 있는 것은 아닙니다. 물질 너머의 차원은 과학이 아무리 발전해도 증명할 수 없는 영역이기 때문입니다. 물질 너머의 영역은 개인적인 영적 체험이나 합리적이고 이성적인 추론에 의존할 수밖에 없을 것입니다. 그러나 증명할 수 없다고 그 존재를 부정할 수는 없습니다. 천동설이 진리로 간주되던 시기도 있었고 지금 당연시되는 것들이 과거에는 신비의 영역에 속하였습니다. 지금 과학이 미래에는 미신이 되고 지금 신비의 영역은 미래에는 과학이 될 것입니다.

과학자: 과학으로 증명할 수 없다고 그것이 존재하지 않는 것은 아니겠지만, 동시에 그것이 존재한다는 것을 의미하지도 않습니다. 그런데 인간이 살 수 있는 다른 행성이 있기나 할까요? 이성적으로 생각하면 믿기가 어렵습니다.

예수: 과학자다운 질문입니다. 당신의 질문에 만족할만한 답을 하려면 많은 것을 말해야 할 것입니다. 이것은 윤회, 카르마, 영혼, 숨겨진 지구역사 등과 같은 아주 광범위한 영역을 다루어야 합니다.

믿지 못하겠지만 지구문명이 물적, 영적으로 지금 문명보다 크게 번성했던 시기가 여러 번 있었습니다. 지금의 문명과는 비교할 수 없이 높은 문명이었습니다. 사람들은 구석기, 신석기, 청동기, 철기시대처럼 시간의 흐름과 함께 인류의 의식수준이 발전해온 것으로 알고 있지만, 이것은 우리가 알고 있는 드러난 지구역사에만 해당되는 것입니다.

수십만 년 전에 심지어 수백만 년 전에 엄청나게 진보한 여러 문명이 있었다고 말하면 사람들은 신화처럼 받아들입니다. 그런데 숨겨진 지구역사는 대단히 오래되었고 위대하였지요. 문명이 성장하여 어느 시점에 이르러 몰락하고 새롭게 문명이 시작되곤 했습니다.

그리고 지구의 늘어나는 영혼은 다른 행성에서 우리 지구로 이주한 영혼들입니다. 거대한 우주에는 무수히 많은 은하계가 있고 그 은하계에는 무수히 많은 태양계가 있고 그리고 태양을 공전하는 수많은 행성이 있습니다. 지구 환경과는 다르지만, 그 환경에 적합한 육체를 지닌 영혼들이 사는 행성들이 무수히 많습니다. 이런 비유를 들고 싶군요.

깊은 바다 아래에 인간처럼 영혼을 지닌 생명체가 문명을 이루고 살고 있었다. 그들에게는 물에서 살 수 있게끔 아가미가 있었고 물의 압력에 버틸 수 있게끔 형태는 물고기를 많이 닮아 있었다. 그들에게 물은 세상의 전부였고 물 밖의 세계는 상상도

할 수 없는 미지의 영역이었다. 그들은 생명의 필수조건으로 물을 꼽았고 물을 떠나서는 생명이 존재할 수 없다는 생각을 하였다. 바다는 그들의 우주였다. 불의 존재를 상상 못하였고 지구 바깥에 태양과 별이 존재함을 몰랐다. 이런 생각은 그들에게 진리였고 아무도 이것에 대하여 의문을 제기하지 않았다. 이런 개념은 고착화되어 그곳 생명체의 의식과 삶을 지배하였다. 그래서 누구도 물 밖을 나갈 생각을 하지 못하였고 바다의 삶을 운명적으로 받아들였다. 그 세계에서는 자신들이 처한 환경에 맞는다고 생각하는 것이 진리가 되고 상식이 되고 과학이 되었다.

위의 이야기는 작은 비유지만 실상 우리는 늘 우리가 처한 지구 환경에서 유추된 정보와 개념으로 우주를 보고 생명을 논한다는 것입니다. 그러나 지구만 해도 우리의 상식이나 생각을 뛰어넘는 생명체들이 많습니다. 예를 들면 생명이 살 수 없는 환경이라고 생각했던 고온(120도)에서 살아가는 박테리아가 있습니다. 심지어 물곰(water bear)이라는 생명체는 남극의 혹독한 추위나 300도에 달하는 열, 우주 방사능, 산소나 물이 전혀 없는 공간 등에서도 생존할 수 있다고 밝혀졌습니다. 그렇다면 드넓은 우주에는 상상을 초월한 얼마나 다양한 생명체가 존재할지 추측이 가능할 것입니다.

지구에서 생명체의 생존에 필요한 일정한 온도, 물, 산소 등이 다른 별에서는 오히려 생명에 방해물일 수도 있습니다. 우주에는 지구와는 전혀 다른 형태와 방식으로 살아가는 생명체가 존재하리란 추측은 가능합니다.

물질 우주에 대한 우리의 이해가 이 정도로 빈약한데 하물며 차원을 달리하는 세계에 대한 우리의 무지는 논할 필요가 없을 것입니다. 물질세계의 기준으로 판단한다면 상위의 계는 존재할 수 없습니다. 그러나 증명할 수 없다고 존재하지 않는 것은 아니고 다만 인류의식의 수준이 높아질 때까지 그 증명이 미루어지고 있을 뿐입니다. 지금 세상을 지배하는 과학을 포함하는 여러 개념 중에서 미래에는 진실이 아닌 것으로 판명이 되는 것이 많을 것입니다. 자신의 잣대로 세상을 재단하는 어리석음을 범하지 말아야 합니다.

사실 우리가 인식은 못하지만 우리는 세상이 설정한 틀에 길들여지고 있습니다. 도덕, 윤리, 종교교리, 인습, 개념, 과학지식 등의 파도가 끊임없이 우리에게 밀려와 우리를 특정한 인격체로 길들이고 있습니다. 과학자님도 예외가 아닙니다.

우리가 당연시하는 상식이나 규범, 과학지식 혹은 가르침을 엄밀하게 살펴보면 집단최면인 경우가 많습니다. 세상이 우리에게 제시한 가치체계를 우리는 검증 없이, 숙고 없이, 그냥 다수가 믿으니 믿어버립니다. 문제는 우리가 길들여지고 있다는 '사실을 모른다는 것입니다. 태어나면서 우리에게 주어지는 가족과 소속 집단의 가치, 소속 종교의 가치, 과학지식 등은 세뇌의 형태를 띠고 있습니다. 반복되어 주어지면 믿게 되는 것이 인간의 심리이고 이것은 세뇌입니다.

집단최면에서 벗어나려면 엄청난 노력이 필요합니다. 근본 무슬림들이나 근본 기독교인들이 경전에 매여 살아가는 것이나, 중세시대 사람들이 엄격한 신분 질서에 따라 불평등한 삶을 산 것은 모두가 틀에 길들여졌기 때문입니다. 그러나 사람들은 그 틀 속에서 벗어나기까지는 자신들이 정상적인 삶을 산다고 생각합니다.

이것은 우리가 꿈에서 깨어나기까지 꿈을 실재하는 것으로 믿는 것과 같습니다. 우리는 "나는 세뇌당하지 않아."라고 말하지만 지금도 종교교리, TV, 라디오, 인터넷 등에서 흘러나오는 정보에 의하여 길들여지고 있습니다.

과학자: 윤회는 무한히 주어지는가요?

예수: 우리는 다른 몸을 받아 인간으로 태어나는 것을 윤회로 생각합니다. 이것은 협의의 윤회이고 광의로는 행성 간의 윤회와 우주 공간 간의 윤회가 있습니다. 후자는 윤회란 단어보다는 이동이라는 단어가 적당할 수가 있습니다. 의식이 어느 수준에 이르면 다음 생에서는 진보된 영혼이 사는 다른 행성에서 태어나는 것을 행성 간의 윤회라고 합니다. 행성을 거대한 체(體)로 본다면 이것이 이해가 될 것입니다.

앞에서 얘기 했지만, 지구의 인구가 급증한 것은 수준이 낮은 행성의 영혼들이 지구 의식수준에 이르러 지구로 윤회했기 때문입니다. 만약 우리가 지구의 의식 수준을 넘어서면 다음 생에서는 의식 수준(진동수준)이 지구보다 한 단계 높은 행성에 태어납니다.

우주 공간 간의 이동(윤회)은 매우 생소한 개념일 수 있습니다. 우리 우주가 유일한 우주가 아니라 다른 여러 우주가 존재합니다. 그래서 영혼의 의식이 상승하면 영혼의 행성 간 이동이 있듯이, 우리가 사는 이 우주의 의식이 상승하여 바로 위에 있는 상위 우주 공간으로 이동하는 것을 우주 공간 이동이라고 합니다. 이런 움직임은 모든 우주에서 동시에 일어나는데 지금 우리가 차지하고 있는 우주공간은 우리보다 하위 우주 공간에서 올라온 의식들이 차지하게 됩니다.

비유를 들자면 영혼이 윤회하듯 모든 영혼의 총화인 우주의식도

윤회를 하는 것입니다. 우주 진화의 한 단면입니다. 그러므로 이 우주에서 우리에게 윤회가 무한히 주어지지는 않습니다. 때가 되면 상위 우주공간으로 이동이 있고 이때까지 원래의 신성 상태에 도달해 있지 않으면 상위의 우주공간으로 들어갈 의식수준(진동수준)이 되지 않아서 뒤에 버려집니다. 이 내용은 우주종말이니 최후심판 같은 주제와 관련이 됩니다. 여기서는 다루지 않겠습니다.

양심범 문제, 정의의 여신상

목사: 자신이 믿는 종교의 가르침이나 개인 신조에 따라 양심적 병역 거부를 하는 사람들이 있습니다. 어떤 교회 종파에서는 "서로 사랑하라!"라는 당신의 가르침을 따른다며 자신의 형제나 자매를 죽이는 전쟁에는 결단코 참여하지 않을 것이라고 합니다. 양심적 병역거부는 최근 한국에서 합법으로 인정이 되었습니다. 이번 판결에 대해서 인권위원회와 인권단체들이 "평화가 승리했다"는 팻말을 들고 적극 환영하는 모습을 TV에서 보았습니다. 총을 들지 않으면 평화가 온다는 지극히 나이브한 생각을 지닌 사람들을 보면 그들의 위선과 무지에 기가 막힙니다.

당신이 말하는 사랑이 이런 것은 아니라고 생각합니다. 누구나 법 앞에 평등하게 대우받아야 한다고 생각합니다. 누군가는 나라를 수호해야 하는데 자신은 무기를 들 수 없다고 하면 누군가가 대신 무기를 들고 피를 흘리며 싸워야 합니다. 그런데 자신은 무기를 들지 못하겠다니 이것은 참으로 이기적이고 배려심이 없는 무지한 생각이라고 봅니다.

예수: 나는 이런 이기적인 사랑을 말하지 않았습니다. 적이 쳐들어

오는데 무기를 들지 않고 평화를 외친다고 적들이 물러가겠습니까? 정의를 위하여 총을 드는 것은 평화를 위한 고귀한 행위입니다. 앞에서 여러 번 언급했지만 내가 말한 사랑에는 정의로움이 바탕에 있습니다.

가족, 이웃, 나라를 침략하는 적에게 연민이나 사랑의 마음을 지녀야 하는 것은 맞지만 동시에 정의를 위하여 무기를 들고 싸워야 하는 것도 사실입니다. 다만 정의를 행한다는 생각을 지녀야지 마음에 악의는 품지 마세요. 마음으로 악에 저항하지는 마세요.

이런 사람들의 무지와 잘못을 무조건 사랑으로 감싸주고 보듬어주자는 인권지상주의자들이나 온정주의자들이 있지요, 엄격함이 뒷받침되지 않는 사랑은 균형이 무너져서 부패하고 만다는 것을 알아야 합니다. 정의는 세상의 부패를 방지하는 소금 같은 존재입니다. 신은 자비(사랑)만으로 세상을 다스리지 않고 엄격함으로 균형을 잡아 세상을 정의롭게 합니다. 소수자의 인권을 위한다고 다수의 인권을 무시하거나 침해해도 안 되고, 이들로 인하여 국가의 안전과 국민의 이익이 위협받아도 안 됩니다. 세상은 정의롭게 운영되어야 합니다.

유대 신비가르침인 카발라에 이런 말이 있습니다. "신은 자비(Chesed)와 정의(Geburah)를 조율하여 심판(Meshephat)한다."

그래서 신의 심판은 자비와 정의, 사랑과 엄함의 균형 속에서 나옵니다. 이것은 물질세계에 반영되는데, 예를 들면 형벌도 그러하고 자녀 훈육도 통치행위도 그러합니다. 형벌의 경우에 정의가 우선되면 개선의 기회를 주지 않는 것이 되고, 자비가 우선되면 질서가 무너질 수 있습니다.

이것은 우주법칙 중 하나인 원인과 결과의 법칙(카르마)에도 적용됩니다. 그래서 개인이든 정치인이든 대통령이든 정의와 자비를 균형 있게 잘 조율하여 의사결정을 해야 합니다. 형벌이 엄한 이슬람 법, 자녀를 엄하게만 키우는 가정, 형벌이 약한 법체계, 사랑만 강조하는 가정, 포퓰리즘, 신자유주의, 공산주의 등은 모두 균형이 무너진 것입니다.

비교종교학자: 말씀을 들으니 미국 대법원 건물에 있는 저울을 들고 형량을 재는 눈을 가린 정의의 여신상이 생각납니다. 여신이 눈을 가린 이유는 판단에 사사로운 감정이 개입되는 것을 방지하기 위해서라 합니다.

예수: 이 정의의 여신은 바로 카발라의 생명나무 6번째 빛인 정의(심판)의 속성을 지닌 게부라입니다. 그러므로 여신상은 우주의 정의를 위하여 심판하는 신의 모습을 상징하는 것입니다. 신의 정의는 생명나무 5번째 빛인 신의 사랑으로 균형이 잡혀있습니다. 사랑은 반드시 정의와 합쳐져야 합니다. 그렇지 않다면 사랑은 균형을 잃고 부조화가 됩니다.

고대 어느 나라의 이야기입니다. 평화를 사랑하는 Atls란 나라가 사악한 Leria란 나라로부터 침략을 받았으나 힘들게 승리를 하였습니다. 그들은 사랑과 연민 때문에 전쟁을 일으킨 사악한 전쟁범죄자들을 처벌하지 않고 자신들의 나라에 살아가도록 기회를 주었습니다. 그랬더니 이들은 그 사악한 속성을 버리지 못하고 나중에 힘을 키워서는 Atla를 전복시키고 평화로웠던 그 나라를 철저히 파괴하고 폭력적으로 다스렸습니다.

애초에 전범자들을 엄벌에 처했으면 이런 일은 일어나지 않았을 것이나 사랑으로 그들을 감화시킬 수 있다는 일부 인사들이 착각으로 나라는 망하였고 수많은 사람들은 노예로 살게 된 것입니다.

금전 철학

사회자: 앞에서 인간의 물질 욕망에 대하여 언급하셨는데 경제적인 문제는 살아가는데 있어서 상당히 중요한 사안입니다. 성경에서 "부자가 천국에 들어가는 것보다는 낙타가 바늘귀로 빠져나가는 것이 더 쉬울 것이다(마태 19:21)."라고 하셨지요. 정말 부자는 천국에 들어가는 것이 어려울까요? 돈에 대한 예수님의 생각을 듣고 싶습니다.

예수: 이 말이 나온 배경을 살펴보면 부자인 젊은 사람이 나에게 영원한 생명을 얻는 방법을 구하자, 재산을 다 팔아 가난한 사람들에게 나누어주면 하늘나라에서 보화를 얻게 되니, 내가 시키는 대로 하고 나를 따라오라고 했지요. 재산에 집착되어 있던 젊은 부자는 나의 말을 따를 수가 없어 떠났습니다. 이것을 보고 내가 "부자가 천국에 들어가는 것보다는 낙타가 바늘귀로 빠져나가는 것이 더 쉬울 것이다."라는 말을 했습니다.

나는 가난을 옹호하고 부자를 비난한 것이 아니라 재산에 매여 있는 부자의 마음을 나무랐습니다. 만약 부자 젊은이가 재산에 매여 있지 않았다면 나는 재산을 팔아 가난한 사람에게 나누어주라는 말을 하지 않았을 것입니다.

재산이 있으면 사람들은 재산에 묶여버립니다. 심지어 수중에 없는 물건에도 묶여버리는 경우가 있습니다. 예를 들면 매우 비싼 골동품을 몰라보고 헐값에 팔아버리고 나중에 그 사실을 알고는 죽을 때까지 억울해하고 가슴 아파하는 사람이 그러한 예입니다.

모든 것이 끊임없이 변화하는 세상에 자신의 것이 어디 있겠습니까? 인간을 포함해 모든 것은 근원에서 나와서 인연이 다하면 근원으로 돌아갑니다. 그러므로 재산을 개인 소유물로 생각하는 것이 아니라 우주의 정의가 실현되는 통로로 생각하여야 합니다. 이런 마음이라면 백만장자도 천국에 들어갈 것이고 가난하면서도 남의 재산을 탐하고 그것에 매여 있다면 그 사람은 천국에 들어가지 못할 것입니다. 재산의 다과가 아니라 마음의 문제입니다.

세상에 현시되는 모든 것은, 그것이 재산이든 재능이든 진리이든, 우주를 풍요롭게 하기 위하여, 세상을 정의롭게 하기 위하여 존재합니다. 우리는 그것을 올바르게 사용하면 신의 의지가 흐르는 통로로 남게 되나 그렇지 못하면 그 통로는 차단되고 신은 새로운 통로를 찾습니다.

누군가가 선물을 줄 때 그 선물을 개인이 주는 것이 아니라 신이 주는 것으로 알고 받아들일 필요가 있습니다. 왜냐하면 우주의 모든 것은 신에게 속해서 개인이 소유할 수 있는 것은 없기 때문입니다. 개인은 신의 선물 혹은 뜻을 전하는 통로일 뿐입니다. 모든 것은 신에게 위탁받은 것이고 우리가 그것을 우주의 풍요로움과 정의로움을 위하여 사용하지 않으면 신은 다른 통로를 찾게 됩니다.

그래서 돈이든 지식이든 쌓아두는 것이 아니라 베풀어야 합니다. 댐이 아니라 흐르는 통로가 될 때 신은 우리를 통하여 계속 지혜나 보물 같은 선물을 내려보냅니다. 그러므로 우리에게 오는 것이 돈이든 명예든, 건강이든 진리든, 신의 선물로 생각하고 즐겁게 받아들이되 늘 세상을 위하여 사용할 준비가 되어있어야 합니다.

그래서 우리는 재산이나 직위 등을 우주 정의, 사회정의를 위하여 바르게 사용하여야 합니다. 주어진 재산이나 직위를 바르게 사용하지 못한 사람은 그 카르마를 부담합니다.

신은 사람이 가난 속에 살도록 바라는 것이 아니라 조화 속에 살도록 바랍니다. 성자가 반드시 낡은 옷을 입고 초라한 집에서 거친 음식을 먹으며 살 필요는 없습니다. 우주의 신성한 법칙과 조화롭게 살아간다면 우리가 필요로 하는 것을 얻을 수 있습니다. 우주 법칙에 따른다면 우리는 건강, 풍요, 행복에 필요한 모든 것을 가질 수 있습니다.

돈에 대한 바람직한 철학은 유대전통에서 찾을 수 있습니다. 그들은 시간을 공부를 위한 시간, 생계를 위한 시간 그리고 생리적 욕구(음식, 수면, 배설, 휴식 등)를 위한 시간으로 나눕니다. 생리적 욕구와 생계가 해결되면 남는 시간은 공부에 투자되어야 한다고 가르칩니다. 어느 정도 먹고 살만하면 내면의 영적 성장을 위한 공부(지혜)에 전념해야 합니다. 그러나 사람들은 먹고살 만해도 끊임없이 더 잘 살려는 욕망에 평생 영적 공부는 뒷전입니다.

유대인의 이런 생각에는 그들의 금전 철학이 자리 잡고 있습니다. 그들은 체다카("자선"으로 번역되기도 하나 정확한 뜻은 "정의롭게 하기"이다), 즉 사회 정의를 강조합니다. 유대인들은 세상과 이 사회를 정의롭게 하기 위하여 돈을 기부하고 남을 돕습니다. 그들은 체다카를 통하여 부에 대한 강박관념과 욕망의 불꽃을 잠재웁니다. 이런 금전철학이 있기에 그들은 욕망을 아껴 남는 시간을 영적 공부에 투자합니다.

구약성서 잠언(6:6)에 "게으른 자는 개미에게 가서 그 사는 모습을 보고 지혜를 깨쳐라."라는 구절이 나옵니다. 이것은 게으른 자에게 개미의 부지런함을 배우라는 훈계입니다. 그런데 이런 문자적 해석을 넘어서면 또 다른 교훈이 숨겨져 있습니다. 유대 현자들은 이것을 이런 식으로도 해석합니다. "일 년 식량을 위하여 필요한 것은 두 알의 밀알인데도 불구하고 개미는 재산을 모으기 위하여 평생 끊임없이 일한다." 즉 개미처럼 어리석게 살지 말라는 가르침입니다.

유대인의 철학을 통하여 우리는 돈을 왜 벌어야 하는지와 어떻게 돈을 사용해야 하는지 그리고 어떻게 시간을 사용해야 하는지에 대한 소중한 지혜를 얻을 수 있습니다. 그러므로 어느 정도 살만하면 욕망을 자제하고 남는 시간을 영적 성장에 투자해야 하며 부자는 사회정의 차원에서 돈을 사회에 돌려주는 일을 해야 합니다.

흔히 유대인들은 탐욕스럽고 욕심이 많은 것으로 묘사됩니다. 유대인들이 소유물을 쉽게 포기하지 않는 점은 있으나 소유물이 더는 자신의 소유물이 아님을 알 때 이를 포기할 줄도 압니다. 이것은 계속 소유함에 의하여 우주적 흐름에 방해가 되지 않기 위함입니다.

에세네파, 메시아

비교종교학자: 당신께서는 유대인이었지만 그들에게 모함당하여 십자가에서 돌아가셨습니다. 당신을 인정하지 않았고 지금도 인정하지 않고 있는 유대인들에게 당신이 호의적인 평가를 하는 것이 좀 놀랍습니다.

예수: 내가 그들을 미워할 이유가 없습니다. 그들의 문화유산 중에 카발라는 심오한 철학이고 가르침입니다. 그리고 유대사상은 인류문화사에 많은 영향을 미쳤습니다.

비교종교학자: 당신은 왜 유대인에게 환영받지 못하였나요?

예수: 유대인들은 암울한 로마 지배로부터 자신들을 구원해 줄 메시아를 기다리고 있었습니다. 메시아에 대한 유대교 교리는 다윗 왕이 기름부음을 받으면서 들었던 약속, 즉 그와 그의 자손들이 마지막 시대까지 이스라엘을 다스릴 것이며 이방 민족을 다스리게 될 것이라는 믿음에 그 기초를 두고 있었습니다. 왕국 멸망 후에는 이 믿음은 다윗 왕가의 통치가 기적적으로 회복되리라는 예언자적인 대망으로 변했습니다.

유대인들은 메시아가 정치적, 군사적 지도자이며 실제적인 국가를 세울 것으로 생각했습니다. 이런 점에서 나는 유대인의 기대에 부응할만한 것을 가지지 못하였습니다. 나는 민족주의자가 아니었고 에세네파의 평화적인 가르침을 따랐습니다. 더군다나 나는 구원을 위해서는 율법에 대한 순종이 아니라 회개와 사랑을 주장했기에 바리새인들이 나를 받아들일 수는 없었습니다. 나는 심판자이며 율법주의자 같은 하느님의 이미지를 위협하였고 사람들이 형식적인 율법에서 벗어나도록 가르쳤기에 정통 유대인의 분노를 샀습니다.

나는 율법만이 아니라 종교적 의례 즉 성전의 권위까지 문제 삼았습니다. 그래서 이것에 이해관계를 지닌 대제관, 레위인, 장사꾼, 예루살렘 주민 등 성전으로 먹고사는 사람들의 반감을 샀습니다. 자신들의 종교를 뒤흔드는 나의 설교가 이스라엘의 안전을 위협한다고 생각한 유대인들도 나에게서 돌아섰습니다.

비교종교학자: 당신께서는 에세네파 출신이었군요. 그래서 사두개인이나 바리새인에 대해 비판은 하시면서 에세네파에 대한 언급은 없었습니까?

예수: 에세네파는 비판받을 위치에 있지 않았습니다. 사회와 거리를 두고 공동체 생활을 영위했지요. 바리새인들은 사회의 주도적 위치에 있었고 율법에 매여 몹시 위선적이었습니다. 나는 안식일과 기도에 대한 그들의 위선적 태도를 많이 비난하였지요. 남들에게 신에 대한 자신의 열렬한 마음을 보여주려고 일부러 사람들이 많이 다니는 거리에서 소리 높여 기도하는 그들의 모습은 참으로 가관이었습니다.

당시 그들은 하루 세 번, 아침, 점심, 저녁에 긴 로브를 입고 사람들로 붐비는 길가에서 큰소리로 신에게 죄를 용서해달라고 기도하였습니다. 기도는 아무도 보지 않은 내부성소에 들어가서 하는 것인데 말입니다. 그들의 위선적인 모습은 오늘날 대형교회 목사들과 많이 닮았습니다.

비교종교학자: 12세에서 29세까지의 당신 행적은 알려지지 않고 있습니다. 그 기간에 티베트와 인도 순례를 했다는 이야기가 전해지고 있는데 맞는 말인가요?

예수: 나는 그 시대를 위한 준비된 영혼이었고 선택된 부모에게서 태어났습니다. 요셉은 나사렛의 에세네파 지도자였으며 마리아도 에세네파의 회원이었습니다. 육체 부모인 요셉과 마리아는 당시로는 대단히 영적인 사람이었습니다. 그들의 보호 아래 유년시절을 보냈으며, 12세 무렵에 이집트로 가서 나를 위하여 준비되어있던 고대

신비지혜를 배웠고 이어서 티베트로 가서 지혜 공부를 계속했습니다. 이것은 모두 나를 위하여 준비된 과정이었습니다. 여기서 최고의 지혜를 얻고 난 후에 인도에 가서 가르침을 펴다가 27세가 되던 해에 팔레스타인 지역으로 돌아왔습니다. 그리고 2년 후에 본격적으로 우주적 차원의 사역을 시작했습니다.

비교종교학자: 그러면 당신은 메시아였습니까?

예수: 앞에서 언급했지만 유대인이 생각하는 그런 메시아는 아니었습니다. 1세기에 이스라엘에서 메시아에 대한 통일된 견해 따위는 존재하지 않았습니다. 구약에 흩어져 있는 예언을 조사해보세요. 당신이 찾아낼 수 있는 것이라고는 메시아의 임무와 정체에 대한 혼란스럽고, 서로 모순되는 다양한 견해뿐일 것입니다. 최후의 날을 알리는 종말론적 예언자라는 견해도 있고, 속박당한 유대인을 구해줄 해방자라는 견해도 있고, 다윗의 왕국을 다시 일으킬 왕이라는 견해도 있습니다. 나를 메시아로 받아들인 사람들도 메시아가 실제로 어떤 인물인지에 대해서는 서로 다른 의견을 가지고 있었습니다.

나는 당시 유대인이 생각하던 그런 민족주의적 성향을 띤 힘이 있는 사람이 아니었습니다. 그리고 분명한 것은 유대인이 생각하는 그런 유대인만을 위한 메시아는 그들에게 절대 나타나지 않을 것입니다. 나는 1세기에 유대인의 메시아가 아니라, 세상 사람들이 무명에서 벗어나도록 영지지식을 가지고 이 세상에 온 아바타였습니다.

성서왜곡과 바울

목사: 잠깐만 학자님, 예수께서는 성령으로 태어나셨으므로 유대인

으로 보시면 안 됩니다.

비교종교학자: 성령으로 태어났다고 믿으시다니 놀랍습니다. 예수님을 위대하게 보이기 위한 복음서 작가의 창작이지 사실이 아니라 봅니다. 예수님, 그렇지 않습니까?

예수: 동정녀 탄생은 신심 깊었던 작가들의 창작입니다. 앞에서 나는 성령은 진리를 상징한다고 말했습니다. 나는 진리로 태어난 사람이므로 성령으로 태어났다고 말할 수도 있습니다. 성경구절에서 이런 상징을 읽을 수 있어야 합니다. 성경을 자구 하나 고칠 수 없는 하느님 말씀으로 생각하면 안 됩니다. 왜곡도 있었습니다.

승려: 성경 왜곡은 어느 정도였습니까?

비교종교학자: 제가 알고 있는 것을 말씀드려볼까 합니다. 기독교 초기 문서들은 소문자와 대문자를 구분하지 않았고, 단어와 단어 사이를 모두 붙여 쓰는 등 그 내용을 읽고 분석하기에 어려움이 있었습니다. 오기가 일어나서 다양한 이문(異文)이 생겨났고, 개인적 혹은 정치적 목적으로 원본에 없다가 후대에 삽입되거나 삭제된 구문이 생겨났습니다. 필사자들이 내용이 객관적인 사실과 다르다며 그 내용을 바꾸기도 했고, 때로는 그 교정이 객관적 사실에 근거하지 않고 필사자 개인의 해석으로 행해지곤 했습니다.

성서 무오설은 말도 되지 않는 주장이고 당연히 성서가 신의 말씀이라는 주장도 사실이 아닙니다. 제자들이 예수에 대한 신앙을 고백한 글이 복음서입니다.

그리고 성경이 여러 언어로 번역되는 과정에서도 왜곡이 일어납니다. 단어나 숙어 의미를 잘못 번역하여 일어나는 오역, 문장 분석 잘못으로 인한 오역, 글이 쓰인 시대적 공간적 상황에 대한 이해 부족과 책에 담긴 특이한 문화 코드를 알지 못하여 일어나는 오역, 저자의 의도를 잘 파악하지 못하여 일어나는 오역, 상징으로 된 단어나 문장 속에 숨겨진 의도를 파악하지 못하여 일어나는 오역이 있을 수 있습니다. 그래서 어떤 점에서는 구전으로 전해지는 방식이 문헌보다 나을 수도 있습니다.

지금은 누구나 성경을 볼 수 있지만, 종교개혁 전까지는 성직자가 아닌 일반인들은 성경을 볼 수가 없었습니다. 당시 로마교황청은 라틴어 성경만을 사용해서 무식한 일반인들은 성경을 줘도 읽을 수가 없었습니다. 더군다나 지금처럼 인쇄술이 발달하지 않아서 필사본에 의존하던 시기였고 필사본은 교회의 귀중한 보물로 여겨지던 시기였습니다. 그래서 일반인들은 성직자가 말하는 내용에 대하여 검증할 자료도 없어서 그들이 말하는 것을 그대로 수용할 수밖에 없었습니다.

영어성경은 14세기에 영국에서 존 위클리프에 의해서 번역됩니다. 그 당시 하나님의 말씀을 일반인이 이해할 수 있는 언어로 번역한다는 것은 교회에 대한 반역행위로 간주되었습니다. 우리에게 친숙한 흠정역인 킹 제임스 판은 1604년에 나옵니다.

성경에 대한 교회의 태도는 "일반 신도는 성경을 소유할 수 없고 읽을 수 없고 번역할 수도 없다"라는 교황 그레고리 9세(1227~1241)가 1229년에 내린 교서에서 여실히 엿볼 수가 있습니다. 이 말은 일반인은 성경을 읽는 것만으로도 종교재판에 회부되어 엄벌(화형)에 처해질 수 있다는 뜻입니다.

이처럼 종교 권력을 독점하려는 교황의 욕심은 수많은 사람을 이단과 마녀로 몰아 죽이게 되는 결과를 낳습니다. 교황의 권위가 절정기를 이루었던 시대의 교황 인노켄티우스 3세(1198~1216)는 종교재판소를 창설하였는데 이 종교 재판소는 이후 약 500년 동안 수백만 명에 달하는 사람들을 처형합니다. 15세기에 구텐베르크의 인쇄술 발명(1445년) 후에 비로소 성서는 교회의 전유물에서 벗어나게 됩니다.

사실 맹목적 믿음이 아닌 이성의 눈으로 바라보면 성경에는 여러 모순점이 눈에 띕니다. 중세시대의 성경 금지 이유에는 이런 두려움도 한 몫 하였을 것입니다. 교회의 이런 시각은 지금도 유효합니다. 아직도 성경을 이성적으로 판단하여 질문하지 말라고 합니다.

21세기에 아직도 종교 근본주의들이 세력을 떨치고 있는 것은 인류의 비극입니다. 이들은 시대적 상황과 대중의 의식수준에 맞추어 설해진 가르침을 금과옥조로 여기어 자구 한자도 고치지 못하고 철저하게 그 문자 의미에 매여 살아갑니다. 인간과 우주의 신비를 설하는데 수십 권의 책으로는 가능하지 않으며, 오래전의 한정된 개념이나 언어로 쓰인 교리로는 지금의 변화된 현상을 설명할 수도 없습니다.

근본주의자들은 시공간에 따라 변할 수밖에 없는 규범이나 규칙에 매여 정신적 노예로 살아갑니다. 근본주의적 태도는 종교만이 아니라 사상, 철학, 이념 등 모든 영역에서 문제가 됩니다.

예수: 참으로 그렇습니다. 그나마 나의 가르침을 바로 전하는 복음서가 영지주의 복음서인데 그중에서도 도마복음서, 진리복음서, 빌립복음서, 야고보 비밀의 서가 그렇습니다. 성경을 공부하면서 지상에 존재하는 다른 종교사상과 철학을 공부하지 않는 어리석은 기독

교인들이 많습니다. 이런 사람들이 근본주의자가 됩니다.

다른 종교의 사상이나 철학을 공부해야 의식의 폭을 넓힐 수 있고, 여러 가르침의 추종자를 만날 때 그들의 수준에서 그들의 언어로 대화가 가능하고 진리를 전할 수 있습니다. 그러므로 "나의 가르침 외에는 어떤 책이나 가르침도 공부하지 말라."라고 말하는 스승이 있다면 조심해야 합니다. 스승은 그대를 자유롭게 하지 그대를 속박하려고 하지 않습니다.

비교종교학자: 사람들은 역사적 예수보다는 성경 저자들의 신앙고백에 나오는 예수 그리스도를 예수로 인식하는 경향이 있습니다. 복음서에 전해지는 당신에 대한 기록은 믿을 만합니까?

예수: 복음서 저자마다 자신들이 속한 단체나 자신의 입장에서 나를 해석하였습니다. 그래서 무어라 말하기가 어렵습니다. 성경에 나오는 나의 행적은 나의 전체 삶에 비하여 아주 짧은 기록이지만 어느 정도 신뢰할 수는 있을 것입니다.

나는 갈릴리의 나사렛에서 성장하였고 12세 무렵에 이스라엘을 떠났다가 27살에 이스라엘로 돌아왔습니다. 이 기간은 복음서에 나오지 않습니다. 30살 즈음에 갈릴리와 유대 지역 등을 돌아다니면서 하느님 나라를 가르치다가 체포되어 십자가에서 처형된 기록은 역사적 사실입니다.

4복음서를 포함하여 너무도 적은 분량의 자료만으로 역사적 예수인 내가 누구이며 무엇을 전하려고 했는지를 정확히 알기가 어렵습니다. 이런 한정된 자료를 가지고, 바울과 교부들이 해석한 신격화된 예수가 아니라, 역사적 예수를 알려는 시도가 있었지만 모두

미흡합니다. 나를 메시아로, 유대 혁명가로, 선지자로, 혹은 깨달은 스승으로 생각하는 것은 나의 전체 중에서 아주 일부분을 보고 말하고 있는 것입니다. 나를 진실로 알려면 나의 알려지지 않은 12~29세의 행적과 내가 준비된 소수의 제자에게 전한 영지주의 가르침을 알아야 합니다.

비교종교학자: 알겠습니다. 그런데 앞에서 바울을 잠시 언급하시다가 그만두셨는데, 바울에 대하여 알고 싶습니다. 바울의 사상은 오늘날 기독교의 핵심을 이루고 있고, 이 사상은 인류에게 엄청나게 부정적인 문제를 야기하고 있습니다. 바울이 기독교 창시자라는 말에 동의하시는지요?

예수: 상당 부분 동의합니다. 그것은 의문의 여지가 없습니다.

비교종교학자: 바울은 다메섹에서 당신을 만나 계시를 받았다고 합니다. 당신은 다메섹에서 바울에게 계시를 준 적이 있습니까?

예수: 나는 생전에 바울을 만난 적이 없고 십자가에 못 박혀 죽은 후에 부활한 모습으로 사도들에게는 나타났지만, 바울에게는 나타난 적이 없습니다.

비교종교학자: 바울의 회심사건을 어떻게 받아들여야 합니까?

예수: 바울의 회심에 대해서는 바울의 종교적 체험(초자연적 현상)으로 받아들이는 사람들도 있고 바울의 신체 상태나 심리적 불안 상태에서 발생한 자연적인 사건으로 보는 사람도 있습니다.

그리스도인들을 박해하고 나의 부활을 철저히 부정했던 바울이었습니다. 그는 심한 박해에도 신앙심을 유지하는 그리스도인들에게 양심의 가책을 느꼈고 자신의 행동이 정말 정당한지에 대한 혼란도 있었습니다. 탄압에도 나에 대한 믿음이 깊은 제자들의 모습을 보면서 예수가 정말 부활했을 수도 있겠다는 생각을 하기도 했습니다.

바울은 십자가에 매달려 죽는 것이 당연하다고 생각했던 예수에 대하여, 그가 누구였으며 그의 사명은 무엇인지에 대하여 생각했습니다. 그리스도인들에게 뺏은 나의 어록이나 전승되던 기록을 접하면서 그는 생각이 많아졌습니다. 마음은 혼란스러웠고 다마스쿠스까지 7일간의 긴 여정으로 몸은 지쳐있었지요. 이런 상황에서 다마스쿠스 사건이 일어난 것입니다. 여러 날을 걸어서 몹시 지친 바울은 햇살이 가장 뜨거운 정오 무렵에 다마스쿠스 가까이 이릅니다. 몸도 마음도 지친 상황에서 그는 사막의 신기루를 보듯 잠재의식 속의 자기 생각이 반영된 환상을 보게 됩니다. 사람들은 이것을 정신착란이나 환상이라고 부를 수 있겠지만 바울에게는 진실로 다가왔을 것입니다.

바울의 이 사건을 예언자 체험으로 보는 신학자도 있습니다. 구약의 예언자들처럼 바울이 소명을 받았다는 것이지요. 예언자 체험이 무엇인지 안다면 이런 주장을 할 수는 없을 것입니다. 예언자는 상당한 기간 동안 예언에 필요한 명상기법을 배우면서 자신의 의식 수준을 높여나갑니다. 예언을 받기 위하여 몸과 마음을 정화하는 것이 필수적이었습니다. 바울처럼 아무런 준비가 없는 사람에게 갑자기 찾아오는 것이 예언이나 계시는 아닙니다.

예언이나 계시는 그것이 전해지는 채널에 따라 그 내용이 변합니다. 그래서 신의 계시는 의식 수준이 높은 사람을 통하여 전해지는 것이 원칙입니다. 바울은 신의 통로가 되기에는 많이 부족하였습니다. 그래서 바울의 체험은 앞에서 언급한 심리현상이나 자연현상으로 보아야 합니다.

비교종교학자: 그러면 바울이 당신을 오해하여 전혀 다른 메시지를 전한 것인가요?

예수: 그는 내 생각이 아니라 자기 생각을 전한 것입니다. 바울은 예루살렘의 사도들과는 다른 길을 걸었습니다.

비교종교학자: 당신의 가르침이 기독교에서 사라졌다는 말이군요?

예수: 그렇습니다. 복음서에 나오는 내 가르침만이라도 바르게 해석되었으면 합니다.

비교종교학자: 바울은 어떻게 자신만의 신학을 만들어 냈습니까?

예수: 바울은 십자가 사건을 자신만의 독특한 구속론으로 만들었습니다. 바울은 십자가 사건을 가지고 희생, 원죄, 심판, 부활 그리고 구원 같은 여러 가지 기발한 개념을 도출해내었습니다. 그런데 안타깝게도 바울의 구속론에 맞게 성경을 해석하는 것이 지금까지 기독교의 오랜 전통이며 관례라는 것입니다.

바울은 하느님이 인간의 죄를 용서해주려고 나를 제물로 내어주었다고 주장하였습니다. 이것은 하느님의 용서를 위해서는 속죄 제물이 필요하다는 지극히 원시적인 생각입니다. 이 논리는 하느님의 뜻과는 전혀 무관한 것으로 바울이 구약시대의 희생제사의 신앙 전통에서 가지고 온 구약사상입니다.

과거에 흠 없는 양을 잡아 제물을 바침으로써 하느님과 화목을 이룬 것처럼 나 예수가 십자가 제물이 되어서 인간의 모든 죄가 사해지고 하느님과 화목을 이룬다는 논리입니다. 이 구속론은 하느님의 뜻도 나의 뜻도 아니고 바로 바울의 생각입니다. 나는 나 자신을 속죄의 제물이라고 말한 적이 없습니다.

십자가 사건이 바울에게 중요했던 것은 전능한 하느님이 십자가에 제물로 바쳐진 나를 부활시켰다고 믿었기 때문입니다. 이 놀라운 사건이 바울의 생각을 온통 사로잡았습니다. 따라서 그는 십자가 사건과 부활 외에는 다른 것은 알 필요가 없다고 생각했습니다. 물론 사도들과 달리 육체적 예수를 몰랐던 바울의 열등감도 한몫했습니다. 그래서 그는 아무와도 의논하지 않고 숙고 끝에 구속론을 탄생시킨 것이지요.

바울은 죄 없는 내가 인간의 죄를 대신 치르기 위해 이 땅에 와서 십자가에 매달려 죽었다가 부활했으니 이제 자신과 추종자들은 구원을 받을 수 있다고 믿었습니다. 구원과 영생의 희망을 품게 된 것입니다. 그래서 나는 순식간에 신이 되었고 추종자들은 나를 맹목적으로 믿게 되었습니다.

비교종교학자: 잘 아시겠지만, 바울은 그리스도 당신을 통해서 하느님이 사람을 심판하시고 구원하신다고 했습니다. 그는 율법이 아닌 그리스도에 대한 믿음을 통해 하느님과의 관계가 회복된다고 했습니다. 그는 그리스도가 하느님과 더불어 존재했고 예수로 성육신했다고 하였습니다. 예수의 부활을 인류에 대한 하느님의 구원으로 인식했고 구원을 예수 그리스도 안에서 죄를 용서받는 것으로 이해했습니다.

그래서 기독교인은 예수가 자신들의 죄를 대신하여 십자가에 못 박혀 돌아가셨고 이 예수의 피의 대가로 자신들이 구원을 받게 되었다고 믿습니다. 그래서 예수만 믿으면 천국에 간다고 합니다. 이런 주장이 낳은 엄청난 폐해를 알고 계시나요?

예수: 내 가르침이 이렇게 왜곡되어 전해지리라고는 생각도 하지 못했습니다. 다시 말하지만 내가 인류의 죄를 대신하여 십자가에 못 박혀 죽었다가 부활하였으므로 이를 믿으면 구원된다는 대속론은 내 생각이 아니라 바울의 생각입니다. 이성이 있고 상식이 있는 사람이라면 맨 정신으로는 받아들일 수 없는 논리지요.

이런 교리 내용은 사람들이 자신이 지은 죄를 전부 나 예수에게 던져버리는 것과 크게 다르지 않습니다. 이것은 아주 뻔뻔스럽고 이기적인 태도입니다. 기독교인들은 기독교 교리에 대한 사람들의 이성적 사유를 신에 대한 불손이고 무례라고 생각합니다. 이런 황당한 기독교 교리가 수십억 사람들의 사고를 지배하고 있다는 것을 잘 알고 있습니다.

앞에서 말했지만, 교회에 이런 믿음의 교리만 있었던 것이 아니었습니다. 1~4세기경에 내 제자들이 설립한 비밀단체(영지주의)가 있었고 이들은 믿음이 아니라 지식과 지혜를 강조하였습니다. 그러나 콘스탄티누스 황제가 정치적 목적으로 가톨릭교회를 지원하면서 영지주의 가르침은 박해받아 역사에서 사라졌습니다. 당시 가톨릭교회가 필요하였던 것은 나 예수의 진짜 가르침이 아니라 대중 지배에 필요한 맹목적 믿음이었습니다.

믿기만 하면 하늘나라에 들어갈 수 있다는 생각은 자기최면이고 이러한 생각을 한다는 그 자체가 상당히 오만하고 천박한 것입니다. 그들은 신을 아주 얕잡아 보고 있습니다. 신은 그렇게 허술하게 세상을 다스리지 않습니다. 신이 부여한 이성을 사용하지 못하게 하는 것은 신의 가르침이 아니라 사탄의 가르침에 더 가깝습니다. 신은 법칙에 따라 우주를 다스립니다. 나는 대중에게 믿음이 아니라 회개와 지혜를 강조했습니다.

비교종교학자: 솔직히 당신 제자들은 당신에 대한 믿음을 구원의 수단으로 생각하지 않았습니까?

예수: 물론 완전하지 못한 사람들이어서 나에 대한 믿음과 나에 의지하려는 마음이 있었지요. 나는 그런 제자들을 나무라곤 했습니다. 다시 말하지만 나는 내가 아끼는 제자들에게는 비밀가르침인 영지가르침을 전했습니다. 영지를 통한 구원 즉 신과 합일 말입니다. 그것이 영지주의 복음서에 잘 드러나고 있습니다. 영지주의 복음서인 "야고보 비밀의 서"에 이런 말이 나옵니다.

> "진실로 너희에게 말하노니, 내가 명령한다 해도 어느 누구도 하늘의 왕국에 들어갈 수는 없느니라. 다만 너희들 자신이 충만하게 되어야 들어갈 수 있노라. 내가 야고보와 베드로 두 사람을 충만하게 할 터이니 두 사람은 따로 남으라."

여기서 나는 분명하게 나에 대한 믿음이 아니라, 제자들 스스로가 충만하게 되어야(내적으로 지혜롭게 되어서 들어갈 자격이 되어야) 하늘나라 즉 구원이 가능하다고 말합니다. 여기서 충만하게 되기 위해서 필요한 것이 바로 내가 전하는 비밀 지식인 영지입니다. 내가 지혜를 전해서 사람들이 영적으로 성장하도록 도와줄 수는 있어도, 아직 수준이 되지 않은 사람을 내 마음대로 하늘나라에 보낼 수는 없습니다. "야고보 비밀의 서"에 또 이런 말이 나옵니다.

> "대변자가 필요한 자들에게 화가 있도다! 은혜가 필요한 자들에

게 화가 있도다! 솔직하게 의견을 말하고 자신의 힘으로 은혜를 얻은 자들에게 복이 있도다."

여기서 나는 자신들의 노력이 아니라 대변자 즉 자신들을 대신해서 자신들을 하늘나라로 이끌어줄 사람을 필요로 하는 사람은 화가 있고, 노력 없이 신의 은총으로 구원받기를 바라는 사람은 화가 있을 거라고 말했습니다. 제자들은 나와 같은 대변자를 추종하려고 했고, 신으로부터 일방적인 은총을 기대하였습니다. 나는 분명하게 자신의 힘으로 구원을 얻은 자는 복이 있다고 말했습니다. 이것은 정통적인 기독교 구원관을 부정하는 내용으로 이것이 바로 내가 가르친 내용입니다.

기도와 지성소 그리고 송과선

과학자: 당신께서는 하나님을 법칙의 신으로 말씀하셨고 그리고 카르마 법칙 즉 원인과 결과의 법칙이 우리 운명을 결정한다고 하셨습니다. 일방적인 신의 은혜나 은덕을 이해할 수 없었던 과학도로서 공감이 가는 말씀입니다. 그러면 개인의 노력이 아닌 신에게 무언가를 간구하는 기도는 필요가 없다고 봐도 되겠습니까?

예수: 좋은 질문입니다. 목사님은 어떻게 기도하시나요?

목사: 감사 기도를 많이 드리고 힘든 일이 있을 때는 도와 달라고 기도합니다.

예수: 남이 보는 앞에서 기도하거나 통성기도도 하시는가요?

목사: 감정이 북받치면 저도 모르게 크게 소리 내어 기도하기도 합니다.

예수: 내가 어떻게 기도하라고 하였나요. 성경에 보면 바리새인처럼 보여주는 기도가 아니라 아무도 보지 않는 내부 성소에 들어가 기도하라고 했을 것입니다. 기억나시나요.

목사: 마태복음(6:5~6)에서 이렇게 말씀하셨습니다.

"기도할 때에도 위선자들처럼 하지 말라. 그들은 남에게 보이려고 회당이나 한길 모퉁이에 서서 기도하기를 좋아한다. 나는 분명히 말한다. 그들은 이미 받을 상을 다 받았다. 너는 기도할 때에 골방에 들어가 문을 닫고 보이지 않는 네 아버지께 기도하여라. 그러면 숨은 일도 보시는 아버지께서 다 들어 주실 것이다."

예수: 그랬지요. 당시 바리새인들은 율법에 매여 있었고 몹시 위선적이었습니다. 나는 안식일과 기도에 대한 그들의 위선적 태도를 많이 비난하였지요. 그리고 복음서에 나오는 골방은 올바른 번역이 아닙니다. 나는 내부 성소를 말했습니다. 물론 골방처럼 조용한 장소에서 신에게 기도하는 것도 좋겠지만 말입니다.

이것에는 비의적인 의미가 담겨있습니다. 육체에 신성한 영혼이 현시하는 장소가 머리의 송과선이며, 머릿속의 공동(空洞)인 제3뇌실(腦室)은 내부성소입니다. 예로부터 신비단체에서는 내부성소에 있는 송과선을 사람 속에 존재하는 신성한 제단인 지성소(the holy of holies)로 간주하였습니다. 인간의 몸은 사원이고 머릿속의 송과선은 사원의 제단이 놓여있는 지성소인 셈입니다. 이곳이 바로 우리 영혼이 신과 만나는 장소이고 기도가 응답되는 장소입니다.

참된 기도는 명상을 통하여 성소(聖所)인 송과선에 집중하여 침묵으로 들어가는 것입니다. 신과 동조 속에 기도는 응답됩니다. 참된 기도를 하기 위해서는 우리 마음에서 조화롭지 못한 생각을 제거하여 우리 의식 속에 완전한 평화와 조화만을 유지하여야 합니다. 이렇게 될 때 마음속에 침묵이 자리 잡습니다.

신은 우리가 어떤 문제를 지니고 있는지 알고 있으나 우리 의식이 신의식과 조화로운 상태에 있지 않아서 즉 동조가 되지 않아서 그 문제를 해결할 수 있는 영적 지침이나 힘을 내려 보낼 수가 없습니다. 그러므로 기도가 응답되도록 의식을 침묵 상태에 두어야 합니다. 내면의 평화는 침묵 속에서 나오기 때문입니다. 생각에서 벗어나 내면의 참된 자아에 머무는 사람에게 마음의 평화가 찾아오고 신의 축복이 주어집니다.

기도를 하면서 많은 사람이 범하는 실수가 하나 있는데 그것은 현재의 어려운 상황이나 상태를 마음에 담아 기도한다는 것입니다. 기도의 핵심은 신과의 동조이고 동조는 같은 상태가 유지되어야 가능합니다. 그래서 광명, 평화, 평온함으로 존재하는 하느님에게 도움을 요청할 때는 부정적인 상황 대신에 평화와 사랑, 빛, 완전성, 불사, 영원함, 아름다움 등을 생각해야 합니다. 자신을 신의 힘이 흐르는 통로로 생각하고 신에게 다가가야 합니다.

과학자: 지금 언급한 기도의 원리는 모든 것에 적용이 되는 건가요? 예를 들면 기도 내용이 치유나 물질현시 혹은 영적 성장이라도 적용이 가능한가요?

예수: 가능합니다. 앞에서 말했듯이 기도할 때 내부성소에서 하세요. 그리고 기도한 것이 이미 이루어진 것으로 생각하세요. 이 말은 마태복음에 이렇게 기록이 되어있습니다.

> 그러므로 내 말을 잘 들어 두어라. 너희가 기도하며 구하는 것이 무엇이든 그것을 이미 받았다고 믿기만 하면 그대로 다 될 것이다(마태 11:24).

이 두 가지가 기도의 핵심 조건이며 기도를 통하여 치유와 물질현시 그리고 영적 성장이 가능합니다. 기도에서 가장 중요한 것 중 하나가 바로 원하는 것이 이미 이루어진 것으로 심상하는 것입니다. 왜냐하면 영혼의 생각에는 창조능력이 있어서 마음이 그린 이미지를 그대로 실행하기 때문입니다.

비유를 들자면 생각은 설계도이므로 그 형태 그 모습대로 신의 창조력이 들어가서 창조를 하기 때문입니다. 그리고 당연히 창조가 일어나는 장소는 지성소인 송과선입니다. 이곳에 의식을 모아서 기도하고 그리고 그것이 이루어졌다고 생생하게 생각하고 나서, 기도 내용을 잊어버리는 것입니다.

예를 들면 아픈 팔 부위를 치유하고자 한다면 송과선에 의식을 모으고 원래 건강한 팔의 상태를 심상하고 더 나아가 아프지 않고 팔로 물건을 드는 건강한 모습을 심상하는 것입니다. 그리고 그것이 이루어졌다고 믿습니다. 그러면 신이 알아서 바르게 응답을 합니다.

이미 이루어졌다고 심상하는 이유는 마음속에 완성된 그림은 물질계로 현시되지만 마음속에 완료되지 못한 그림 즉 미래에 일어날 것으로 심상한다면 물질현시는 계속 미래로 미루어지기 때문입니다.

과학자: 정말로 간단하면서도 우리에게 꼭 필요한 가르침으로 보입니다. 그런데 이것만으로 가능할까요?

예수: 물론 가능하지만 신과 동조하기 위한 마음의 정화가 쉬운 일이 아니고, 생생한 이미지를 그리는 것도 훈련이 필요합니다. 기도 방법을 좀 더 자세히 정리하자면, 우선 마음에 이미지가 명확하게 그려질 수 있도록 그리고 집중이 이루어질 수 있도록, 심신이 이완 상태에 있어야 합니다.

그리고 (1)원하는 것을 선정하여 이것을 생생하게 심상합니다. (2)마음으로 원하는 것이 이루어졌음을 명확한 이미지로 심상합니다. 원하는 것과 자신을 일체화시킵니다. 자신을 원하는 것과 연관시키는 것이 매우 중요합니다. 이렇게 함으로써 원인과 결과의 채널이 작동하기 시작하고 원하는 것이 삶에 현시하기 시작합니다.

심상한 이미지를 지켜보는 것에 만족하지 말고 주인공이 되어 실제로 행동하는 것처럼 감정이입을 합니다. 원하는 것이 물건이면 그것으로 자신이 무엇을 하는 모습을 심상하고, 성취 같은 추상적인 것이라면 그것과 관련된 행동을 심상합니다. 예를 들면 승진이라면 승진 축하 인사를 받는 장면이나 기뻐하는 모습을 심상합니다.

(3)심상이 끝나면 심상한 것을 풀어주고 편안하게 이완하고 잊어버립니다. (4)물질계로 현시되는 방법은 신에게 맡깁니다. 그러면 신은 알아서 마음속에 창조된 것을 구체화시키기 시작합니다. 현시되는 통로를 구체적으로 심상한다면 통로가 열릴 때까지 오랜 세월이 걸리므로 결과만 생각합니다.

(5)원하는 것을 얻었으면 그것을 바르게 사용해야 합니다. 얻은 것이 재산이든 건강이든 직위든, 자신을 신의 통로로 생각하고 잘 사용해야지 소유하는 것이 목적이 되어서는 안 됩니다. 현시된 것은

모두 우주적인 목적을 위하여 사용되어야 합니다. 신이 위탁한 재산을 가장 효율적으로 사용해야 합니다. 우주차원에서 내 것이란 없습니다.

우리가 이런 법칙을 안다면 치유나 물질현시는 이루어집니다. 사실 가장 언급하고 싶은 말은 이 법칙을 통한 영적인 성장입니다. 우리가 신의 완전성, 무한성, 공성을 마음속에 유지한다면, 우리가 이런 속성에 동조되어 결국 우리도 신처럼 완전한 존재가 될 수 있습니다. 물론 이러한 생각을 유지하기 위한 전제조건으로 우선 마음의 정화, 침묵 상태 유지, 신과 동조가 있어야 합니다.

과학자: 감사합니다. 오늘날 기독교인들의 기도는 무엇이 문제인가요?

예수: 기독교인은 내면의 신성한 자아를 통하지 않고 외부에서 신과 교섭하려고 합니다. 신은 외부에서 하늘에서 찾을 수가 없습니다. 우리 내면의 자아는 신과 연결되는 통로이므로 내면으로 들어가지 않고는 기도는 응답이 되지 않습니다. 그래서 실패합니다.

과학자: 기도는 우리 영혼의 신성한 힘과 동조하는 것이고 이를 통하여 창조 힘을 불러낸다는 말씀이네요. 당신께서는 카르마법칙을 피할 수 없는 우주법칙으로 말씀하셨는데 이 기도 법칙은 카르마법칙과 어떻게 조율되는가요?

예수: 기도 법칙과 카르마는 긴밀하게 연결되어있습니다. 이것이 카르마를 넘어설 수는 없습니다. 공덕을 쌓지 않은 사람이 부자가 되기를 원하거나 공부를 하지 않아서 자격이 되지 않는 사람이 전문

직위를 얻고자 한다면 이것은 이루어지지 않을 것입니다. 은행에 저축된 금액이 없다면 현금을 인출할 수 없는 것과 마찬가지입니다.

자신이 쌓은 공덕이나 재능의 범위 내에서 이루어지는 것이 창조법칙입니다. 사실 쓸 줄 몰라서 자신의 재능이나 부를 썩히는 사람에 비하여, 법칙을 알아서 자신의 가진 능력이나 공덕을 최대한 유용하게 이용하는 사람은 그 순간순간 자신이 원하는 카르마를 만들고 있는 셈입니다. 이것이 지속되면 공덕이나 재능이 축적되어 결국 원하는 것을 다 이룰 수 있을 것입니다.

기도 작동 법칙처럼 우리가 법칙을 알고 이것을 바르게 쓰면 그것은 긍정적 카르마를 낳게 됩니다. 그래서 법칙은 우리를 카르마에서 자유롭게 합니다. 재능이나 공덕을 그릇되게 사용하는 경우 나중에 그 카르마를 받아야 합니다. 예를 들면 주어진 재산을 함부로 낭비하고 과시한다면 나중에 그 결과를 받습니다.

생각 한번으로 인생이 단숨에 바뀌는 일은 없겠지만 그것이 지속되고 그 강도가 커진다면 어느 순간 삶이 바뀌듯이, 모든 창조의 성패는 의지의 지속과 강도에 달려있습니다. 의지는 카르마에 영향을 받고 카르마는 우리 생각이나 행동의 결과물입니다. 그러므로 카르마, 의지, 생각 그리고 행동은 순환고리처럼 연결되어 있습니다.

무슨 일이든 자신이 그런 원인을 제공하였기에 일어납니다. 우리에게 다가오는 사건들은 우리가 극복해야 할 일이고 이것을 통하여 우리는 성장해 나갑니다. 긍정적인 마음으로 삶을 대면한다면 우리는 운명의 노예가 아니라 삶의 주인공으로 살아가게 됩니다.

출발은 같았지만 부정적인 사고의 소유자와 긍정적인 사고의 소유자의 미래는 너무도 벌어집니다. 작은 행동 하나하나가 쌓여 그것이 미래가 되고 운명이 됩니다. 이것이 바로 창조의 법칙입니다. 카르마는 운명이 아니라 우리를 성장시키는 사랑의 매입니다. 카르마를 대처하는 방법은 수만 가지이고 그에 따른 결과는 수만 가지입니다.

과학자: 송과선을 사람 속에 존재하는 신성한 제단인 지성소(the holy of holies)로 간주하였습니다. 이곳이 바로 우리 혼이 신과 만나는 장소이고 기도가 응답되는 장소라 하셨습니다. 지성소에 대하여 좀 더 설명해주세요.

예수: 구약에 이렇게 나옵니다.

> 지성소로 들어가기 전에 성소(the holy place)와 지성소를 가로막는 휘장(veil)이 있었다(출26:31-33). 지성소 안에는 궤(언약궤)가 있었으며 그 궤 속에는 십계명을 기록한 돌비가 들어있었다(출25:10-16, 37:1-5). 속죄소는 궤의 바로 위에 있었고 그 속죄소에는 순금으로 만들어진 두 그룹(케루빔) 천사가 서로 얼굴을 맞대고 속죄소를 바라보는 모습으로 서 있었다(출25:17-22, 37:6-9)

이처럼 구약에는 성소에 대한 설명이 자세히 나와 있는데 탈무드에 따르면 유대인에게 가장 강력하고 소중한 신의 이름, 테트라그라마톤(Tetragrammaton, YHVH, יהוה)을 발성할 수 있는 유일한 장소가 예루살렘의 성전 안이었습니다. 예언자 시대에 성전의 가장 안쪽의 방인 지성소에는 속죄일(Yom Kippur)에 대사제 외에는 아무도 들어갈 수가 없었습니다. 그만큼 유대인에게 성소는 소중하고 중요하였다는 의미입니다.

앞에서 언급했듯이 인간의 몸은 사원이고 머릿속의 공동인 제3

뇌실이 내부 성소입니다. 그리고 3뇌실에 있는 송과선은 지성소입니다. 송과선(지성소)을 가로막는 장막은 부조화와 어둠의 상징이고 우리는 의식의 힘으로 이 장막을 찢어내고 송과선으로 들어가야 합니다.

신의 확장인 영혼은 그 자체가 신의 임재(쉐키나)이고 현존이며 영광입니다. 우리 안에 신이 임재하고 있으나 우리는 그것을 모르고 영적 결핍 속에 살아가고 있습니다. 우리가 이 신의 빛을 다시 밝힐 때 우리는 그리스도 의식(신 의식)이 됩니다. 다시 말하지만, 이것이 비의 차원에서 보는 그리스도 재림이고 부활입니다.

우리는 통상적으로 신에게 "신이시여, 저에게 축복을 내리소서."라고 기도합니다. 이것은 우리 자신을 신의 피조물로 보는 인식 때문에 일어나는 일입니다. 신과 분리되었다는 우리들의 의식이 신을 숭배하게 만듭니다. 우리는 신의 일부이므로 사실 우리는 자신에게서 오는 기도의 응답을 기다리고 있는 셈입니다.

지혜로운 자는 "신이시여 제 삶을 축복해주소서" 대신에 "나는 삶의 주인이고 신의 축복된 삶 그 자체를 살아가는 신성한 존재입니다."라고 선언합니다. 자신만이 자기 자신을 구원할 수 있습니다. 우리를 통하여 표현되는 신의 힘으로 모든 것을 성취할 수 있다는 확고한 의식을 가지고 행동하는 것이 진짜 기도입니다.

매 순간 선택이 삶의 질을 결정

사회자: "나는 삶의 주인이고 신의 축복된 삶 그 자체를 살아가는 신성한 존재이다." "우리를 통하여 표현되는 신의 힘으로 모든 것을 성취할 수 있다는 확고한 의식을 가지고 행동하는 것이 진짜 기도이다." 이 마지막 문장이 강렬하게 마음에 와닿습니다. 그러나 앞에서 다루었지만 그릇된 개념에 사로잡혀 살아가는 사람들이 이런 생각을 선택하여 살아가는 것이 쉽지는 않을 것 같습니다.

예수: 빛을 선택할 것인가, 어둠을 선택할 것인가? 선택은 우리 삶의 모든 면에 영향을 주고 삶의 질을 결정합니다. 기도할 때의 마음 자세도 우리의 선택입니다.

그래서 우리가 생각을 선택하는 일은 매우 중요합니다. 우리는 어려움에 처하거나 몸이 좋지 않거나 상황이 좋지 않으면 습관적으로 두려움에 빠져 상황이 악화되는 부정적 방향으로 생각을 합니다. 사람들은 이것을 자연스러운 반응으로 여기고 무심히 지나갑니다. 이것도 선택입니다. 그것도 아주 강력하고 엄청나게 삶에 영향을 미치는 선택이고 의사결정입니다.

이런 순간에도 우리에게 선택은 많이 있습니다. 왜 비관적으로 생각하고 그런 생각을 선택하는가요? 긍정적인 생각을 선택하면 안 될까요? 선택이 운명을 결정한다는 것을 잘 알고 있으면서 왜 이런 부정적인 생각을 선택할까요?

주어진 상황에서 무슨 생각을 선택하든 그것은 순전히 우리의 의지입니다. 영혼이 마음을 통하여 의지하는 대로 이루어지는 것이 법칙입니다. 왜 이런 상황에서 빛을 선택하지 않는 건가요? 빛을 선택한다고 손해날 일은 없습니다. 이것은 오래된 사고습관의 문제입니다. 훈련을 통하여 그리고 지켜보기를 통하여 극복할 수 있습니다.

신의 일부분이고 신성이 내재하는 빛의 존재인 우리는 충분히 낙관적으로 긍정적으로 생각하여도 좋습니다. 빛은 선택을 기다립니다. 당신은 무엇을 선택할 것인가요? 빛인가요, 어둠인가요?

성 에너지

사회자: 빛이 우리의 선택을 기다린다는 말에 많은 희망이 생깁니다. 저는 지금 빛을 선택합니다. 감사합니다. 이제 좀 굉장히 민감한 주제인 성에 대해서 당신의 의견을 듣고 싶습니다. 여기에 성직자 두 분이 계셔서 질문드리기 민망합니다만, 성직자들의 성범죄도 일반인 못지않게 일어나고 있습니다. 성 때문에 중간에 성직을 그만두는 경우도 많이 봅니다. 깨닫기 위해서는 성욕을 넘어서야 합니까? 어떻게 넘어설 수 있습니까?

예수: 민감한 주제군요. 성욕은 독신으로 살아가는 분에게 문제가 더 되겠지요. 스님께서는 어떻게 생각하시나요?

승려: 본능적인 것이어서 통제가 쉽지만은 않습니다. 어느 책에서 본 내용인데, 어떤 사람이 스님이 되고 나서도 여성에게 끌려 고민하고 그러면서도 스님을 그만두고 싶지 않아서 갈등하는 상황이 나옵니다. 여자에게 끌려 사랑도 하고 싶으면서 불교 진리와 스님 신분을 놓치고 싶지 않는 마음을 보여줍니다.

흥미로운 것은 세속적 욕망(명예, 직위, 재산, 성 등)에서 명예, 재산, 직위에는 그다지 미련이 없어 쉽게 포기하는데 끝까지 그를 힘들게 한 것이 성이었습니다. 이것은 그 스님만의 문제가 아니라 모든 사람에게 적용되는 것이기도 합니다. 결국에 그는 욕망을 객관적으로 지켜보고 그것이 지나가게 함으로써 이것을 이겨냅니다. 저도 그러합니다.

달라이 라마와 함께 〈용서〉라는 책을 쓴 작가 빅터 챈이 그분에게 "당신도 성욕이 생깁니까?"라고 물었습니다. 그러자 달라이 라마는 웃으면서 "물론 내게도 성욕이 생길 때가 있습니다."라고 답했습니다. 빅터 챈이 "그럴 때 당신은 어떻게 합니까?"라고 다시 물었습니다. 그러자 달라이 라마는 아주 명료하게 말하였습니다. "그럴 때면 나는 소리칩니다. '나는 달라이 라마다! 나는 달라이 라마다! 나는 달라이 라마다!' 그러면 어느 틈엔가 성욕이 사라지고 맙니다." 정말 너무 솔직하시어 존경하지 않을 수 없는 분이십니다.

예수: 달라이 라마는 솔직한 분이시군요. 육체를 가지고 살아가는 인간에게 성욕은 거의 본능적 성질을 띱니다. 앞에서 이성에 끌리는 이유를 설명하였습니다. 고대 지혜 가르침에서는 성 에너지를 영적 에너지로 전환하는 수련법이 있습니다. 쉽지는 않지만 얼마든지 통제할 수 있고 영적 에너지로 전환시킬 수 있습니다. 성 에너지의 통제는 의지의 문제로 귀착됩니다. 성에 흔들리는 구도자나 성직자에게는 〈쾌락은 짧고 고통은 길다〉라는 구절이 답이 되지 않을까요?

물질을 입고 살아가야 하므로 성을 반드시 부정적으로 볼 필요는 없습니다. 사실 유대문화는 성행위를 신성한 것으로 봅니다. 유대교는 성행위에 관한 많은 규율과 금지조항이 있는데 이것은 성을 더럽거나 부끄러운 것으로 보기 때문이 아니라 남용되지 말아야 할 신성한 것으로 보기 때문입니다.

문제는 성의 남용으로 성이 순간의 쾌락을 위한 욕망의 배출구가 되어 가는 현실에서 인류가 성에 대한 바른 이해를 하고 있어야 한다는 생각입니다.

물질적 욕망은 늘 더 큰 자극을 요구합니다. 우리는 그것을 위해 좀 더 강한 수단이나 방법을 찾고, 그러다 보면 더욱 더 물질적 욕망에 구속됩니다. 성에서도 이것은 마찬가지입니다. 더 자극적인 성을 요구하고 그러다 보니 비정상적인 성이 난무하고 심지어 성을 너무도 크게 확대하여 마치 인간 존재의 의의가 성의 쾌락에 있는 것처럼 왜곡하는 실정입니다. 섹스는 사랑이 아니라 사랑의 여러 표현 방법의 하나일 뿐입니다. 남녀 간에 섹스 없는 사랑이 가능한 이유입니다.

"사랑이 있는 경우에만 섹스를 해야 하며 사랑이 없는 욕망의 배출구로서의 섹스는 피해야 한다."라는 가르침이 있습니다. 스트레스나 욕구불만의 해소책으로 성이 남용되는 현실에서 이것은 현대인에게 좋은 기준이 될 듯싶습니다. 호기심이나 무료함, 쾌락을 이유로 사랑 없는 일회용 성을 즐기는 사람들에게는 잔인한 기준일 것입니다.

승려: 독신 생활이 영적 성장을 위해서 바람직하다고 생각하시나요?

예수: 개인 카르마와 처한 상황이 검토되어야 하겠지요. 결국은 개

인의 문제라고 생각합니다. 결혼생활에서 배울 것이 많이 있는 것처럼 독신생활에서도 배울 것이 많이 있습니다. 전생의 경험을 통하여 결혼생활에 대한 교훈을 충분히 배운 사람은 독신생활이 더 나을 수 있습니다.

독신생활은 용기가 필요하고 자기절제와 외로움을 견딜 수 있어야 합니다. 그렇지 못하면 결혼생활을 하면서 수련하는 것보다 못할 수도 있지요. 종교 성직자에게 독신이 요구되는 이유 중 하나는 결혼하면 가족을 부양해야 하고 그러기 위해서는 많은 시간을 경제활동에 투자해야 하는데, 그럴 바에야 그 시간에 더 많은 사람에게 봉사할 수 있도록 하기 위함입니다. 수련이 어느 정도 진행되면 자신만의 명상 장소와 시간이 필요함은 사실입니다. 그러나 깨달음에 결혼 여부가 절대적인 조건은 아닙니다.

승려: 성욕에 어떻게 대처하여야 합니까?

예수: 성욕은 통제가 가능합니다. 영적으로 각성될수록 성은 존재하겠지만 성에 대한 관심은 줄어듭니다. 이것은 각성과 더불어 물질 욕망이 줄어드는 것과 마찬가지 이유입니다. 성의 끌림은 있겠지만 그것을 분리해 바라볼 수 있는 능력이 생기는 거지요.

성적인 충동은 주변 환경에 크게 영향을 받습니다. 다른 욕망과 마찬가지로 성욕은 마음을 흐리게 하고 이성보다는 충동에 휘둘리게 만듭니다. 성행위 없이도 행복할 수 있다는 것을 사람들은 망각하고 있습니다.

욕망을 지켜보는 수련을 하신다고 하셨는데 꾸준히 하시기 바랍니다. 성욕을 불러일으키는 대상은 모두 이미지이고 환영임을 직시하세요. 성욕에 반응하는 것은 일종의 습관입니다.

비교종교학자: 외람된 질문이지만 당신께서는 이성에 대한 성적 끌림이 없습니까?

예수: 나의 영혼은 남녀로 나뉜 적이 없는 빛의 존재입니다. 그러므로 나에게는 이성에 대한 성적 끌림이 존재할 수 없습니다. 모두가 하느님의 자녀로 보일 뿐입니다.

평화를 지키는 힘

비교종교학자: 많은 사람이 세계평화를 말하고 있지만, 세상의 평화는 요원해 보입니다. 특히 한반도는 아직도 휴전 상태입니다. 좀 지엽적인 질문인데, 한반도의 평화는 어떻게 지켜질 수 있습니까? 한국의 일부 진보단체에서는 평화만이 전쟁을 막는 방법이라고 주장하면서 군대나 무기를 혐오하고 평화를 위해서는 무기나 군사기지를 만들지 말아야 한다고 주장합니다.

예수: 앞에서 양심범 사례를 이야기하면서 언급했지만 이런 식의 주장은 조금만 생각해도 현실을 무시한 어리석은 주장임을 알 수 있습니다. 평화는 힘이 있어야 지켜집니다. 사람들은 사랑과 평화를 많이 말합니다. 참으로 듣기 좋고 아름다운 단어입니다. 그런데 남에게 자신이 박애주의자, 인권주의자, 평화주의자로 비치는 것을 아주 좋아하는 허영심으로 가득 찬 사람들이 주로 이런 말을 많이 합니다.

이들 중에 위선자가 많습니다. 전체를 보는 시각이 부족하여 사랑이나 평화를 남발하는 사람들도 많습니다. 심지어 자신이 믿는 신에게 잘 보이기 위하여 무조건적인 사랑을 내세우는 사람들도 있습니다. 신은 그런 사랑을 원하지 않습니다. 자신을 지킬 힘이 없이는 평화는 없습니다.

중국이 평화로운 티베트를 침략하여 많은 사찰을 파괴하고 수많은 사람을 살해했지만, 세계는 지켜만 보았습니다. 최근에 러시아가 우크라이나의 크림반도를 병합했지만, UN과 세계는 아무런 조처를 할 수 없었습니다. 국제사회는 힘이 법이기 때문입니다.

중국이 남중국해를 자신의 바다라고 터무니없는 주장을 하는 것도 힘이 있기 때문입니다. 미국이 없다면 남중국해는 중국의 바다가 되었을 것입니다. 미국이 없으면 한국은 중국으로부터 주권을 위협받을 것입니다. 힘이 없으면 당하는 것이 국제관계입니다. 평화는 스스로 힘을 키우고 나서 지킬 수 있는 것입니다.

이념 문제

인권활동가: 세상은 이념 갈등으로 혼란스럽습니다. 공산주의 이론에 의하면 역사는 계급투쟁이었다고 합니다. 역사는 가진 자와 못 가진 자와의 갈등의 기록인가요? 모두가 바라는 정의로운 사회, 풍족한 사회는 왜 이루어지지 않는가요? 자본주의의 병폐를 치유할 수 있다고 주장한 공산주의는 왜 실패하였는가요? 합리적이고 납득할만한 제도가 완비되면 세상은 바르게 돌아갈까요? 당신은 어떤 이데올로기를 지지하십니까?

예수: 계급이 없는 평등사회와 공동소유를 주장한 공산주의 이론은 겉보기에는 이상적으로 보일 수 있습니다. 20세기에 학식과 인품이 있는 적지 않은 인사가 공산주의에 빠진 것은 이해가 됩니다. 그런

데 공산주의의 문제는 무엇이었을까요?

　공산주의 이론은 인간의 정신 측면을 무시하고 물질적인 면에 초점을 맞추었기 때문에 실패할 수밖에 없는 사상이었습니다. 인간의 정신적 측면은 거대합니다. 사람들의 물질 욕망(권력욕, 명예욕, 소유욕 등)은 제도에 의하여 인위적으로 통제되기에는 너무 강력합니다.

　공산사회도 통치기구가 필요하고 구성원들은 직업을 가져야 합니다. 남을 지배하고 싶고 편한 직장과 남보다 잘살고 싶어 하는 인간의 속성상 계급은 필연적으로 생겨납니다. 결국, 상위계급은 권력을 유지하기 위하여 하층계급은 신분 상승을 위하여 분투하게 되고, 이것은 공산주의가 자본주의 병폐로 비난하는 계급투쟁과 다를 것이 없습니다. 공산주의 사회는 착취의 원흉으로 비난하는 부르주아가 없는 대신 그 역할을 공산당원이 대신 하는 것뿐입니다.

　공산주의는 인간 욕망을 단순화하는 우를 범하였습니다. 능력 있고 열심히 일하는 사람은 많이 벌고, 그렇지 못한 사람은 적게 버는 것이 인간의 근로의욕을 자극하여 사회 발전을 가져오는데, 열심히 일하나 적게 일하나 모두 동일하게 대우받으면 근로의욕은 사라질 수밖에 없습니다.

　더군다나 종교를 아편과 같다고 하여 금지한 것은 최악이었습니다. 특정 이념이 개인의 정신세계와 종교를 부정하고 간섭한다는 것은 중세 암흑시대에 버금가는 사상 탄압입니다. 물질 평등과 계급타파를 위하여 내세운 공산주의의 여러 수단은 인간의 정신세계를 황폐화하는 일이었습니다. 행복이 환경이나 외부조건이 아니라 마음 상태임을 망각한 처사였지요.

공리주의자 존 스튜어트 밀의 "배부른 돼지보다 가난한 소크라테스가 되겠다."라는 말처럼 인간은 행동의 자유와 사상의 자유가 없는 돼지보다는 가난하지만 자유로운 소크라테스를 원합니다.

사실 몰락한 소련이나 동유럽, 아직도 남아있는 쿠바나 북한을 보더라도 공산주의는 인민을 배부른 돼지로도 만들지 못하였습니다. 근로 의욕이 없는 사람에게서 생산성 향상을 기대하는 어리석음을 저질렀습니다. 반면에 서방 자본주의는 부와 자유를 제공하는데 어느 정도 성공하였고 수정자본주의하에 사회정의를 도입하여 경제약자를 어느 정도 보호하고 있습니다.

그럴듯한 이념에 의하여 제도를 운영하더라도 그것이 뜻대로 굴러갈 수 없는 것은 너무도 당연한 결과입니다. 공산국가에서 권력을 잡은 사람들은 하나 같이 독재로 집권을 연장하였고 그 과정에서 수많은 사람이 죽거나 숙청당하였습니다.

의식이 제도를 따라가지 못하면 그 제도는 왜곡되거나 사장(死藏)됩니다. 빈부 갈등이나 계급의 문제는 인류의 의식수준의 문제입니다. 이데올로기만으로는 해결될 수는 없습니다. 해결책은 인류 의식의 성장입니다. 영적 성장 없이는 아무리 훌륭한 제도도 소용이 없습니다.

이상향(理想鄕, 유토피아)은 사람들의 의식수준이 '너'와 '나'를 떠나 '우리'라는 의식으로 넘쳐나고 '남이 내게 해주기를 바라듯이 그렇게 내가 남에게 행하게 될 때' 가능합니다. 결국 마음의 정화와 의식의 성숙이 이상향 사회를 위한 필요조건입니다.

인권활동가: 자본주의의 병폐에 대해서는 언급하지 않으셔서 실망입니다.

예수: 앞에서 중요한 것은 이념이 아닌 의식 수준임을 말하였습니다. 자본주의가 인류에게 적합한 이념이란 말은 하지 않았습니다. 다만 현재 인간의 수준이나 욕망에 어울리는 이념이라는 것이지요. 인간의 수준이 올라가면 물질에 대한 집착은 많이 약화되고 사람들은 영적인 성취에 매진할 것입니다.

인권활동가: 국가가 모든 국민에게 기본소득을 보장해야 한다는 의견이 있습니다. 이것이 국민을 인간답게 살게 하지 않을까요?

예수: 나라마다 사회약자에 대한 재정지원이 있는 것으로 알고 있습니다. 모두가 신성한 영혼이므로 경제적 약자를 도와주는 것은 형제애의 발로로 좋은 모습입니다. 다만 그 부정적 측면도 살펴보아야 합니다.

사람마다 극복해야 할 카르마가 있고 그가 처한 상황은 자신이 극복해야 할 과제입니다. 일하지 않아도 생계가 보장되면 근로의욕이 저하되어 정체된 삶을 살 수가 있습니다. 그 사람에게 게으름을 피우게 하는 원인을 제공하는 것이 될 수 있습니다. 그래서 신중해야 합니다. 또한 이것은 열심히 일하는 사람의 근로의욕도 뺏어갑니다.

주변에 놀고먹는 사람들을 보면 열심히 일하고 싶은 마음이 생기지 않지요. 국가로부터 경제적 도움을 받는 것에 익숙해지면 점점 기대하는 것이 커지고 나중에는 경재파탄이 올 수 있습니다. 앞에서 말했지만 일할 수 있는 사람이 자발적으로 거지가 되어서 구걸하면 난 한 푼도 주지 않을 것입니다. 그것은 거지에게 해가 되는 일이기 때문입니다. 그러나 경제적 도움이 꼭 필요한 사람이 있습니다.

인권활동가: 거지의 예를 들으셨는데 느끼는 것이 정말 많습니다. 삶의 단편적인 면만이 아니라 다각적인 면을 봐야겠습니다. 그리고 무엇보다 지혜로워야겠다는 생각이 듭니다.

삼위일체, 성육신

사회자: 이번에는 주제를 예수님 본인에게 돌려보지요. 당신께서는 하느님을 아버지로 부르면서 본인을 하느님의 아들로 칭했습니다. 그리고 교회에서는 심지어 당신을 주님으로도 부릅니다. 지금까지 논해진 것을 보면 당신만이 아니라 모든 영혼은 신성한 존재이고 신의 일부분 아닌가요?

예수: 주님으로 불린 것은 정말 의외의 사건이었습니다. 부활 사건 이후 내 추종자들은 나의 존재에 대하여 경외감을 지니게 되었고 그러다 보니 나의 신성함이 강조되는 과정에서 나를 하느님의 독생자로 지칭하고 숭배하는 방향으로 나아가게 되었습니다. 사실 당시는 세상의 왕인 로마황제를 신의 아들이나 신으로 불렀고 이런 시대적 상황도 영향을 미쳤습니다.

그리고 하느님을 아버지로 부른 것은 나만이 하느님의 아들이란 의미가 아니었습니다. 모두가 신의 일부분이므로 그런 의미에서 내가 신의 아들이고 신성한 존재란 말을 했습니다. 그러니 나만이 유일한 하느님 아들은 아닙니다. 하느님의 아들은 모든 사람이 가질 수 있는 보편적 지위입니다. 모두가 하느님의 자녀입니다. 사실 이런 생각은 신에 대한 경외감이 컸던 그 당시에는 매우 혁신적이고 위험하기까지 했습니다.

나를 하느님의 유일한 아들로 만든 것은 후대에 나를 구원의 메시아로 본 예수 그리스도론 때문이었습니다. 고난 속에서 신의 구원을 갈망하던 사람들에게 나는 구세주여야 했고 전능한 주님이어야 했던 것입니다. 바울이 이런 새로운 종교운동의 선봉자였습니다. 추종자들은 내가 재림하여서 하느님 나라를 이루어줄 것과 부활에서 보여준 영생 능력으로 자신들을 천국으로 인도해 주기를 갈망했습니다. 지금도 이런 사람들이 많습니다.

사회자: 교회는 당신을 삼위일체 중 하나인 성자로 보고 하나님과 하나인 존재로 신성시합니다. 로마시대에 교부들 사이에 당신의 본성에 대한 논의가 있었고 그런 논의를 통하여 당신이 신이 되었다고 알고 있습니다.

예수: 이런 논쟁은 비교종교학자께서 설명해 주시지요.

비교종교학자: 이것은 성육신(成肉身) 논란인데, 하나님이 인간의 구원을 위해서 사람으로 나타나신 것을 가리킵니다. 하느님이 인간의 속성을 입고 하느님의 아들이요 삼위일체의 제 2격인 예수 그리스도의 모습으로 인간이 되었다는 내용이지요. 이 교리에 의하면 예수님은 하느님이면서 인간입니다. 신성과 인성이 따로 떨어져 단절된 채로 존재하는 것이 아니라 예수 안에서 결합하여 있습니다. 두 본성의 일치로 속성이 감소 또는 혼합된 것이 아니라 오히려 각자의 정체는 그대로 유지되었다고 주장합니다.

    성육신 신학의 발전은 예수의 신성과 인성의 관계에 관한 여러 가지 해석에 초대 교회가 대응하는 과정에서 이루어졌습니다. 니케아 공의회(AD325)는 예수 신성을 부정한 아리우스파(예수가 실제로는 신이 아니라 피조물이라고 주장했다. 신성은 유일한 것이어서 나누거나 전가할 수 없으며 신성은 불변하기 때문에 복음서에 나타난 성장하고 변화하는 성자는 하느님일 수 없다고 했다. 하느님과 예수 그리스도는 유사 본질이며 예수는 창조된 피조물이라고 했다. 동방교회가 지지함)와 예수의 신성을 주장한 아타나시우스파의 논쟁에서

아타나시우스파(아리우스파에 대항하여 예수는 완전한 하느님이시며 완전한 사람이라며 동일 본질을 주장하였다. 완전한 하느님이 인간의 모습으로 이 세상에 오신 분이 예수라고 주장했다. 만약 그렇지 않다면 어떻게 한 인간의 죽음이 모든 피조물의 죄를 갚을 수 있는가라고 주장했다. 서방교회가 지지함)의 손을 들어주면서, 예수는 피조물이 아니라 창조주라고 결정했습니다. 니케아 회의는 예수 신성과 삼위일체 논쟁이 주된 안건이었습니다.

니케아 공의회는 콘스탄티누스 황제가 니케아에서 로마 원로원을 소집하듯 공의회를 소집한 것이었습니다. 종교적 열의에서가 아니라 로마제국의 국론통일을 위해서 교회교리가 단일하게 될 필요가 있었습니다. 이 회의에 참가한 주교들은 자신들의 신학적 차이에 대하여 타협에 이를 때까지 자리를 뜰 수가 없었습니다. 특히 예수의 본성 문제와 예수와 하느님의 관계에 대한 문제를 해결해야 했습니다. 몇 달에 걸친 뜨거운 협상과 교섭 끝에 공의회는 황제 앞에 니케아신조라는 결과물을 내놓았습니다.

여기서 예수는 하느님의 아들이고 하느님과 본질적으로 같은 존재가 되었습니다. 예수는 창조되지 않았고 예수를 통하여 모든 사물이 존재하게 되었습니다. 그는 인간 구원을 위하여 이 세상에 내려와 성육신하시고 인간이 되었습니다.

예수 본성에 대한 교리는 칼케돈 공의회(AD451)에서 더욱 분명하게 정의되었습니다. 이 공의회에서 예수는 완전한 신임과 동시에 완전한 인간이며, 신성과 인성의 양 본성은 예수 그리스도의 인격

속에 그대로 보존되어 있다고 선언했습니다.

　이 선언으로 예수의 인성을 강조하는 네스토리우스파(인간 예수에게 하느님이 임하여 하느님의 아들 그리스도가 되었다며 예수의 신성과 인성을 구분하였음)는 이단으로 몰려 기존 교회에서 분리되었습니다. 그 후 칼케돈 공의회의 정의는 기독교의 정통교리가 되었습니다.

　이처럼 지금 믿고 있는 교회 교리는 성경에 기록되어 있는 예수의 말씀이라기보다는 여러 종파 간의 논쟁을 통하여 형성된 정치적 산물이라는 것입니다.

　사실 4세기 벌어진 이런 논쟁거리는 예수를 자신의 잣대로 평가하고 자신의 신학을 펼친 1세기 사람인 바울이 제공하였다고 할 수 있습니다.

　앞에서 예수님께서 언급하셨듯이, 바울에게 예수 그리스도는 하느님의 아들이며 또한 하느님은 예수의 인격을 통해서 세상에 구원자로 나타납니다. 즉 예수 그리스도가 주님으로 나옵니다. 공관복음서에 나오는 예수님은 자신을 인자로 칭했을 뿐입니다.

　니케아 공의회에서 예수의 신성과 삼위일체설이 부결되었다면 예수 신성과 삼위일체론은 존재하지 않을 것이고, 예수는 인간으로 조명되었을 것입니다. 다수결에 의해 예수는 신이 된 것이지요.

예수: 학자님의 자세한 설명에 감사드립니다. 지금 말씀처럼 저렇게 나는 신이 되었습니다. 그런데 정말 중요한 것은 교회가 발전시킨 신성론이 진리인지 아닌지 여부일 것입니다.

　인간의 본질에 대하여 동양사상이나 영지주의 그리고 카발라는 인간을 신의 피조물이 아니라 신으로부터 발출 혹은 확장된 것으로 봅니다. 나의 비밀 가르침인 영지주의에서는 인간의 영혼과 하느님의 신성은 동일하고, 육체 속에 갇힌 영혼이 다른 육체로 다시 태어난다는 것을 가르쳤습니다.

신의 나라로 돌아가는 방법으로 내세운 것이 영지 즉 지식이었습니다. 맹목적인 믿음이 아닌 해석, 이해, 탐구, 자아인식, 지배력 획득이 구원을 위한 처방이었습니다. 믿음에 대한 어떤 권고도 없었습니다. 구원은 근원에서 나온 인간 영혼이 원래의 자리로 돌아가는 것이 됩니다. 그래서 영지주의에서는 자연스럽게 신성회복을 위한 명상법이 존재하였습니다. 그러나 영지주의의 몰락으로 기독교에서는 명상전통이 사라졌습니다.

인간 모두는 신성한 존재이므로 내가 하느님의 아들이듯 모든 사람이 하느님의 아들입니다. 그러므로 나의 신성을 둘러싸고 일어난 치열했던 교회 논쟁은 참으로 무의미하고 우매한 논쟁거리일 수 있습니다.

누구에게나 신성은 있으나 그것이 잠자고 있습니다. 나나 붓다는 신성이 찬란하게 드러난 영혼이었습니다. 나는 신과 연결되어서 신의 말씀 즉 진리를 전하는 존재였습니다.

승려: 아직도 붓다는 인간이고 당신은 신의 아들이라며 두 사람을 비교하는 것을 몹시 불쾌하게 생각하는 기독교인들이 많습니다.

예수: 참으로 한심한 일입니다. 그들은 교회가 주입한 개념에 매여 살아가고 있습니다. 그들이 자신들의 틀을 깨고 더 넓은 세상을 보았으면 합니다.

승려: 교회 목사나 신부들이 당신의 말을 들으면 가장 먼저 비판할

것 같습니다. "저 사람은 예수가 아니라 사탄이다"라고 분개할 것이 분명합니다. 사람들의 무지로 인하여 지혜의 빛이 가려져 있어서, 사람들은 본능에 충실하게 살아가고 있습니다. 통제되지 못하는 물질 욕망 때문에 세상은 혼란스럽고 미래는 희망이 보이지 않습니다. 이 세상은 어떻게 될까요?

예수: 인류가 지금 어떻게 하느냐에 따라 인류 앞날이 결정될 것입니다. 예외 없이 우주법칙인 원인과 결과의 법칙이 작동될 것입니다.

비교종교학자: 사상적 배경이 무엇이든 우주의 신비와 내면을 깊게 탐구한 사람들이 공동적으로 깨닫게 되는 것이 있습니다. 예수님 말씀을 들으니 정확히 일치하고 있습니다.

첫째, 이 세상은 우연히 존재하는 것이 아니라 정교하게 짜인 우주법칙에 따라 운영되고 있다는 자각.

둘째, 눈에 보이지는 않지만 위대한 존재들이 인류를 영적 성장의 길로 안내하기 위하여 엄청난 헌신을 하고 있다는 자각.

셋째, 기독교나 이슬람 같은 그런 인격신이 아닌 모든 것을 넘어선 근원적 존재에 대한 자각.

넷째, 창조자와 인간의 관계 설정에 있어서 인간을 근원자의 일부분으로 보는 자각

다섯째, 윤회와 카르마(인과의 법칙)에 대한 자각.

여섯째, 인간의 신성한 속성에 대한 자각입니다.

이런 견해는 기독교 신비주의, 이슬람 신비주의, 카발라, 헤르메스 가르침, 동서양 신비주의 사상에서 쉽게 찾아볼 수 있습니다.

건강과 호흡

직장인: 직장생활에서 몸과 마음이 많이 시달립니다. 요즘 무엇보다 건강이 중요하다는 생각을 많이 합니다. 직장 동료가 많이 아파서 회사를 쉬게 되니 그 가족이 바로 생활고와 정신적 피로감으로 무너지는 것을 보았습니다. 건강을 유지할 수 있는 방법을 알려주십시오. 영성 추구도 건강하여야 하지 않겠습니까?

예수: 마음의 병에 대한 대응 방법은 앞에서 다루었다고 생각합니다. 육체의 질병도 대부분이 마음에서 시작됩니다. 어떻게 육체를 건강하게 유지할 수 있는지는 모두의 관심사일 것입니다. 생각의 힘에 대해서 말하면서 강조했지만 늘 긍정적인 생각을 유지하세요.

건강과 관련하여 내가 강조하고 싶은 것은 호흡입니다. 평소 호흡을 의식하며 살아가는 사람은 드물지요. 의식하든 안 하든 살아가는데 지장이 없기 때문입니다. 그런데 호흡은 건강과 영적 발전에 굉장히 중요한 기능을 합니다.

마음챙김에서 호흡 지켜보기는 가장 기본적인 기법이고 요가에서 들숨, 날숨, 멈춤 호흡이 강조되고 특히 쿤달리니 요가에서 호흡의 통제는 아주 중요합니다.

호흡할 때 코의 공기 흐름을 주시해보세요. 어느 한쪽 콧구멍이 더 많이 열린 호흡을 합니다. 호흡은 50~60분마다 교대로 바뀝니다. 평소에는 어느 한쪽 코가 더 많이 열려있을 것입니다. 교대하는 과정에 10분 정도 양코 호흡을 할 수 있습니다. 그러나 준비된 사람은 원하면 마음대로 왼 코, 오른 코, 양코 호흡을 할 수 있습니다.

왼 코 호흡은 심신을 이완할 때, 오른 코 호흡은 무엇에 집중할 때 좋습니다. 또한 무언가를 뇌에 각인시키려면 숨을 들이쉬면서 기억하면 됩니다. 그리고 숨을 멈춘 상태에서는 좀 더 쉽게 집중을 할 수 있습니다. 양코 호흡이 되면 왼 코의 이다와 오른 코의 핑가라 신비 센터를 통하여 프라나 에너지가 척추 아래 미저골로 내려가 쿤달리니 에너지를 깨웁니다.

호흡만 잘해도 평생 건강이 보장됩니다. 여기서 좋은 호흡은 길고 느린 호흡을 말합니다. 이런 호흡은 핏줄에 충분한 산소를 공급하여 몸을 건강하게 하고, 프라나 에너지를 충분히 몸에 축적해서 몸을 활성화합니다. 호흡을 통하여 산소만 들어오는 것이 아니라 프라나 에너지가 함께 들어옵니다. 아침에 일어나 심호흡을 여러 번 하면 그 하루는 생기가 넘치게 됩니다. 어떤 상황에서든 호흡의 흐름을 자각하면 그 상황에서 좀 더 초연할 수 있습니다

바른 호흡은 심신의 이완에 도움이 될 뿐 아니라 호르몬 분비에 결정적인 역할을 합니다. 상당수 질병이 호르몬 분비 이상 때문입니다. 호르몬이 적절하게 분비되면 그런 질병은 사라집니다. 이것은 호르몬의 생성에 사용되는 프라나 에너지가 충분하게 들어오지 않아 생깁니다. 이것은 호흡이 얕아서 일어나는 일입니다.

바른 호흡을 하려면 의식이 깨어있어야 하고 그렇게 되면 심신 이완, 육체 건강 그리고 자신을 지켜보는 수련이 동시에 됩니다. 사실 호흡은 명상의 시작이고 끝이기도 합니다. 호흡이 깊어지면 감정에 흔들림이 없어집니다. 이렇게 되면 명상은 깊어지고 우리는 내면으로 몰입해 들어가서 깊은 고요 속에 머물게 됩니다.

몸, 마음, 영혼의 균형

과학자: 마음과 영혼이 육체에 어떻게 작동합니까? 그 메커니즘을 알고 싶습니다.

예수: 인간을 세 영역(영혼, 마음, 육체)으로 나눌 수 있습니다. 우리는 이 3계 영역에 걸쳐서 살고 있습니다. 3개의 면이 서로 연결되어 작동되는 것입니다. 육체는 마음의 도구이고 마음은 영혼의 통로입니다. 이 3계가 균형 있게 작동해야 합니다. 인간을 물질적 존재로 보고 마음과 영혼을 무시한다면 부분적인 삶을 살아가는 것이 되고 균형이 무너진 삶이 됩니다. 이 3자의 긴밀한 관계를 이해하고 완벽한 협력이 있을 때 건강한 삶, 균형이 잡힌 삶, 각성의 삶이 펼쳐집니다.

물질적인 욕망에 사로잡혀 살아가는 것은 균형이 무너진 삶이며 마찬가지로 물질적인 면을 무시하고 아예 영적인 면에만 치중한다면 이것 또한 균형이 무너진 삶입니다. 대표적인 예가 극단적으로 육체를 혹사하는 인도 고행자들입니다. 이들은 균형이 무너진 삶을 살고 있습니다.

게을러서는 안 됩니다. 우리는 물질적인 게으름만 생각하는데 게으름에는 영적인 게으름도 있습니다. 영적인 게으름은 영적 성장에 가장 큰 장애물입니다. 물질적으로 근면하게 살아가나 자신의 영적 성장에는 무심한 사람들이 많습니다. 이런 사람들이 물질적으로 성공할지는 모르나 영적인 면은 황폐하게 버려져 있는 셈입니다. 다시 말하지만, 우리에게는 3개 영역의 균형이 필요합니다.

치유와 생각의 힘, 위약효과

비교종교학자: 당신께서는 많은 사람을 치유하고 심지어 죽은 자도 살려냈지만 고향인 나사렛에서는 아무런 이적도 행하지 않으셨고 고향 사람들에게 배척받으셨지요. 그때 당신께서는 "어떤 예언자도 자기 고향에서는 환영을 받지 못한다."라고 하셨습니다. 왜 그랬습니까?

예수: 나사렛 사람들은 나의 가르침에 감탄은 하면서도 내가 요셉의 아들인 것을 알고 그다지 존경심을 보이지는 않았습니다. 그들은 내가 다른 곳에서 보인 이적이 정말인지 그것을 보고 싶어 했습니다. 그들에게 나는 어린 시절부터 보아온 평범한 동네사람일 뿐이었습니다.

그래서 어떤 예언자도 자기 고향에서는 환영을 받지 못한다는 말을 하고는 예언자 엘리야와 엘리사에게도 그런 일이 있었음을 말했습니다. 치유나 이적에는 상대방의 동조와 긍정적인 심리가 중요한데 고향 사람들은 치유사 즉 나에 대한 선입감을 가지고 있어서 치유가 어렵습니다.

심리학자: 당신께서는 인간 심리에 밝으신데 치유를 위한 심리 조건은 무엇이 있겠습니까?

예수: 첫째는 환자의 치유사에 대한 믿음과 치유에 대한 믿음입니다. 이 말은 치유사가 환자에게 믿음을 주어야 한다는 의미입니다. 천하의 명의도 환자의 신뢰를 얻지 못하면 치유할 수 없습니다. 그러므로 신뢰를 얻기 위한 여러 가지 기법을 습득해야 합니다. 의술

만이 아니라 환자 심리를 꿰뚫어 보는 지식과 지혜를 지니고 있어야 합니다. 또한 치유에 필수적인 것이 환자의 심신 이완입니다. 환자의 심리가 안정되면 환자는 치유에 수용적인 상태가 되기 때문입니다.

둘째로 치유사는 환자의 병을 고칠 수 있다는 믿음과 자신이 있어야 합니다. 치유에 자신이 없으면 나서지 말아야 합니다. 치유사는 병의 원인과 치유가 일어나는 작동 원리에 대한 이해가 있어야 합니다. 인간이 육체만이 아니라 마음과 영혼으로 이루어진 존재라는 것을 알아야 하고, 치유는 이 세 가지 영역에서 이루어져야 함을 자각해야 합니다.

셋째로 두 사람의 카르마가 작동해야 합니다. 의사와 환자 사이의 업을 잘 이해하지 못하는 사람도 있을 수 있는데 사실 이것은 치유의 핵심 요소입니다. 질병과 치유는 카르마의 청산 과정이기 때문입니다. 그러므로 아직 해결할 특정한 카르마가 남아있다면 그것이 청산될 때까지 치유가 되지 않을 수도 있습니다. 그래서 치유도 인연이 되어야 합니다.

심리학자: 의사에 대한 믿음을 치유의 핵심으로 언급하셨는데 이것은 〈플라시보 효과〉가 증명하고 있습니다. 위약효과(약효가 없는 물질을 진짜 약이라고 속여 환자에게 복용시켰을 때 환자의 병세가 나아지는 현상)는 과학적으로 많은 실험 사례를 통하여 증명이 되고 있습니다.

위약효과는 단지 심리적 반응이 아니라 실제 뇌에서 위약에 상응하는 반응이 일어남을 연구실험은 보여줍니다. 미국 미시간 대학 의과대학의 욘-카르 주비에타 박사는 의학전문지 "신경과학저널

(Journal of Neuroscience)"에서 가짜 진통제를 진짜라고 속여 먹였을 때 뇌에서 자연 진통물질인 엔도르핀이 분비된다는 사실을 발표했습니다.

어느 연구 사례에 보면 약만이 아니라 운동을 상상한 것만으로 운동 효력이 있었습니다. 12주 동안 39명이 참가한 실험에서 실제로 새끼손가락을 운동한 그룹의 새끼손가락 힘은 53% 강화되었고 상상만으로 운동한 그룹의 새끼손가락 힘은 35% 강화되었습니다.

유사한 실험에서 19명의 지원자에게 일주일 동안 이두박근을 수축시키는 상상을 하게 했더니 상상만으로 근육이 13% 강화되었습니다. 생각에 몸이 반응한 것입니다.

침술의 진통효과를 위약효과와 관련하여 연구한 사례도 있습니다. 메디컬 투데이(2009년 1월 29일)에, 두통이나 편두통 증상을 개선하는 침술의 효과는 신체 특정 부위에 정확히 침을 놓음에 따라 영향을 받는 것이 아니라, 침 맞는 그 자체의 효과와 침의 효과에 대한 믿음에 기인한 플라시보 때문이라는 주장이 기사화되었습니다. 이런 위약효과는 효과에 대한 믿음, 다른 말로 자기암시와 긍정적 사고의 결과로 많이 설명됩니다.

뇌 과학은 위약효과를 신경가소성으로 설명합니다. 기억은 반복할수록 더욱 강력해지고 쓰지 않으면 약해집니다. 이것은 신경세포를 연결하는 시냅스 가소성 때문입니다. 뇌는 살아있는 동안 끊임없이 신경회로를 재구성합니다. 뇌는 약 1,000억 개의 뉴런이라고 불리는 미세한 신경세포로 구성되어 있습니다. 각각의 뉴런에는 1,000개에서 10,000개의 시냅스를 가지고 있으며 다른 뉴런과 연결되어 있습니다.

신경세포의 부분 중 자극을 세포 밖으로 전도시키는 돌기인 축삭의 끝부분과 신경전달물질이 오가는 뉴런 사이의 틈을 시냅스라고 합니다. 시냅스는 신경세포 간에 정보 전달이 일어나는 아주 미세한 장소로, 뇌의 복잡한 신경회로망을 형성하는 기본구조입니다.

학습과 기억 형성 과정에서 뇌에는 신경회로망이 만들어지고 변화하는데, 이 과정에서 시냅스는 없어지거나 새로 생기기도 하며, 시냅스를 통한 신경세포 간에 신호전달 효율이 높아지거나 낮아지기도 합니다. 이러한 특징을 시냅스 가소성이라고 합니다. 모든 뉴런망은 어떤 생각, 기억, 기술, 혹은 정보 같은 것이라고 할 수 있습니다.

학습이나 경험을 하면 뇌의 뉴런은 일정한 패턴을 가진 회로를 이루면서 뇌신경 조직에 새겨지는데 이것이 잠재의식의 기억입니다. 뇌신경 조직 속에 저장된 기억은 경험을 떠올릴 때마다 다시 활성화되고 재생됩니다. 과거의 모든 것이 뇌 속에 기억의 패턴으로 남아 있다가 외부 자극을 받아 떠오르거나 생각만으로도 재생됩니다.

그러므로 우리가 어떤 물질을 계속 복용하면 뇌는 같은 신경 회로를 활성화하게 되고 뇌는 그것에 익숙해집니다. 그래서 우리는 특정한 약이나 주사의 효과에 쉽게 조건화될 수 있습니다. 이런 조건화 때문에 우리가 믿음을 가지고 위약을 복용할 때도 진짜 약을 복용했을 때와 똑같은 신경 회로가 활성화된다고 합니다. 그렇게 되면 자동적으로 기억은 몸속의 호르몬 변화를 야기하는 프로그램을 작동시키고 위약 효과가 일어나게 되는 것입니다.

신경가소성을 이해하면 위약효과만이 아니라 많은 것을 바꿀 수 있습니다. 신경가소성 때문에 우리가 다른 방식으로 생각할 때마다 뇌 속의 회로들은 이것에 맞추어 스스로 재조직됩니다. 그래서 계속해서 강력하고 긍정적인 감정으로 새로운 생각들을 하게 되면 즉 머릿속에 이미지들을 그려간다면 마음과 몸은 그것에 따라 변하게 됩니다. 새롭고 다른 방식으로 생각할 때마다 뇌는 다른 순서, 패턴, 조합으로 발화하고 그것에 따라 우리의 사고도 변합니다. 이 말은 우리의 정체성도 바뀐다는 의미입니다.

뇌의 회로에 따라 생각대로 느끼고 느낀 대로 생각하는 사이클이 반복되면 마음과 몸은 조건화되고, 이것이 습관이 되어서 우리는 거의 무의식적으로 행동하게 됩니다. 뇌 회로 속에 일정한 행동이나 사고의 패턴이 담겨있는 것이 습관인 셈입니다. 이런 습관이 인생을 지배하게 됩니다.

긍정적인 생각을 많이 해서 긍정적인 뇌 회로를 강화하여 이것이 자동적으로 작동하게 만들어야 합니다. 좋았던 기억, 긍정적인 기억, 영적인 가르침 등을 자주 생각하면 그것이 뇌에 강하게 입력되어 약간의 반응에도 떠오르고 습관이 됩니다.

예수: 과학적인 설명에 감사드립니다. 신경가소성 이론은 우리 뇌를 긍정적으로 프로그램할 수 있어서 아주 유용한 심리치료 방법입니다. 그러나 이 이론은 위약효과를 일으키는 여러 요인 중 일부일 뿐입니다. 앞에서 부정적 생각을 긍정적 생각으로 채우고 이어서 이 긍정적 생각을 신성한 빛으로 채우고 마지막에는 이 빛마저 버리고 공이 되라고 하였지요.

뇌에서 일어나는 신경가소성은 마음의 영역이고 이 뒤에는 영혼이 있습니다. 공으로 녹아들어가는 것은 영혼의 영역으로 들어가는 것이고 이것은 신경가소성을 넘어서 있습니다. 영혼으로부터 생각의 힘이 흘러나와 위약 효과가 작동하게끔 합니다. 만약 영혼의 힘이 완전하게 뇌로 흘러나온다면, 몸은 영혼의 조화로운 힘으로 조율되어버립니다.

미국에 유명한 치유사가 있었습니다. 치유 강연회에서 앉은뱅이를 일어서게 하고 여러 중병을 치유하는 능력을 보였습니다. 그런데 그 기적의 치유 이면에는 작은 속임수가 있었지요. 치유 강연회에 앞서 몇몇 사람들에게 역할이 주어졌는데 멀쩡한 사람을 앉은뱅이로 혹은 중병에 걸린 환자로 위장하여 환자 자리에 앉게 한 것이었습니다.

치유사의 치유가 시작되고 참석자의 감정이 고양되는 시점에 이르면 거짓 환자들은 병이 나은 듯이 과잉행동을 하였는데, 이를 본 주변 환자들은 이에 감동되어 자신도 나을 수 있다는 강한 확신을 가지게 되었고 치유에 대한 믿음으로 여기저기서 치유가 일어났습니다. 거짓 환자들의 바람잡이 역할 때문에 일어난 치유지만 인간의 심리 즉 생각의 힘을 잘 이용한 치유이기도 합니다.

대중의 관심을 끄는 물질현시법칙이나 성공법칙, 심상법 등이 생각을 이용한 일종의 창조행위인데 왜 생각에는 창조력이 있는지 생각해 보세요. 신의 일부분인 영혼을 통하여 끊임없이 신성한 힘이 흘러나오기 때문입니다. 이 에너지가 없다면 인간은 존재할 수 없습니다. 눈에 보이지는 않지만, 우리에게는 신체를 유지하고 마음을 작동시키는 여러 영적 에너지가 있습니다.

신이 신의 숨(창조 에너지)으로 10개의 신성 빛으로 이루어진 4개의 세계를 창조하였듯이 인간도 신의 숨으로 물질창조를 합니다. 우리 생각은 설계도이고 내면의 자아는 창조에너지를 사용하여 이 설계도를 구체화합니다. 그러므로 생각이 얼마나 중요한지 알 수 있습니다. 창조력이 투입되면 생각하는 대로 그대로 이루어지기 때문입니다. 기도의 성취나 치유, 성공 등은 창조의 한 단면입니다.

치유가 일어난 완전한 상태를 생각하면 치유는 일어납니다. 물론 이러한 생각을 유지하기 위한 전제조건으로 우선 마음의 정화, 침묵 상태 유지, 내면의 자아와 동조가 있어야 합니다. 그리고 앎이 있어야 합니다. 그렇지 않으면 치유가 일어나도 일시적인 현상에 그칩니다. 앞에서 소개한 감정이 고양된 상태에서 일어난 치유는 앎이 없어서 증상이 남아 있다가 다시 재발하기 쉽습니다.

앎이 크면 생각의 힘도 커집니다. 앎은 그냥 지식이 아니라 우주 법칙(진리)에 대한 통달이고 이해입니다. 우리가 눈부신 빛이나 위대한 성자의 모습을 심상하는 것을 습관화한다면 우리 몸은 건강하게 되고 빛으로 빛나게 됩니다.

과학자: 결국 치유는 자신의 힘에 대한 자각이라 할 수 있겠군요.

예수: 치유사는 환자의 내면에 있는 치유 에너지를 끌어내는 역할을 하지 치유사가 치유하는 것은 아닙니다. 최종적인 치유는 환자에게 달려있습니다. 치유하는 사람은 환자의 내면에 있는 치유력을 끄집어내는 마중물 역할을 합니다. 이것은 펌프질과 같습니다. 펌프에서 물을 끌어올리려면 우선 물을 부어주어야 합니다. 물을 넣고 열심히 펌프질하면 물이 콸콸 올라옵니다. 치유사는 처음에 넣는 물의 역할을 하고 그 도움으로 올라오는 물은 환자의 내적 에너지이고 치유 에너지이기도 합니다. 환자의 힘을 끄집어낼 수 있는 역할을 잘하는 치유사는 명의가 되는 조건 중 하나를 갖춘 것이 됩니다. 물론 내가 죽은 자를 살린 기적은 다른 메커니즘으로 작동되었습니다.

심리학자: 당신은 어떤 방식으로 사람을 치유하였습니까?

예수: 치유 방법에는 여러 가지가 있습니다. 몸에 흐르는 신성한 에너지로 치유하는 방법이 가장 대표적이나 심상을 통한 치유, 진언으로 하는 치유, 그리고 영적 치유도 있습니다.

이중에 영적 치유는 가장 강력한 방법으로 이것은 우리 내면에 존재하는 신성한 힘으로 치유합니다. 신의 힘은 모든 것을 창조하고 형성하는 힘이어서 그 어떤 몸의 부조화도 새롭게 형성할 수 있습니다. 이 힘은 신의 일부인 우리 영혼 모두에게 내재되어 있는 힘입니다.

우리가 내면의 그리스도 의식을 완전하게 자각하고 그것과 하나가 됨을 자각할 때 우리는 몸을 조화롭게 만들 수 있습니다. 왜냐하면 우리 육체는 고정된 것이 아니라 유동적인 것이기 때문입니다.

영적 치유의 핵심은 마음에서 질병이나 부조화의 개념을 제거하는 것에 있습니다. 어떤 조건의 존재를 받아들이면 그 개념 즉 조건은 존재하게 됩니다. 그러므로 조화로운 생각, 건강한 생각 혹은 조건을 유지해야 합니다.

또한 몸의 상태가 미래에 좋아질 거라든가, 아마 좋아지겠지, 같은 그런 생각을 멈추고 지금 이 순간 치유되었음을 확신해야 합니다. 같은 의미로 치유하고 나서 치유가 되었는지 확인하지 않습니다. 치유되었음을 알고 더 이상 과거의 부정적 상태를 상기하지 않습니다.

영직 치유는 자신만이 아니라 타인의 치유에도 사용됩니다. 자신이나 타인을 치유할 때 송과선 즉 영혼의 자리에 집중하고 치유

의 생각을 내보냅니다. 이곳은 창조의 힘이 솟아 나오는 원천입니다

사람을 치유할 때는 상대방의 (1)치유에 대한 강한 욕망, (2)치유에 수용적이고 자발적인 태도, (3)바른 길을 걷겠다는 마음자세, (4) 영적 치유의 힘에 대한 믿음 등이 필요합니다.

치유사든 환자든 치유를 일으키는 영적인 힘에 대하여 의심하지 말아야 합니다. 치유에 확신이 없다면 남을 치유하려고 하면 안 됩니다. 치유할 때 환자의 현재 상태가 아닌 완전한 모습을 심상하고 완전하게 되리라는 생각만 보냅니다. 치유할 때, 치유의 힘에 대한 강력하고 긍정적인 생각을 합니다. 예를 들면,

내 손을 통하여 혹은 마음을 통하여 신성한 힘이 흐릅니다. 이 힘은 질병을 치유하고 몸을 조화롭게 합니다. 이제 고통은 사라지고 치유가 일어났습니다. 내 안의 힘과 그대 안의 힘은 바로 하느님의 힘입니다.

나는 영적인 치유도 했지만, 몸에 흐르는 자력 에너지를 사용하여 치유를 많이 하였습니다. 자력 에너지에 완전한 생각 이미지를 실어서 환자에게 보냈습니다. 이 완전한 생각 이미지 즉 건강한 이미지가 환자의 질병 부위에 전해지면 그 부위에 새로운 패턴이 만들어집니다. 이때 환자는 나에 대한 신뢰와 치유에 대한 믿음이 있어야 합니다.

우리가 생각하는 것보다 우리 육체는 놀라울 정도로 생각에 민감하게 반응합니다. 예를 들면 칼에 손이 베여 통증이 있다고 하면, 다른 일에 바빠서 한동안 그 통증을 잊어버리고 지낸다면 신기하게도 그 상처는 빨리 치유됩니다. 그러나 그 상처가 걱정되어 신경을

그것에 집중한다면 자신도 모르게 부정적 창조에너지를 사용하는 것이 되어 상처는 오래갈 수가 있습니다. 마음을 통하여 늘 창조에너지가 흐르는 것을 기억해야 합니다. 병은 생각패턴이 물질화되어 일어나는 일입니다.

의사가 환자에게 여행이나 새로운 환경을 권하는 것은 새로운 생각이 필요하기 때문입니다. 여행이 치유하는 것이 아니라 오래된 습관에서 벗어나 새로운 것을 보고 새롭게 생각하기 때문에 치유가 일어나는 것입니다.

마음의 조화와 평온은 건강에 필수조건이나 우리 마음이 부정적인 생각으로 차 있는 것이 문제입니다. 그러므로 평온한 상태를 유지하기 위하여 마음을 닦는 일이 필요합니다. 부정적인 생각을 거절하고 조화로운 생각을 유지하면 할수록 마음과 육체에는 변화가 일어납니다. 조화로운 생각을 유지하면 상위 존재부터 좀 더 고상한 생각들이 육체로 흐르기 시작하여 육체는 더욱 더 완전하게 됩니다.

신의 이름, 진언의 비밀

심리학자: 명상수련이나 치유에 소리 즉 진언이 사용되는 경우가 많습니다. 소리가 효력이 있다는 것은 알지만 구체적으로 어떻게 작동되는지 아는 사람은 많지 않습니다. 진언에 대해 말씀해주세요?

예수: 신은 말씀(진동)으로 우주의 모든 것을 창조하였고 우주는 진동으로 운행됩니다. 그러므로 진동의 비밀을 아는 자는 우주의 비밀 열쇠를 가진 것입니다.

이 세상에 진동 아닌 것이 없습니다. 미립자, 원자, 분자는 진동이며 분자가 합쳐져서 이루어진 물질도 진동입니다. 고체와 기체의 차이는 진동의 차이일 뿐입니다. 우리가 사는 물질계에서 상위의 계로 들어가는 장벽도 진동이며 우주를 둘러싸고 있는 벽도 진동으로 되어있습니다. 모든 물질의 차이는 진동의 차이일 뿐이며 물질계와 상위계의 차이도 진동의 차이입니다.

특정한 음조를 지닌 어떤 소리는 특정한 기능을 합니다. 티베트 불교의 진언, 인도 요가의 만트람, 카발라의 히브리 문자와 신의 이름 그리고 천사 이름은 소리의 진동과 관련됩니다. 신의 이름이나 천사 이름을 바르게 발성할 수 있으면 신이나 천사는 반응합니다. 이것은 상응의 법칙과 진동의 법칙 때문입니다.

그러나 소리 그 자체만으로는 아무런 효과가 없습니다. 개인의 의지가 특정한 소리(진동)에 합쳐져야 작동합니다. 소리(진동)는 특정한 에너지를 전달하는 매체일 뿐입니다. 전기가 구리선을 통하여 흐르듯이 힘(에너지)은 특정한 진동을 가진 소리를 통하여 흐릅니다. 나무나 플라스틱이 전기를 전달하지 못하듯이, 아무 소리나 힘을 전달하는 매체가 되지는 못합니다. 그러므로 적당한 소리와 여기에 발성자의 의지가 결합하여야 합니다.

같은 진언을 하여도 어떤 사람은 효과가 있고 어떤 사람은 아무런 효과가 없는 것은 발성자의 의지가 소리에 영향을 미친 까닭입니다. 진언하면서 마음속으로 그 효력을 부정한다거나 마지못해서 한다면 효력은 발휘될 수 없습니다.

또한 발성법을 몰라도 효과가 없습니다. 진언을 할 때 조화로운 생각과 존경심을 유지해야 하며 육체와 마음은 이완되어야 하고 들숨과 날숨의 원리에 따라 소리 내어야 합니다. 의식은 가능한 평온하고 침착한 상태에 있어야 합니다.

진언은 여러 용도로 사용되는데, 신체의 특정 부위에 반응하여 신체로 상위의 힘이 흐르도록 하기, 신체에 작동하여 세포 구조를 배열하거나 재배열하여 병을 고치기, 오컬트 센터 열기, 부정적인 힘을 몰아내기, 상위계의 문 열기, 육체와 우주를 서로 조화롭게 조율하기 등입니다. 우리가 우주의식과 동조하여 진동하게 되면 우주의식과 합일에 이릅니다. 우리에게는 신성한 창조력이 존재합니다. 그것을 사용하는 법을 배워야 합니다. 진언은 창조력을 사용하는 방법 중의 하나입니다. 진언에 힘을 부여하는 자는 바로 우리 자신입니다.

신의 이름 발성

비교종교학자: 신의 이름을 바르게 발음할 수 있으면 신이 반응한다고 하셨는데 이것은 다른 종교의 신을 지칭하는 이름에도 해당이 되는 건가요?

예수: 근원적인 존재가 있다면 나라나 문화에 따라 그것에 어떤 이름을 부여하든 그것은 동일한 존재일 수밖에 없습니다. 절대자를 의미하는 단어는 신(神), 갓(God), 하느님, 알라, 야훼(YHVH) 등이 있습니다. 그런데 사람들은 알라 이름으로, 하나님 이름으로 서로 미워하고 싸웁니다.

그런데 야훼는 유대교의 신을 지칭하는 단어이지만 좀 독특함이 있습니다. 왜냐하면 신을 의미하는 갓, 하느님, 알라는 다른 단어로 대체될 수 있는 보통명사이지만, 야훼(YHVH)는 고유명사이기 때문입니다. 예를 들면 사람을 한자로 인간(人間), 영어로 휴먼 비잉(human being)처럼 보통명사로 번역하여 표현할 수 있으나, 요한이라는 사람을 영어로 표현하려면 그냥 요한이라고 해야 합니다. 요한은 대체 불가능한 고유명사이기 때문입니다.

이처럼 야훼는 대체불가한 절대자의 고유한 이름입니다. 유대인들은 신의 고유한 이름에는 그것에 부합되는 고유한 능력과 속성 그리고 권능이 내재하고 있다고 봅니다. 그래서 유대신비가르침인 카발라에는 신의 이름과 형상으로 여러 가지 명상법이 존재합니다.

그들은 이 신의 이름이 너무 거룩하고 위대하여 함부로 그 이름을 부르지 못하고 주님을 뜻하는 보통명사인 '아도나이'로 읽었습니다. 구약성서 그리스어 번역본인 70인 역에서는 이 YHVH(יהוה)는 주님을 의미하는 '키리오스'로 번역되었습니다. 6~10세기경 학자들은 신의 이름인 YHVH에 아도나이(Adonai)에 사용되는 모음(e o a)을 넣어 여호와/야훼라는 이름을 만들어 사용하였습니다.

신약에는 YHVH 대신에 신을 의미하는 그리스어의 일반 명사인 데오스(theos)가 사용되고 있습니다. 신의 고유한 이름이 보통명사로 변한 것입니다. 신에 어떤 명칭을 부여하여 부르던 그것은 지칭의 의미밖에 없습니다. 그러나 신의 고유한 이름을 알고 이것을 발성하는 것은 전혀 다른 문제입니다. 누군가 우리 이름을 부르면 즉각적으로 반응하듯 야훼(YHVH)도 그러합니다.

절대자에게 사람처럼 고유한 이름이 있다고 말하면, 사람들은 신이면 되지 무슨 사람처럼 이름이 있냐고 의아하게 생각합니다. 이름은 다름 아닌 진동입니다. 작은 원자부터 거대한 우주까지 모든 것은 진동하고 있습니다. 빛도 진동이고 우리 육체도 진동이고 소리도 진동입니다. 진언은 특별한 힘을 지닌 진동이어서 우리를 보호도 하고 치유도 하고 근원과 동조하게끔 합니다.

신의 이름은 우주를 창조한 가장 강력한 진동입니다. 그것은 신의 숨이고 말씀이고 창조 에너지입니다. 그러므로 이 신의 이름을 바르게 발성하면 궁극적인 상태에 도달합니다. 카발라 수행자들이 올바른 신의 이름을 찾아 나서는 이유입니다.

외로움 넘어서기

무종교인: 많이 외롭고 우울할 때도 많습니다. 이것에서 벗어날 방도는 있습니까?

예수: 외로움은 모두에게 내재하는 본질적인 문제입니다. 그러므로 피할 수 있는 것이 아니라 만나서 이해하고 넘어서야 합니다. 우리가 결혼하고, 가족을 이루고, 친구를 사귀고, 친목 모임에 참석하고, 술을 마시는 것은 외로움을 피하기 위해서입니다. 그 순간만은 외로움에서 벗어나 만남이나 놀이에 몰입을 할 수 있기 때문입니다. 그러나 그 상태에서 나오면 바로 직면하는 것이 외로움입니다.

그러나 평생 이런 식으로 살아갈 수는 없습니다. 근본적으로 이 문제를 해결해야 합니다. 외로움은 한마디로 근원과의 분리 때문입니다. 외로움 속에는 두려움과 결핍이 담겨있습니다. 무한하고 전지전능하고 충만한 존재인 근원과 분리로 결핍의식과 두려움이 생겨나기 때문입니다. 이 분리 상태에서는 늘 외로움이 그림자처럼 따라다닙니다. 근원과 합일 이외에는 이 원초적 외로움에서 벗어나는 방법이 없습니다.

그러므로 외로울 때 피하지 말고 외롭다는 생각이나 느낌을 무심히 지켜보세요. 외롭다는 생각이 외로운 것입니다. 그런 생각이 일어나지 않으면 외로운 느낌은 존재할 수 없습니다. 그런 생각이나 느낌을 지켜보는 내면의 참 자아는 외로움을 모릅니다. 왜냐하면 참 자아는 근원과 연결되어 합일 상태에 있기 때문입니다.

외로움을 내면과 만날 수 있는 축복의 기회로 생각하세요. 외롭다는 느낌에 빠지지 말고 그냥 그 느낌을 지켜보기만 하세요. 그러다 보면 모든 생각을 초월한 참 자아가 드러나고 그 상태에서 근원과 연결되고 평온이 찾아옵니다.

외로움 못지않게 사람들을 힘들게 하는 것이 목적 없는 삶입니다. 살아가지만 어떻게 살아야 하는지 모르고 방황하고 힘들어하는 사람들이 많습니다. "어떻게 살아야 하지요?" 이런 질문을 하는 사람은 그나마 물질 욕망(재산, 명예, 직위, 쾌락 등)을 충족하는 일이 삶의 목적인 것처럼 살아가는 사람들보다는 진일보한 것 같습니다. 목적이 없으면 삶이 허무해지고 쉽게 우울증에 빠집니다. 삶의 목적에 대하여 나는 이런 말을 하고 싶습니다.

인생목적과 관련하여 무엇보다 중요한 것은 자기 자신을 아는 것입니다. 물질적으로 성공해도 자기 자신을 모른다면 얼마나 허망한가요? 삶이란 영적 성장을 위한 학습의 장임을 기억해야 합니다. 그런데 대다수 사람은 삶의 전쟁터에서 힘들게 직접 경험하여 교훈을 얻고 성장합니다. 이런 방식의 성장은 느리고 힘들고 고통을 야기합니다. 그러나 지혜로운 사람은 간접 체험으로 충분한 교훈을 얻습니다.

자신이 밝아지면 그 밝음으로 세상이 밝아집니다. 그러므로 우선 자신을 밝혀야 합니다. 이것이 삶의 목적이어야 합니다. 그런 다음에야 남을 도울 수 있고 신의 뜻을 펼 수 있기 때문입니다. 인생목적은 영적 개화이며 신의 뜻을 행하는 것이고 신과 하나가 되는 것입니다. 우울증에 대해서는 심리학자께서 말씀해 주시지요?

우울증

심리학자: 우울증의 원인이나 그 치료에 대해서는 많은 연구가 있어왔습니다. 신경세포들 사이에 신호를 전달하는 화학물질 세로토닌이 우울증과 연관이 있다고 알려져 왔습니다. 우울증에는 세로토닌이 결핍되었을 것이라는 이론에 따라 현재 쓰이고 있는 항우울제 대부분은 뇌세포에 대한 세로토닌 공급량을 늘려주는 것들입니다

예수: 이런 과학적 사실 앞에 마음과 육체의 관련성에 대하여 생각해 보지 않을 수 없습니다. 누군가 우울증에 걸려 뇌 상태를 조사하였더니 세로토닌의 부족이 드러났다면 그런 부족 상태를 야기한 것은 무엇일까요? 유사한 조건에서 누구는 우울증에 걸리고 누구는 그렇지 않다면 그것은 마음의 문제입니다. 우울증에 걸린 사람은 자신의 마음을 조절하지 못하여 약물의 도움으로 증상을 완화하고 있는 것입니다. 그래서 우울증 치료에는 약물치료와 정신치료가 병행되어야 합니다. 근본적으로 마음이 변화하지 않으면 약물치료는 일시적 효과에 그칠 것입니다.

삶의 목적이 뚜렷한 사람은 역경이나 스트레스에 흔들림이 없이 긍정적으로 살아가므로 우울증에 잘 걸리지 않습니다. 그러나 삶의 목적이 없는 사람은 작은 일에도 쉽게 낙담하고 우울증에 빠지기 쉽습니다. 우울증이 있는 사람은 흥미를 느낄 수 있는 취미생활을 찾아야 하고 무엇보다 삶의 목적을 분명히 해야 합니다.

문제 해결법

직장인: 살다 보면 많은 문제를 맞닥뜨리게 됩니다. 그런데 문제를 효과적으로 다루는 방법을 몰라서 해답을 못 찾고 문제 상황에 빠져 허우적거리는 경우가 많습니다. 좋은 문제 해결기법이나 의사결정 기법을 알려주세요?

예수: 우리는 문제가 있으면 보통은 그것에 달라붙어 많이 생각하고 고민합니다. 한마디로 문제가 부여하는 상황에 묶이게 되지요. 이런 방식으로는 문제해결이 어렵습니다.

지혜롭게 문제를 해결하기 위해서는 우선 문제를 인식은 하되 잠시 마음을 그것에서 돌려야 합니다. 왜냐하면, 어떤 곤란한 문제에 직면하면 긴장하고 흥분하게 되어 침착하게 문제에 접근할 수 없기 때문이지요. 긴장이나 감정적으로 안정이 되지 않은 상태에서는 문제를 바르게 바라볼 수가 없어서 최선의 해결책을 생각해 낼 수가 없습니다. 그래서 문제와는 완전히 다른 일, 예를 들면 쇼핑을 하거나 만화나 드라마를 보는 것도 좋은 방법입니다.

이렇게 시간의 간격을 두고 나서 여유를 가지고 문제를 바라보면 처음에 느꼈던 문제 상황이 많이 다르게 보이고, 문제의 본질이 좀 더 분명하게 드러납니다. 그렇게 되면 우리는 문제해결을 위한 효과적인 방안을 강구할 수가 있게 됩니다. 이런 방식은 사람과의 감정적 문제에서도 마찬가지로 잘 작동이 됩니다.

사실 우리는 처한 문제의 경중을 평가함에 있어서 객관적이기보다는 상당히 주관적이고, 특히 부정적 문제 상황을 좀 과도하게 평가하여 받아들이는 경향이 있습니다. 이것은 우리가 긍정적인 것보다 부정적인 것에 민감하게 반응하여 일어나는 일입니다. 우리가 건강하고 행복하려면 이런 사고를 바꾸어야만 합니다.

문제의 심각성 정도와는 상관없이 우리가 "이 문제는 골치 아프고 어렵다"라는 생각을 하게 되면 그 문제는 커 보이게 됩니다. 문제가 커 보이면 어떤 것도 할 수가 없습니다. 그러나 "문제가 그다지 어려운 것이 아니야." 라고 생각하면 실제로 문제는 작아지고 그러면 무언가를 할 수가 있습니다.

또한 문제 해결책으로는 한편으로 비켜서서 문제를 객관적으로 바라보는 지혜를 개발하는데 있습니다. 이것은 에고 뒤편의 신성한 내면 자아가 올바른 해결책을 찾을 수가 있게 합니다. 제3자 입장에서 문제를 바라보면 그 문제 상황은 우리를 관통하여 지나가지 않고 그냥 옆으로 지나가 버립니다. 이렇게 하면 문제에 개입하여 그 일부분이 되어 생겨나는 고통을 줄일 수가 있습니다.

어떤 문제 상황에서 그것을 해결하겠다고 생각하고 고민하다 보면 그 상황에 매이게 되고 이렇게 되면 제거해야 할 문제 상황에 힘을 주는 것이 됩니다. 그러므로 우리는 문제보다 그것이 해결된 혹은 우리가 바라는 상황을 생각해야 합니다. 어떤 문제 상황이나 조건이 존재하지 않는 것처럼 생각하고 나아가야 합니다. 간단해 보이는 이 구절 속에는 삶을 변화시켜서 삶의 주인공이 되는 비밀이 담겨있습니다.

승려: 말씀을 들으니 붓다의 가르침이 생각납니다. 잡아함 17권에 성자와 범부의 차이를 설명하는 구절이 있습니다.

어리석고 무지한 중생은 감각기관으로 어떤 대상과 접촉하게 되면 괴롭고, 즐겁고, 괴롭지도 않고 즐겁지도 않다는 느낌을 갖는다. 그런 뒤 이들은 곧 근심하고 슬퍼하고 눈물을 흘리며 울고 원망하고 울부짖는다. 이는 즐겁거나 괴롭거나 즐겁지도 괴롭지도 않다는 느낌에 집착하고 얽매이기 때문이다. 비유하면 어떤 사람이 첫 번째 화살을 맞은 뒤에 다시 두 번째 화살을 맞는 것과 같다.

그러나 지혜롭고 거룩한 성자는 감각기관으로 어떤 대상을 접촉하더라도 근심과 슬픔과 원망과 울부짖음과 같은 증세를 일으키지 않는다. 몸의 느낌만 일어날 뿐 생각의 느낌은 일어나지 않는다. 이는 즐겁거나 괴롭거나 즐겁지도 괴롭지도 않거나 하는 느낌에 집착하지 않고 얽매이지 않기 때문이다. 비유하면 어떤 사람이 첫 번째 화살은 맞았으나 두 번째 화살은 맞지 않는 것과 같다.

여기서 두 번째 화살은 2차적 고통 즉 "스스로 창조한 고통(괴로움)"에 비유될 수 있을 것입니다. 누구나 힘든 감정적 상황에 직면하고 이런 경우 이것에 저항하지 않고 그냥 받아들이면 2차적 고통을 겪지 않게 됩니다. 그러나 대다수 사람은 아직 훈련이 되어 있지 않아서 습관적으로 저항하다가 고통만 커집니다. 이런 상황을 있는 그대로 받아들이지 못하고 저항하다가는 많은 에너지와 시간을 소비하게 되며 추가적인 고통을 경험합니다. 실험해 보면 알겠지만, 상황(생각, 감정 등)에 개입하지 않고(저항이나 판단하지 않고) 그냥 받아들이면 상황은 우리에게 가하던 힘을 잃습니다.

저항하지 않고 받아들이는 것(수용)은 그 상황을 좋아하거나 혹은 변화를 원하지 않는다는 것을 의미하는 것이 아닙니다. 수용은 주어진 현실을 부정하려는 것을 멈추고 있는 그대로 받아들이는 것입니다. 수용은 다른 말로 마음챙김입니다. 지금 이 순간 일어나는 생각, 감정, 현상 등에 의식을 집중하고 아무런 판단을 하지 않고 알아차리는 것입니다. 즉 생각에 개입하거나(판단하거나) 생각을 밀어내지 말고 그냥 알아차리라는 것입니다. 살면서 만나는 여러 고통스러운 상황을 있는 그대로 받아들이지 못하고 저항하거나, 해석하여 생겨나는 추가적인 괴로움은 삶의 커다란 짐입니다.

심리학자: 스님 말씀은 현대 심리학에서 강조하는 내용입니다. 2천 5백 년 전에 이미 인간심리를 꿰뚫어 보신 붓다이십니다. 모두 두 번째 화살에 맞지 마세요.

시간 도둑

무종교인: 사소한 질문입니다만 시간 약속을 지키지 않는 친구가 있습니다. 저는 이런 행동을 좀 심각하게 보는데 친구는 자신의 이런 행동을 가볍게 생각하고 죄책감도 느끼지 않습니다. 제가 예민한 것인가요?

예수: 이것은 시간 절도입니다. 남의 물건을 훔치는 것만이 절도가 아닙니다. 정당한 이유 없이 지금을 미룬다든가 남의 귀중한 시간을 빼앗는다면 이것도 절도입니다. 사소한 일 같지만 약속시간에 늦는 일은 남의 시간을 훔치는 절도로 생각해야 합니다. 또한, 잘못된 기대를 불러일으키는 빌미를 주는 것도 타인의 기대치를 훔치는 것이 됩니다. 상호 작용과 거래가 일어나는 삶 속에서 우리는 상대방과 상대방의 현실을 신중하게 고려해야 합니다. 쓸데없는 낭비나 오해를 발생시키지 않으려면 매 순간 참으로 조심스러워야 합니다.

우주차원에서 본다면 자신이 알고 있는 지혜나 지식을 독식하는 것도 절도가 될 수도 있습니다. 우주는 풍족해야 하며 그 구성원인 우리는 물질적으로 영적으로 우주를 풍족하게 해야 하는 책임이 있습니다. 여기에 세상을 부유하게 하는 비밀이 놓여 있습니다.

지구촌 문제

직장인: 코로나 19 때문에 지구촌이 고통받고 있습니다. 코로나 19가 중국에서 발생했다는 이유만으로 중국인과 외모가 닮은 동아시아인은 세계 곳곳에서 인종차별을 당하고 있고 지구인은 사상 초유의 격리생활을 강요당하고 있습니다. 발병 초창기에는 마스크를 쓴 아시아인들이 바이러스 취급당하기도 했습니다.

그러다 최근에 코로나 사태가 걷잡을 수 없이 커지자 비로소 이들이 마스크를 쓰는 모습을 보이기 시작했습니다. 다행스럽지만 이들이 좀 더 일찍 마스크를 썼다면 지금과 같은 바이러스 확산은 없었을 것입니다. 이런 전염병을 보면서 인류가 전쟁이 아니라 역병으로 망할 수도 있겠다는 생각이 듭니다. 이것도 카르마입니까?

예수: 당연히 카르마입니다. 이 사건으로 무지하면서 오만한 인간, 그리고 나약한 군상들을 보았을 것입니다. 공산 독재 국가인 중국 당국의 아주 부적절한 대처로 퍼져나간 이 역병은 인류의 생활방식을 바꾸고 있습니다. 그리고 지구촌 사람들은 선진국이란 나라의 국민 수준이 얼마나 한심한지도 알게 되었습니다. 사실 우주적 차원에서 보면 지구는 수준이 낮은 영혼들이 격리되어 살아가는 거대한 감옥이고 유배지입니다.

지구촌 사람들은 여행자가 아니라 수감자입니다. 지구촌에서 일어나는 사고, 사건들을 보면 지구촌 주민이 얼마나 파괴적이고 위선적이고 탐욕적인지 알 수가 있을 것입니다, 여러분은 지구를 탈출해야 합니다. 이 말은 깨달아서 이 감옥 같은 지구에 다시는 태어나지 말라는 의미입니다.

이번 사건으로 세상이 얼마나 긴밀히 연결되어 있는지를 어리석은 인간들은 알게 되었을 것입니다. 누가 아프면 모두가 영향 받는 좁은 세상입니다. 우리 모두는 하나의 근원에서 확장되어 나온 형제이고 하나입니다. 인류의 형제애가 발휘될 시기입니다. 이 사건으로 인류가 한 단계 성장하는 계기가 되었으면 합니다.

직장인: 이번 사건으로 인종차별은 고질적인 지구촌 문제임이 다시 확인되고 있습니다. 어떻게 인종차별을 없앨 수 있습니까?

예수: 인류 의식이 불균형 상태에 있고 부정에 휩싸여 있기에 차별 의식이 생깁니다. 모든 인류가 깨달음에 이르면 인종차별, 국적차별, 성차별, 빈부차별, 외모차별, 재능차별 등이 사라집니다. 그전에는 개탄스럽지만 차별은 존재할 것입니다.

사이비 구분법

비교종교학자: 기독교에서는 이단 논쟁이 심합니다. 이런 이단 단체에 속아 살아가는 사람들이 많아서 사회문제가 되기도 합니다. 사람들이 어떻게 사이비에 빠지지 않을까요?

예수: 정통과 이단을 구분하는 일이 좀 아이러니합니다. 내 사후에

여러 학파가 난립하였고 로마교황의 비호로 지금의 교리가 정통으로 인정된 것이지 내가 너희 교회는 정통이고 너희 교회는 이단이라고 판정하여 된 것은 아니기 때문입니다.

 정경으로 인정받고 있는 신약성경 목록은 나의 의도가 아니라 당시 로마교황과 교부들의 정치적 산물이었습니다. 그러므로 성경의 권위부터 문제가 있는데 성경 해석에 의거하여 정통과 이단을 논하는 일은 참으로 부질없는 일이지요. 준비된 제자들에게 전한 영지주의 가르침이 내가 진실로 원한 것이었습니다. 그래서 살아남은 지금의 성경에 대한 해석을 두고 이단이니 정통이니 다투는 것을 보면 좀 황당하기도 합니다.

어떤 종교의 가르침이든 그것에 대하여 "왜"라는 이성적 질문을 던지고 심사숙고해야 합니다. 이성적 사유 없이 종교인이나 성직자가 말한다고 맹목적으로 믿지 말고, 늘 교리나 설교에 대하여 "왜"라는 질문을 해야 합니다. 이성은 신이 인간에게 부여한 소중한 자산이기 때문이지요. 이렇게 한다면 사이비 성직자에게 속아서 돈과 몸 그리고 영혼을 망치는 일은 많이 줄어들 것입니다. 권위가 무엇이든 그것에 일방적으로 의존하지는 말아야 합니다. 우리가 의존할 최종적인 권위는 우리의 이성입니다.

그러므로 빛의 길로 안내하는 참 스승을 찾는 일이 무엇보다 중요합니다. 사이비 교주의 최면에 빠지지 말아야 합니다. 참 스승과 거짓 스승을 구별하는 방법은 이렇습니다.

-거짓 스승들은 빠르고 쉬운 길을 약속합니다. 그들의 달콤한 말에 빠져서 잘못된 길로 들어서지 않도록 해야 합니다. 세상에 노력 없이 주어지는 것은 아무것도 없습니다. 쉼 없이 내면을 탐구하고 자아를 성찰해야 하며 좁으나 똑바른 길을 걸어야 합

니다.
-위대한 스승은 자신이 마스터라고 말하지도 않고 자신의 힘에 대하여 말하지 않습니다. 아주 겸손하며 지혜로 가득 차 있습니다. 만약 자신을 위대한 존재로 내세우거나 능력을 공공연히 말한다면 거짓 스승입니다.
 -스승은 제자에게 깨달음에 필요한 가르침을 줍니다. 이런 가르침이 아닌 다른 것에 우선을 둔다면 거짓 스승입니다.
-말은 바로 하나 행동이 따르지 못한다면 거짓 스승입니다. 종교나 철학 서적 서너 권 읽으면 누구나 앵무새처럼 그럴듯한 내용을 말할 수 있습니다. 말이 아니라 행동을 보아야 합니다. 깨달았다고 혹은 위대한 마스터라고 말하면서 행동이 따르지 못하면 거짓 스승입니다.
-세속적 명성이나 재산에 관심이 있고 다른 사람의 성공을 시기하는 자는 거짓 스승입니다.
-자신의 의견을 강요하고 자신의 방식대로 제자가 살아가도록 기대하는 자는 거짓 스승입니다.
-자신의 이익을 위하여 행동하며 자신의 만족을 위하여 자신에 대한 남의 믿음을 이용하는 자는 거짓 스승입니다.
-우월감을 가지거나 충고에 분개하는 자는 거짓 스승입니다.
-편협한 의식을 가지고 있거나 사람에게서 좋은 점보다 나쁜 점을 보는 자는 거짓 스승입니다.
-자신의 주변에 추종자를 가지려는 욕망이 있는 자는 거짓 스승입니다.

최면과 잠재의식

사회자: 세상은 환영이고 사람은 세상이 주는 최면에 빠져있다는 내용이 대담의 중심에 있는데 최면에 대한 정리가 필요할 것 같습니다. 먼저 이 분야에 박식하신 심리학자께서 최면에 대해 일반인이 알기 쉽게 말씀해주실 수 있겠습니까?

심리학자: 최면은 암시를 통하여 인위적으로 이끌어 낸 반수면 상태입니다. 이 상태에서 피술자는 외부환경을 무시하고 오직 시술자의 지시에만 주의를 기울입니다. 시술자의 암시에 따라 보고 느끼고 냄새 맡으며 암시가 객관적 실체와 모순되어도 그 암시에 따릅니다. 암시에 의하여 피술자의 기억이나 자아의식이 바뀔 수도 있으며 그 효과가 피술자가 최면에서 깨어난 후에도 지속되기도 합니다. 최면을 이용하여 심리치료나 질병 치유가 가능한 이유입니다.

최면 현상에 대하여 우리 모두가 받아들일 수 있는 검증된 이론은 없습니다. 최면현상이 일어남을 알고 이것을 여러 용도로 이용하고 있을 뿐입니다. 최면의 작동원리는 아직 명백하게 규명되지 않았습니다. 최면상태에서 드러나는 경이로운 잠재능력(암산, 먼 거리 사물 맞추기, 전생기억 등), 최면상태에서 경험하는 감각변화(마늘을 사탕으로 생각하고 맛있게 먹기, 얼음을 뜨거운 쇠로 암시받고 그것을 뜨거운 쇠로 감지하여 화상을 입는 것 등) 그리고 심신치료(우울증, 강박의식, 공포증, 혈압, 스트레스 등)는 참으로 신비롭습니다.

최면상태에 대한 논란도 진행 중입니다. 수면상태와는 다른 특별한 의식 상태인지, 반수면 상태인지 논의가 있습니다. 최면상태는 심신은 이완되어 있고 의식은 어느 정도 깨어있는 상태로, 깨어있음과 잠의 중간 단계로 보입니다.

최면상태에서는 감각을 통제하는 현재의식이 한쪽으로 물러나서 육체에 대한 통제가 느슨해지고 잠재의식이 주도적이 됩니다. 그렇다고 현재의식의 문이 완전히 닫힌 것이 아니라 어느 정도 열려있어 들을 수 있고 외부 자극에도 반응을 할 수 있습니다. 이 상태에서 더 들어가면 수면상태로 넘어가며 외부감각에 반응이 약해지고 현재의식의 문은 거의 닫힙니다. 감각이 어느 정도 차단된 그러나 의식이 어느 정도 깨어있는 반수면상태에서 암시는 잠재의식으로 바로 전해집니다.

잠재의식은 주관심으로도 불리고 무의식과 같은 의미로 사용되기도 하는데 학자마다 혼용되어 사용되다 보니 정의가 어렵습니다. 심리학에서 사용되는 의미와 의학이나 오컬트 분야에서 사용되는 의미가 다릅니다. 프로이드는 정신분석이론에서 우리 의식을 의식, 전의식, 무의식으로 구분하여 인간심리를 설명하려고 했습니다.

성공이나 물질현시를 다루는 사람들에게 잠재의식은 무궁한 힘이 숨겨져 있는 보물창고이며 이들은 이것을 끄집어내어 사용하는 것에 관심을 둡니다. 원하는 것을 생생히 심상하고 간절히 염원하면 잠재의식의 힘이 그것을 실현해준다고 합니다.

그러나 이들은 잠재의식이 왜 그러한 힘을 가지고 있고 자기암시와 시각화를 통하여 잠재의식의 힘을 이용하면 왜 그런 창조력이 일어나는지에 대해서는 정확한 답을 주지 못합니다. 이 대담에서 예수께서는 이것을 영혼의 힘으로 말씀하셨습니다.

의학에서는 잠재의식의 자율신경 지배(소화, 호르몬 분비, 호흡 등)에 대하여 관심을 가집니다. 요가 수행자들은 잠재의식을 훈련시켜 자율신경을 의지대로 통제하는 것이 가능하다고 주장합니다.

예수: 이런 영역을 이해하려면 심리학이나 성공학 분야에서 다루지 못하는 영혼의 영역까지 확대하여야 합니다. 잠재의식은 전생과 현생의 모든 기억이 저장되어 있고 동시에 상위의식의 에너지와 정보가 흘러나오는 통로입니다. 그러므로 잠재의식은 초의식과 현재의식의 연결 통로이며 정보 저장고이기도 합니다. 잠재의식의 무한한 힘은 영혼의 힘이 잠재의식을 통하여 현시된 결과입니다. 창조력을 지닌 신성한 힘은 우리의 생각을 통하여 흐르며 이 때문에 우리 생각은 창조력을 지닙니다.

잠재의식을 모든 기억의 저장고이고 동시에 신성한 창조의 힘이 흘러나오는 통로로 본다면 최면의 여러 현상이 이해가 될 수 있을 것입니다.

최면상태에서 경험하는 감각변화는 뇌가 현실과 상상을 구분하지 못하고 시술자가 암시하는 내용에 그대로 반응하여 육체적 변화가 일어납니다. 이때 생각의 창조력이 작동합니다.

최면상태에서 드러나는 경이로운 능력은 모든 기억의 저장고이고 상위의식의 통로인 잠재의식 때문입니다. 현재의식이 활발히 작동하는 일상의 삶 속에서는 잠재의식과 깊게 연결이 되지 않아 그 힘을 효과적으로 끄집어낼 수가 없습니다. 그러나 최면상태에서는 현재의식은 한편으로 물러나고 잠재의식이 주도적인 역할을 합니다. 그렇게 되면 육체의 속박이 느슨해져서 일시적으로 의식이 육체를 벗어나거나 의식이 확장될 수 있습니다. 또한 잠재의식에 저장된 여러 기억에 접근할 수가 있고 상위의식과 연결될 수 있습니다.

잠재의식은 논리적이기보다는 반사적으로 자극에 반응합니다. 현재의식을 통하여 신호가 감지되면 잠재의식은 저장해 두었던 반응을 작동시킵니다. 잠재의식은 입력된 프로그램에 따라 작동하는 일종의 자동 조정 장치와 같습니다. 만약 우리가 의식적으로 모든 것에 반응하고 통제한다면 아마 우리 의식은 이것을 감당할 수 없을 것입니다. 호흡이나 소화 등 일상적인 일은 잠재의식에 위임하는 것이 신체 유지에 효율적입니다.

잠재의식에 저장되어있는 불쾌한 기억, 두려웠던 기억, 실패한 기억 같은 부정적 정보가 끊임없이 현재의식으로 흘러나와 우리 사고와 행동에 영향을 주고 심인성 질병(우울증, 불안증, 강박의식, 소심증 등)을 야기합니다. 최면을 통하여 이런 부정적 기억을 긍정적으로 변화시킬 수가 있기에 치유가 가능합니다.

중요한 것은 우리가 잠재의식에 기록된 프로그램에 따라 살고 있다는 사실입니다. 그러므로 잠재의식에 어떤 프로그램이 입력되어 있느냐에 따라 인생의 질이 달라집니다.

최면의 해독제는 올바른 가르침입니다. 신과 분리되어 있다는 생각은 가장 큰 최면입니다. 신과 분리되어 있다는 생각과 신과 합일되어 있다는 생각 모두 우리의 선택일 뿐입니다. 감각을 차단하고 마음을 고요히 하여 내면으로 몰입하여 들어갈 수 있으면 잠재의식과 마주하고 더 나아가 상위의식인 참 자아와 합일할 수 있습니다. 참 자아인 영혼은 잠재의식의 사용자입니다.

심리학자: 비의 차원에서 보는 잠재의식은 어떠한가요?

예수: 영혼이 육체를 통제하는 과정은 이러합니다. 머리 중심에 위치한 송과선은 해부학적으로 보면 3개 부분으로 나누어져 있으며 영혼은 가장 아랫부분인 첫 번째 부위에서 육체와 만납니다. 송과선 첫 번째 부위에 접촉한 영혼은 송과선 두 번째 부위로 확장하여 잠재의식을 형성하고 여기서 앞으로 나아가 뇌하수체 자리에서 현재

의식을 형성합니다. 이어서 영혼의 힘은 뇌교와 척수를 통하여 확장하여 가슴 아래에 위치한 태양신경총을 통제하고 태양신경총은 다른 여러 기관을 통제합니다.

그리고 영혼이 잠재의식이나 현재의식에 존재하는 것이 아니라 영혼의 힘이 이곳에 작동합니다. 그러므로 생각이나 감정을 지켜보는 마음챙김은 현재의식이나 잠재의식으로 흐르는 생각을 영혼이 지켜보는 것이며 형이상학에서 사용되는 '지켜보는자(watcher)' '아는자(knower)'는 바로 우리의 영혼을 가리키는 용어입니다.

앞에서 언급하였듯이 송과선 제 2부위는 잠재의식의 자리이고 뇌하수체는 현재의식의 자리입니다. 이 두 센터를 연결하는 두개의 작은 채널이 있는데 왼쪽 채널은 감각을 통하여 현재의식이 받아들인 지각이 잠재의식으로 들어가는 통로이며 오른쪽 채널은 잠재의식의 반응이나 정보가 현재의식으로 나오는 통로입니다.

잠재의식은 현재의식(감각)을 통하여 받은 정보와 고급자아(영혼)로부터 받은 정보를 정리하여 적절하게 배치하며, 반응해야 할 경우는 뇌세포에 저장된 정보를 추려서 현재의식으로 보냅니다.

잠재의식에는 본능과 여러 콤플렉스가 존재하는 곳이면서 동시에 신 의식으로 올라가는 입구이기도 합니다. 잠재의식이 우리 몸을 통제하고 있어서 우리가 의식하지 않더라도 심장은 작동하고 호르몬은 적절히 분비되고 있습니다.

상위의식은 잠재의식을 통하여 경고하거나 어떤 행동을 하도록 임펄스(impulse)를 보냅니다. 이것은 원인과 결과의 법칙이 현시되는 방법입니다. 예를 들면 우리는 불현듯 누구를 만나고 싶든가 특정 장소에 가고 싶은 욕망이 일어나서 그 충동에 따른 결과, 생각하지 않았던 일들을 경험하게 됩니다. 이런 임펄스는 상위의식에서 나옵니다. 상위의식은 우리가 설정한 원인을 현재의식과 잠재의식을 통하여 우리 삶으로 가져와서 우리가 이것을 경험하도록 합니다. 이때 어떠한 방식으로 대응하느냐에 따라 새로운 원인을 설정하는 것이며 우리가 완전하게 대응했다면 더 이상 유사한 경험은 하지 않을 것입니다.

오른 코 호흡은 현재의식, 왼 코 호흡은 잠재의식과 밀접한 관계가 있습니다. 잠재의식으로부터 어떤 생각이나 느낌을 받기 원한다면 왼 코 호흡이 필요하고, 현재의식이 작동하는 오감을 통하여 생각이나 느낌을 받기 원한다면 오른 코 호흡이 필요합니다.

빙의는 엘리멘탈이라는 존재가 부분적으로 잠재의식을 차단하고 지배해서 일어나는 현상입니다. 엘리멘탈이 빙의할 때 빙의하는 장소가 바로 송과선의 잠재의식 자리입니다. 빙의가 되면 의식이 차단되고 엘리멘탈이 대신 육체를 조정합니다.

엘리멘탈이 인간을 완전히 빙의한 경우에는 그 사람은 미치게 됩니다. 부분적으로 빙의된 경우와는 다르게 빙의 당한 사람은 자신의 의식을 완전히 점령당하여 의식을 사용할 수 없습니다. 정신병자의 상당수는 이러한 경우에 해당합니다. 현대의학은 이런 사람을 치료할 수가 없고 이런 존재를 다룰 수 있는 퇴마사가 필요합니다.

심리학자: 비의 지식에 감사합니다. 그리고 빙의는 아직 그 정확한 원인을 찾지 못하고 있는데 엘리멘탈을 그 주범으로 지적하시니 매우 흥미롭습니다. 엘리멘탈이 무엇인가요?

예수: 성경에 보면 아시겠지만, 나는 이런 존재를 많이 쫓아냈습니다. 눈에 보이지 않는 사악한 존재인데 궁금하시겠지만, 그 정체에 대해서는 이번 대담에서는 다루지 않겠습니다.

행복의 질

사회자: 대담이 끝나가고 있습니다. 그래서 이번에는 저희 같은 범부에게 가장 현실적인 관심사인 행복에 대해 말씀해주세요. 앞에서 참가자 한 분이 행복해지고 싶다고 질문하셨는데 같은 마음입니다. 행복이란 무엇인가요?

예수: 철학에서는 행복을 어떻게 보고 있습니까?

철학자: 행복에 대한 해답을 찾는 것이 철학의 주요 과제 중 하나입니다. 그러나 행복은 정의하기는 쉽지가 않습니다. 무수한 철학자와 사상가 그리고 종교인들이 행복에 대하여 자기들 나름의 정의를 내렸고 우리가 행복해질 수 있는 방법을 제시하였습니다.

오늘날 행복에 대한 접근은 종교적, 철학적 영역에서 사회적, 심리적, 생리적, 복지 영역 등으로 확대되고 있습니다. 과학적 지식을 통하여 행복에 대한 체계적인 연구가 행하여지고 있습니다. 행복한 성격(긍정적 감정, 외향적 성격, 낙천주의, 유머감각, 자부심)이 논의되고 유전자(천성)와 환경도 행복과 관련하여 다루어집니다. 종교적 차원이 아니라 사회적 차원에서는 행복 전략이 제시되고 있습니다. 자기암시효과, 최면효과, 행복수련법 등이 인기를 얻고 있습니다.

일반적으로 유일신 종교에서는 행복을 죽어서 천국에 가면 누리는 완전한 행복과 물질 삶에서 신의 가르침을 받아들여 누리는 한정된 행복으로 나눕니다. 불교나 힌두교에서는 욕구나 욕망 충족에서 벗어나는 것을 진정한 행복으로 보고, 욕망 충족으로 얻는 일시적 행복을 거짓 행복으로 봅니다.

서양 철학자 입장을 보면 소크라테스는 돈, 명예, 권력과 같은 세속적 가치를 추구하는 것보다는 자신의 무지를 깨닫고 진리를 탐구하는 것이 행복한 삶이라고 생각했습니다. 아리스토텔레스는 행복을 위해서는 적어도 최소한의 육체적 만족과 물질적 안락이 필요하다고 믿었습니다.

스토아철학에서는 행복을 위해서는 고결한 영혼이 필요하다고 했고 내면의 이성에 따르는 삶을 중시했습니다. 에피쿠로스는 신체에 어떠한 고통도 없고 정신적으로는 불안과 근심이 없는 상태를 행복으로 여겼습니다. 아퀴나스는 완전한 행복은 현세에서 인간이 이룰 수 있는 것이 아니라 신의 은총을 통해 구원을 받아서 내세에서 누릴 수 있는 것이라고 했습니다. 칸트는 행복을 인간의 자연적인 욕망이 충족된 상태로 보았습니다.

삶에 대한 만족감을 행복이라 한다면 만족감은 주관적 느낌이어서 이것을 객관화하여 수치화할 수는 없습니다. 부유하다고 삶에 만족감이 높은 것도 아니고 가난하여도 삶에 만족감이 높은 경우도 많습니다. 방글라데시 같은 못 사는 나라 사람들의 행복지수가 높은 것도 행복이 주관적인 만족감이기 때문입니다.

그러나 이런 사람들의 주관적 행복을 우리가 인정하기에는 무언가 불충분하고 꺼림칙한 면이 있습니다. 주관적 만족이 행복의 유일한 기준이라면, 마약에 취하여 행복해하는 경우나, 외부세계와의 정보가 차단되어서 소속 사회의 종교나 문화 혹은 정보를 맹신하여 자신이 행복하다고 생각하는 사람들이나, 지혜가 부족하여 무엇이 바른 삶인 줄 모르고 물질 욕망 성취에 행복해하는 사람들이 행복한 삶을 살아간다고 인정해야 하기 때문입니다.

행복지수는 높으나 인권의식이 낮은 가난한 나라 사람에게 선진국의 민주적 제도와 훌륭한 사회 환경을 경험하게 한다면 그들이 자신들이 처한 상황에서 여전히 행복하다고 말할 수 있을까요? 이것은 국가나 사회가 부여하는 집단최면 혹은 개념에 세뇌되어 일어나는 일로 보입니다. 그래서 행복의 질이 중요합니다.

이처럼 행복은 주관적 가치판단이며 그 판단의 근거는 사회나 국가에 의하여 일방적으로 부여된 가치관과 개인의 인생에 대한 가치관임을 알 수 있습니다.

그러므로 행복에도 등급이 있고 질적 차이가 있습니다. 행복은 단순히 주관적으로 좋다고 느끼는 것이 아니라 누가 보아도 객관적으로 좋은 삶을 살고 있다고 인정되어야 할 것으로 보입니다.

예수: 좋은 말씀 감사합니다. 삶에 대한 올바른 이해에 근거하여 조화롭게 살아가는 것이 행복한 삶입니다. 바른 앎이 없는 행복은 자기 착각이고 최면입니다. 4성제(고집멸도)를 통하여 삶의 실상을 이해하고 욕망에서 벗어난 사람이야말로 참으로 행복하다고 할 것입니다. 마찬가지로 영지를 통하여 하느님과 하나가 된 사람이야 말로 참으로 행복하다고 할 것입니다. 물론 이런 상태가 단순히 행복이란 단어로 표현될 수는 없을 것입니다.

욕망을 충족시켜 행복해지려는 사람이 많지만, 욕망은 욕망을 낳고 그 끝은 없습니다. 욕망 충족이 아닌 욕망 버리기와 욕망 절제를 통하여 행복해지는 법을 배워야 합니다. 그래서 노자는 지족자상락(知足者常樂, 만족할 줄 아는 사람은 항상 기쁨을 누린다는 뜻)을 제시하였습니다. 가진 것에 만족할 줄 아는 사람이 행복합니다.

재산이나 명예 같은 외부 조건에 흔들리는 행복, 그릇된 가치관이나 개념 등에 세뇌되어 받아들이는 행복 등은 참 행복이 아닙니다. 지혜가 밝지 못하여 빈곤하고 열악한 사회 체제에 저항함이 없이 만족하고 살아가는 사람, 그릇된 교리에 빠져 그것에 따르는 것이 행복이라고 생각하는 사람, 물질 욕구 충족을 행복의 원천으로 생각하는 사람들은 무지 속에 살아가는 것입니다.

행복은 흔들림 없는 평온한 마음 상태입니다. 바른 가르침과 수련을 통하여 감정을 통제하고 정화하였을 때, 그릇된 개념을 제거하였을 때, 그리하여 내면의 참 자아가 드러나서 근원과 동조 속에 있을 때, 참 행복이 옵니다. 그것이 구도의 길이고 각성의 길이기도 합니다.

사회자: 이제 대담을 끝낼 시간입니다. 참석자께서는 오늘 대담에 대한 짧은 소감을 부탁드립니다.

목사: 이 말을 안 하면 평생 후회할 것 같아서 한 말씀드리겠습니다. 줄곧 이단의 가르침인 영지주의와 우상숭배의 종교인 불교 가르침을 진리라 말씀하는 것을 보고 마음이 불편했습니다. 심리학과 과학지식을 동원하여 그럴듯한 말을 하는 이분이 혹시 감언이설로 사람들을 혼란으로 빠뜨리는 사탄은 아닌가 하는 의심이 들기도 했습니다. 내가 알고 있는 예수님은 그럴 리가 없기 때문입니다. 정말 당신은 누구신가요?

과학자: 솔직히 난 예수에 관해 관심이 없었는데 오늘 말씀을 듣고 예수님을 따르게 되었습니다. 좋은 시간이었습니다.

승려: 나에게는 앞에 계신 분이 예수인지 아닌지가 중요하지 않습니다. 다만 이분이 참 진리를 설하셨다고 생각합니다. 사람이 아니라 말씀이 중요합니다. 내게는 소중한 시간이었고 붓다의 법문과 같았습니다.

직장인: 어려운 교리 설교와 도덕적 훈계, 맹목적 믿음 등을 말씀하셨으면 실망하였을 텐데, 다행히 제가 공감할 수 있는 말씀을 해주시어 대담이 유익했습니다. 예수님에게 감사드립니다.

심리학자: 아주 유익한 시간이었습니다. 예수님 말씀은 저의 심리학 연구에 많은 도움이 되었습니다.

비교종교학자: 역시나 제 예상이 맞았군요. 목사님의 생각을 변화시키기에는 그 고정관념이 너무 강할 것으로 봤습니다. 이것이 기독교인의 현실이라 생각합니다. 좋은 말씀해 주신 예수님에게 감사드립니다.

예수: 진리가 여러분을 자유롭게 할 것입니다. 모두 내면이 찬란히 깨어나서 부처님 되시고 하느님 되세요.

예수가 전하는 삶의 지혜

사회자: 감사합니다. 궁금한 것은 많으시겠지만 여기서 대담은 끝내고, 지금부터는 예수님이 우리에게 꼭 전해주고 싶은 삶의 지혜를 듣는 시간을 갖겠습니다.

예수: 진리에 대한 대담은 몇 달을 해도 끝나지 않을 것입니다. 그래도 짧은 시간에 민감한 주제들에 대하여 언급할 수 있어서 다행스럽습니다. 남은 시간은 살아가면서 도움이 될 수 있는 삶의 지혜에 대하여 몇 가지 말씀드리겠습니다.

인간은 자신이 만든 쇠사슬에 묶여 있는 신입니다.

우리가 신성한 존재가 될 수 있다고 말하면 신성을 모독한다고 생각하는 사람들이 많습니다. 이런 말이 있습니다. "사람들이 자신의 신적 존재 혹은 신과 합일을 자각하지 못하는 것은 자신이 신과 분리되어 있다는 그런 분리 의식 때문이다."

지금 이 순간 우리는 신과 하나로 존재하는데 그것을 자각하지 못하고 신은 높은 곳에 있고 자신은 낮은 곳에 있다고 생각합니다. 이런 분리의식을 넘어서면 요한의 말처럼 "우리가 하느님 안에 있고 하느님이 우리 안에 있음"을 깨닫게 됩니다.

분리의식과 관련하여 이런 말이 있습니다, "목적지도 없고 그곳에 도달하는 길도 없고, 심지어 길을 걸을 사람도 없다."

우리는 살아가면서 어떤 목적을 설정하고 그것을 이루거나 도달하기 위하여 길을 걸어야 한다고 생각합니다. 길을 생각하면 그것은 분리의식이 되어서 영원히 목적지에 도달하지 못합니다. 이것은 물질 성취에도 적용이 되겠지만 이 구절은 주로 "깨달음"과 관련하여 인용되는 글입니다.

세상에는 오직 하나의 실재가 있고 그 안에 모든 것이 하나로 존재합니다. 그 안에서는 길과 목적 그리고 길을 걷는 자는 하나입니다. 그래서 분리의식 혹은 분리개념은 자기 최면이고 환상입니다. 그러나 이 분리개념은 너무 단단하고 견고하여 쉽게 무너지지 않습니다.

모든 개념을 온전히 내려놓고 하느님과 하나임을 자각하는 순간이 깨달음입니다. 그래서 깨달음은 개념의 문제이고 자각의 문제입니다. 나는 성경에서 이렇게 말하였습니다.

내가 아버지 안에 있다는 것과 너희가 내 안에 있고 내가 너희 안에 있다는 것을 깨닫게 될 것이다.(요한 14장)

아버지와 내가 하나인 것처럼 이 사람들도 하나가 되게 하겠다. (요한 17장)

너희의 율법서를 보면 하느님께서 '내가 너희를 신이라 불렀다' 하신 기록이 있지 않느냐? 이렇게 성서에서는 하느님의 말씀을 받은 사람들을 모두 신이라 불렀다. 성경 말씀은 영원히 참되시다.(요한복음 10:34~35)

하느님이 완전한 것처럼 너희들도 완전하여라.(마태 5장)

이것이 가능하지 않다면 이런 말을 하지 않았을 것입니다. 나는 진실을 말했지만, 사람들은 생전에 나를 본 적도 없는 바울이 만든 교리에 빠져 자신의 신성을 무시하고 노예처럼 신의 은총만 기대하며 로봇처럼 살아갑니다.

우리 영혼은 하느님과 하나로 존재하지만, 사람들은 자신을 하느님과 분리된 피조물로 봅니다. 그릇된 개념이 만든 비극입니다. 그래서 인간을 자신들이 만든 개념의 쇠사슬에 묶여있는 잠자는 신이라고 합니다.

사람만이 세상을 변화시킬 수 있습니다

내가 이 세상에 다시 오더라도 내 뜻대로 이 세상을 변화시킬 수는 없습니다. 다만 나는 인간에게 진리를 전하여 인간의 마음을 변화시킬 수는 있습니다. 인간의 마음이 변해야 세상이 변합니다. 그래서 나는 인간을 각성시키기 위하여 이 세상에 와서 진리를 전하였습니다.

그러나 진리의 수용 여부는 강요가 아니라 개인의 자유의지에 달려 있습니다. 나의 참 가르침은 대중의 무지로 거부되었습니다. 강요로 혹은 세뇌로 특정 교리나 신에 대한 믿음이 생길 수는 있지만 이것이 구원을 가져다주지는 않습니다.

구원은 지혜의 개발이나 영적 각성으로 일어납니다. 이것을 카발라나 영지주의에서는 신에게로 귀향 혹은 신과 합일로 표현하고 동양종교에서는 깨달음으로 표현합니다.

명칭 부여하기의 중요성에 대해 말씀드리지요.

인간관계든, 사업 문제든 혹은 몸 상태든 우리는 직면하는 모든 상황에서 그것을 판단하고 자신의 잣대로 "그것이 어떠하다."라는 정의를 내립니다. 그래서 무엇이라고 정의하는 순간 그것은 개념이 되어 우리 사고를 지배합니다. 특히 부정적인 혹은 나약한 단어로 무언가를 정의내리는 것은 일종의 창조행위이기 때문에 피해야 합니다. 지닌 생각이 운명을 만들기 때문입니다.

맞닥뜨린 어떤 상황에서 부정적 단어(실패, 질병, 슬픔, 불행, 나약함, 낙담 등)를 사용하여 그것을 정의내리는 대신에 긍정적 단어(성공, 행복, 평화, 건강, 빛, 신, 강함 등)로 상황을 정의내리는 것을 습관으로 삼아야 합니다.

부정적인 태도나 개념을 지니는 것은 어떤 것이 성취되기 전에 이미 패배를 인정하는 것이 됩니다. 사람들은 내면의 힘에 대한 확신이 부족하여 부정적 생각의 사슬에 묶여있습니다. 내면의 신성한 힘에 대한 확신이 없으면 바라는 것을 이룰 수 없습니다.

기억해야 할 것은 신의 일부인 우리는 운명의 창조자이고 선택자입니다. 신과 하나인 영혼에게는 부정적인 것이 존재할 수 없습니다. 신 안에서 모든 것은 눈부신 빛입니다. 당연히 우리는 무엇을 정의내릴 때 신의 빛을 띤 조화롭고 긍정적인 단어로 생각하고 표현하여야 합니다.

우리는 무엇이든 선택할 수 있는 존재입니다. 그 선택이 운명이 됩니다. 그래서 빛을 선택하여 마음을 눈부신 빛으로 채우세요.

자신이 부여한 개념을 넘어서세요.

자신을 한정된 존재로 생각하면 그렇게 생각하는 만큼 정확히 그것에 한정되어 묶여버립니다. 왜냐하면 이런 생각은 마음에 한정된 패턴을 창조하기 때문이지요. 우리는 신의 속성과 힘을 현시할 수 있는 위대한 존재입니다.

우리 자신을 어떤 것에 관련시키는 정도에 따라 우리는 그렇게 관련이 됩니다. 자신을 우주의식과 연관시킨다면 우리 자아는 당연히 그렇게 생각하고 그렇게 됩니다. 인간과 신 사이의 유일한 장애는 우리가 설정한 장애물임을 기억하세요.

장애물이 존재한다고 생각하는 한 장애물은 존재합니다. 이런 장애물의 존재를 완전히 망각할 수 있다면 그것은 더 이상 존재하지 않습니다. 살아가면서 어떤 장애물에 직면하면 그것의 비존재를 인식하세요.

열망만으로 어떤 조건을 바꿀 수는 없습니다. 우주법칙에 대한 분명한 이해가 있어야 가능합니다. 영적인 일을 부수적으로 생각한다면 결코 영적으로 성장할 수가 없습니다. 하늘의 일을 가장 위에 두면 세속적인 것은 모두 알아서 주어집니다.

사람들은 무지의 사슬에 묶여있습니다. 아무리 좋은 대학에서 최고의 교육을 받아도 영적 지혜가 삶에 적용되지 않으면 여전히 무지할 수밖에 없습니다. 가르침이 아니라 그것을 전하는 사람에게 매이는 것, 진리가 아니라 진리를 전달하는 문자나 개념에 매이는 것은 영적 성장에 장애물입니다.

가장 힘든 것 중 하나가 자신을 분석하는 일입니다. 객관적으로 자신을 바라보는 대신에 자신이 바라는 모습으로 자신을 바라보려고 합니다. 예를 들면 자아 분석을 통하여 결점이나 부정성이 보이면 그것을 그대로 수용하는 대신에 교묘하게 자신의 장점으로 포장하거나 발뺌하려고 합니다. 이것은 영적 성장에 도움이 되지 않습니다. 결점이나 부정성을 발뺌하려 말고 편견 없이 분석해야 합니다.

내면의 신성에 대한 확신은 절대적인 것입니다

우리는 육체에 거주하는 존재가 아니라 신의 영 속에 거주하는 신성한 존재이며, 신이 불사이듯 영혼은 불사이며, 신이 완전하듯 우리 영혼은 완전하며, 그래서 우리 영혼은 신의 눈부신 빛이고 영광이고 조화로움입니다.

내면의 이런 신성함, 조화로움, 무한 힘, 눈부신 빛을 우리가 완전하게 의식한다면 우리의 삶은 그 눈부신 신적 속성으로 완전히 변하게 되고 그 어떤 것도 우리를 해할 수 없습니다. 무엇이 일어나든 자신이 보호된다는 그런 절대적 확신 혹은 앎을 지닌다면 내적 신성한 힘은 우리에게 일어나는 모든 것을 압도하고 그 어떤 것도 우리를 건들 수 없습니다.

영혼을 자각하는 노력이 필요합니다.

내면의 영혼을 의식적으로 자각하는 상태가 깊어져서 영혼의 빛과 하나가 되면 이것은 깨달음입니다. 신의 확장인 영혼은 신의 모든 속성을 지니고 있어서 우리가 영혼을 자각하고 그것이 된다는 것은 바로 신과 하나로 연결된다는 뜻이기 때문입니다.

영혼은 머리 중심 송과선에서 육체와 접촉하는데 우리 뇌를 통하여 그 눈부신 빛이 몸으로 들어옵니다. 이처럼 우리 몸은 눈부신 영혼의 빛으로 연결되어있습니다. 다만 우리가 그것을 자각하지 못하여 어둠 속에 살아갑니다.

우리는 육체도 아니고 생각도 아니고 마음도 아닙니다. 몸과 생각과 마음을 지켜보고 이들을 사용하는 주인공은 바로 영혼입니다.

습관화된 노예의 삶에서 주체적인 삶을 살아야 합니다.

우리 행동 상당수는 습관화된 반응입니다. 하루에 일어나는 일들 예를 들면, 이불 개기, 씻기, 식사하기, 옷 입기, TV 보기, 반응하기, 대화하기, 생각하기, 걷기, 숨쉬기, 말하기, 표정 짓기 등을 살펴보면 거의 습관화된 방식으로 행동하고 있음을 알 수 있습니다. 양치질 같은 사소한 행동에서부터 어떤 상황에서 드러나는 감정적 반응까지 모두 뇌에 각인된 방식에 따릅니다. 이런 규격화된 행동이 일상에서 반복되면 그것은 우리 삶이 되는 것입니다.

의식적인 자각 없이 고정된 패턴 즉 습관에 따른다는 것은 죽어있는 삶이고 낭비하는 삶입니다. 그리고 이것은 습관이나 본능에 충실하게 따르는 노예의 삶이 됩니다.

예를 들어 생각을 한번 살펴보지요. 머릿속에 흐르는 수많은 생각에 우리는 얼마만큼 주의를 기울이고 있는가요? 생각은 외부 상황에 반응하는 생각과 그냥 머리에 떠오르는 생각이 있습니다. 그리고 그런 생각은 부정적 생각, 긍정적 생각, 과거의 일이나 미래에 대한 생각 등으로 구성됩니다. 이런 생각을 알아차리고 통제하는가요 아니면 무분별하게 휘둘려서 생각의 연쇄 반응, 즉 꼬리에 꼬리를 물고 이어지는 생각의 사슬에 갇혀버리는가요? 잠시 습관적인 반응을 멈추고 생각을 지켜보는 일이야말로 자신이 생각의 노예가 아니라, 생각의 주인임을 알아차리는 시발점입니다.

슬퍼지는 상황에서 혹은 화가 나는 상황에서 우리는 머리에 각인된 습관적 패턴에 따라 슬퍼하고 분노합니다. 그런 순간, 자동화된 반응 과정을 멈추고, 잠시 "왜 슬퍼하지 혹은 왜 화를 내지"라고 자문한다면, 그럴 이유가 전혀 없음을 알 수가 있습니다. 그냥 외부의 특정 조건에 따라 뇌가 자동적으로 반응하는 과정임을 알 수가 있습니다.

핵심은 슬프다는 생각 때문에 슬프고 기쁘다는 생각 때문에 기쁜 것입니다. 그런데 이런 생각은 습관화된 생각이지 우리의 진짜 생각은 아닙니다. 내면의 참 자아는 그런 습관 너머의 존재이기 때문입니다. 습관적 반응을 멈추고 지켜보면, 그 순간 우리의 참 자아가 드러나고 매순간 새로움으로 가득 찬 세상을 만나게 됩니다.

위대한 성자 관점에서 생각해 보세요

정신적으로 혹은 육체적으로 어려운 상황에 처하여 "이런 상황에서 예수라면 혹은 붓다라면 어떻게 하실까?"처럼 자신이 존경하는 성자의 입장이 되어서 자신이 처한 상황을 바라보고 문제를 해결해 보세요.

위대한 마스터의 입장에서 사건을 생각하면 시공간을 떠나 그분들과 동조가 되어서 지혜가 생겨나서 문제가 해결되고 내면에서 힘이 생겨나 상처나 아픔이 치유가 됩니다. 위대한 성자나 위대한 영적 가르침을 생각하면 그것이 내면의 힘을 불러내는 마중물로 작동을 합니다.

예를 들면 몸이 안 좋으면 "그분(자신이 믿는 혹은 존경하는 성자)이라면 어떻게 하실까? 분명히 그분은 그 순간 자신에게 내재하는 신성한 에너지를 몸으로 흘려보내어 몸의 부조화를 치유할 것이다."라는 생각을 하게 되고 그것을 자신에게 적용합니다. 성자들이 하듯이 신성한 존재인 여러분도 내면의 에너지를 불러내어 몸을 치유할 수 있습니다. 자신의 신성에 대한 확고한 믿음이 있다면 이것은 가능합니다. 마찬가지로 곤란한 문제에도 성자 관점에서 문제를 바라보고 해결할 수 있습니다.

다시 강조하지만 모든 것은 선택의 문제입니다. 빛과 밝음을 선택할 것인가 어둠과 부정을 선택할 것인가? 내면의 신성한 힘을 선택할 것인가 부정적 생각이나 개념을 선택할 것인가? 어떤 인생을 살아갈 것인가는 여러분 선택에 달려있습니다.

감정을 통제하고 이성적으로 살아가는 것이 중요합니다.

우리의 감정은 외부 자극에 너무도 쉽게 반응합니다. 그래서 인간을 감정의 동물이라고도 합니다. 그런데 원래 인간은 감정의 동물이 아니라 이성적인 존재입니다. 감정의 동물로 보이는 것은 그만큼 이성이 감정을 통제하지 못하고 있다는 뜻입니다.

감정은 이성을 무력화시켜서 우리가 신과 하나가 되는 것을 방해합니다. 그래서 통제되지 않은 감정은 깨달음에 가장 큰 장애물입니다. 감정은 억압이나 파괴의 대상이 아니라 통제의 대상입니다. 성자는 엄청난 감정을 느낄 수 있으나 마음대로 통제할 수 있습니다. 성자는 자신의 의지와 지성으로 감정을 사용하지, 감정이 자신을 사용하도록 허용하지 않습니다.

삶을 지켜보면 우리는 너무도 쉽게 감정의 먹잇감이 되는 것을 알 수 있습니다. 감정이 마음을 자극하면 상황을 판단하는 균형 감각이 무너져서, 그때 이성이 작동했으면 절대 하지 않았을 일을 하게 됩니다.

감정을 통제하기 시작하면 이성의 힘이 커지기 시작합니다. 이성은 신이 우리에게 부여한 속성으로 신은 이성으로 만물을 운영합니다. 그래서 감정을 마스터하면 자신을 마스터한 것이고 신과 동조하여 하나가 되는 것입니다.

위와 같이 그렇게 아래도 같습니다.

"위와 같이 그렇게 아래도 그러하다."는 헤르메스가 남긴 유명한 말입니다. 이것은 아래법칙(물질법칙)은 상위법칙(영적 법칙)을 닮았고, 하위세계는 상위세계를 닮았고, 인간의 속성(소우주)은 신의 속성(대우주)을 닮았고, 인간의 창조능력은 신의 창조능력을 닮았다는 의미입니다. 물론 닮았기에 전개 양상은 유사하지만 질적, 양적 차이로 양자가 같을 수는 없습니다. 이것은 모든 것에 반영되는 우주법칙입니다. 이처럼 짧은 어구로 명료하게 우주의 신비를 드러낼 수 있다는 것이 경이롭기만 합니다.

신을 대우주, 인간을 소우주로 부르거나, 인간에게 신성이나 불성이 있다는 것도 이 법칙의 반영입니다. 우리의 생각과정이나 창조과정은 신의 그것과 유사하고, 인간이 만든 규칙도 우주법칙을 흉내 낸 것입니다.

인간의 생각이나 행동, 사회규칙이나 규범, 인간이 추구하는 가치는 모두가 신의 속성을 반영하는 과정입니다. 그래서 인간의 세계가 신의 세계를 온전히 반영하게 되는 시기가 바로 유토피아이고 미륵세계이며 천년왕국입니다. 마찬가지로 우리가 신의 속성을 온전히 반영할 때 신과 하나가 됩니다.

신의 속성은 카발라의 생명나무 10개 속성으로 드러나는데, 이 10개의 속성이 우리에게도 그대로 반영되어 있습니다. 이것을 깨워서 우리 삶에 개화시킨다면 신성한 인간이 되는 것입니다. 세상도 마찬가지로 신의 10개 속성이 세상에 온전히 반영된다면 이 세상이 바로 하늘나라입니다.

과거에 매이면 길을 잃습니다.

"과거 일은 기억에서 지워라. 뒤돌아보면 길을 잃는다."라는 글이 있습니다. 과거 경험이 무엇이든 그것이 현재를 살아가는 우리를 구속하게 하지 말라는 의미입니다. 예를 들면 우리는 과거를 뒤돌아보면서 이런 생각을 합니다.

"그때 실패했었지. 참 잘못했었구나. 참 못났었네. 민망하고 부끄럽구나. 왜 그렇게 행동했을까? 왜 그런 결정을 했지 등" 이런 생각은 우리를 과거에 묶어버리고 우리 능력을 한정시켜버립니다.

그래서 과거 일이 떠오르면 과거 경험을 남의 일처럼 객관적으로 바라보면서 무엇이 잘못이었는지 알아채고 그것에서 교훈을 얻는 것이 최선입니다. 잘못된 행동으로 피해를 본 사람에게는 늦었지만 마음으로 사과하는 것도 좋습니다. 그래야 마음의 짐이 가벼워지기 때문입니다. 그리고 과거에서 빨리 벗어나야 합니다. 과거 일은 이제 돌이킬 수 없는 일이기 때문입니다. 떠오르는 생각에 개입하지 않고 무심하게 지켜보고 지나가게 하세요.

삶의 태도는 중요합니다.

영적인 삶은 즐거움 속에서 발견됩니다. 그러므로 주어진 것에 만족하고 행복하세요. 슬픔은 무지의 결과이고 비전의 부재 때문입니다. 충동으로 행동하지 말고 초연하게 균형 잡힌 생각을 가지고 행동하세요. 삶에 일어나는 일에 초연할수록 삶은 평화롭게 됩니다. 평온함으로 문제나 상황을 만나면 나쁘게 보이는 것도 좋아집니다. 올바른 일을 하면서 보상을 바라지 말아야 합니다. 올바른 일을 하는 것이 바로 보상입니다.

신은 부족함이 없으므로 물질적이든 영적이든 부족함을 말하거나 생각하지 말아야 합니다. 이런 생각이 마음에 들어오면 이것은 우리가 추구하고 있는 신과 동조를 방해합니다. 신의 속성과 반대되는 어떤 생각도 의식에 두지 마세요. 그렇게 하면 우리 삶에 그것이 현시됩니다.

진리를 구하는 방법은 간단합니다. 매 순간 조화롭게 생각하고 말하고 행동하는 것입니다. 그리고 마음에서 부정적인 혹은 파괴적인 생각을 몰아내는 것입니다. 이렇게 되면 마음에 깨달음을 위한 토대가 마련됩니다.

올바른 삶의 목적이 중요합니다.

사람들에게 삶의 목적은 대부분이 부귀영화입니다. 세상의 본질을 바르게 볼 수 있어야 삶의 목적을 바르게 세울 수 있고 바르게 살 수가 있습니다. 부귀영화는 물질계에서만 존재하는 것으로 무상하고 일시적이고 환영적인 속성을 띱니다. 우리 목적은 이런 것이 아니라 영원한 것에 두어야 합니다. 시공간의 변화에도 영원한 것은 신에게서 확장되어 나온 영혼뿐이어서 삶의 목적은 우리의 근원인 신으로 돌아가는 것이 되어야 합니다. 세상의 본질은 이 하나의 문장으로 표현됩니다. "하느님과 그 확장인 영혼 이외에는 모든 것은 환영이다."

이 말은 무상한 속성을 띤 물질(명예, 재산 등)에 삶의 목적을 두게 되면 헛된 삶을 살게 된다는 것입니다. 삶이 환상이라는 것을 알게 되면 영원한 실재인 영혼의 각성과 더 나아가 신과 합일을 삶의 목적으로 추구하게 됩니다.

자신의 능력 너머 보이는 것, 성취할 수 없어 보이는 것을 목적으로 삼아야 성장할 수 있습니다. 자신이 할 수 있는 것을 목적으로 삼으면 자신의 작은 이해의 틀 속에 매여 자기만족에 그쳐서 영적 성장이 멈추게 됩니다.

그래서 누구든 몹시 어려워 보이는 하느님과 하나됨을 삶의 목적으로 삼아야 합니다. 진실로 우리가 바란다면 얻지 못할 것은 아무것도 없습니다. 길과 목적은 하나입니다. 하느님에 이르는 길은 없습니다. 우리가 바로 길이고 목적이고 하느님입니다.

믿는 것과 아는 것은 완전히 다릅니다.

믿음을 강조하는 종교가 많습니다. 종교에 믿음이 필요는 하지만 그것이 교리나 신앙생활의 전부가 되어서는 안 됩니다. 앎이 없이 믿음만으로 종교를 접하게 되면 광신으로 빠지게 되어 영혼이 길을 잃게 됩니다.

사람들은 믿는 것과 아는 것은 완전히 다르다는 것을 모르고 쉽게 믿음으로 구원을 얻으려고 합니다. 이것은 원인과 결과의 법칙에 어긋나는 일로 절대 일어날 수 없는 일입니다.

무엇을 믿을 수는 있지만 믿음이 무지를 없애주지는 않습니다. 앎이 없는 믿음은 상황에 따라 흔들리고, 변하고, 사라지지만, 앎 혹은 지혜는 진실한 것이어서 변하지도 사라지지도 않습니다. 만약 변하거나 사라진다면 우리가 모르고 있다는 것입니다.

앎이란 세속의 지식 너머의 우주법칙에 대한 지식을 말하고 이 법칙에 대한 지식으로 우리는 무지의 베일을 벗고 근원으로 다가갈 수 있습니다. 앎 혹은 지혜는 지식의 축적이 아니라 일심으로 영적 지혜를 구하고 이것을 실행하여 영적 성장이 있을 때 생겨납니다.

마음을 정화하세요.

쾌적한 환경과 건강을 위하여 더러워진 방을 빗자루로 청소하면서 우리는 정말 중요한 마음의 더러움은 청소하지 않습니다. 마음의 더러움을 무엇으로 청소해야 할지 모르기도 하고 마음의 더러움이 당장 눈에 띄지 않아서 절실하게 그 필요성을 느끼지 못해서 이기도 합니다.

마음의 빗자루는 영적인 생각입니다. 마음의 부정적 생각을 청소하기 위해서는 자신에게 신이 현존한다는 의식을 유지해야 하고, 마음에 떠오르는 조화롭지 못한 생각을 조화로운 생각으로 돌려야 합니다. 조급함이나, 불관용 등을 버리고 자비롭고 관대한 마음으로 사람을 대해야 합니다.

이를 위해서 자기 생각과 말 그리고 행동을 초연하게 지켜보아야 합니다. 이렇게 한다면 마음은 정화되고 새로운 시야가 열립니다. 물질적으로 아무리 부지런해도 내면의 영적 성장에 무심하다면 이것은 사람을 무지와 고통으로 몰아넣는 원인이 됩니다. 모든 게으름 중에 영적 게으름이 가장 엄중합니다.

초연함은 구도의 길에서 최고의 덕목입니다.

성자는 악행을 저지르는 사람들을 보면 분노나 미움 없이 그들의 악행을 멈추게 하는데 최선을 다합니다. 성자들이 분노나 미움으로 그들을 제지한다면 악에 저항한 것이 됩니다. 그들을 좋은 방향으로 이끌기 위하여 그들의 행동을 제지한다면 이것은 악에 저항하지 않은 것이 됩니다.

외부의 악이든 내면의 악이든 그것에 저항한다는 것, 즉 분노나 미움으로 대처하는 것은 악에 힘을 부여하는 결과를 낳습니다. 화난 상황에서 화난 마음으로 대처하면 화는 더욱 커지나, 초연하게 적의 없이 대처하면 화난 상황은 가라앉게 마련입니다. 그래서 나는 성경에서 악에 저항하지 말라고 하였습니다.

주변에서 일어나는 것들을 초연하게 바라보면서 그것과 분리를 유지하면 그 상황에 묶이지 않게 됩니다. 사람이 아니라 변화되어야 할 조건을 초연하게 주시하여야 합니다. 마음의 평화와 조화로움을

얻기 위한 최고의 방법은 마음에 떠오르는 모든 생각에 대하여 초연하게 지켜보는 것입니다,

악은 파괴가 아니라 변화되어야 하는 것입니다

근원과 분리된 물질세계에서만 선과 악은 존재합니다. 그리고 물질계에서 선과 악은 상대적인 개념이어서 상황에 따라 선이 악이 되고 악이 선이 되기도 합니다. 하늘나라는 선과 악의 이원성을 넘어서 있습니다.

세상은 악이 잡초처럼 무성히 창궐합니다. 그 악은 사람을 통하여 드러납니다. 가끔 부정과 악을 보고서 이것을 파괴시켜 없애야 한다고 말하는 사람들을 봅니다. 그런데 자세히 살펴보면 악은 파괴될 수 없고 오직 변화되어야 하는 대상임을 알 수 있습니다.

예를 들면 우리 내면의 악한 속성이나 사이비 교주, 독재자, 흉악범 등의 악한 속성은 파괴될 수 없고 끊임없이 교화시켜 조화로움으로 변화시켜야 하는 대상입니다. 그리고 죽는다고 그 악이 사라지는 것이 아니라 윤회하는 영혼을 통하여 지속됩니다. 그래서 악을 변화시켜서 깨달음을 얻을 때까지 우리는 윤회를 하는 것입니다. 이런 악하고 조화롭지 못한 속성을 조화로 변화시키는 과정은 다른 말로 깨달음의 과정입니다.

가장 즐거운 일은 내면에 있습니다.

즐거움을 찾아 돈에 탐닉하고, 술에 탐닉하고, 이성에 탐닉하면서 그렇게 온통 외부에 관심을 두며 살았던 어느 사람이 어느 날 그 모든 것에 싫증이 나고, 채울 수 없는 삶의 갈증을 느껴서, 지친

몸을 이끌고 망망대해 바다에 이르러 어찌할 바를 몰라 몸부림치며 통곡하는 모습이 생각납니다.

이것은 많은 사람의 행로이고 고민이 아닐까 싶습니다. 성자들이 "너 자신을 알라!"라고 했듯이 자신이 누구인지 모르고 욕망 추구에 한생을 보내다 보면 주인 없는 삶을 산 것이나 마찬가지일 것입니다.

누구나 삶의 즐거움을 추구합니다. 그런데 그 방향이 외부 즉 물질이라는 것에 비극이 숨어있습니다. 중요한 것은 기쁨이나 행복, 슬픔 같은 감정은 외부에 있지 않고 우리 마음에 존재한다는 것입니다. 즉 어떤 것에 대하여 우리가 지니는 감정은 우리가 그것에 부여한 개념의 결과입니다. 그래서 어떤 상황에서 느끼는 행복이 다른 사람에게는 슬픔이 될 수도 있습니다. 예를 들면 일반적으로 죽음은 슬픔을 야기하지만, 인도의 비천한 출신은 다음 생에는 좀 더 나은 곳에 태어날 수 있다고 생각하기에 슬퍼하지 않습니다.

그래서 "슬픈 것은 슬프다는 생각 때문에 슬픈 것이고 즐거운 것은 즐겁다는 생각 때문에 즐거운 것입니다." 습관적으로 반응하던 마음의 틀을 바꾸어서 어떤 일이든 즐겁다고 생각하면 즐겁게 됩니다. 그것이 우리 마음입니다. 세상에서 최고의 즐거움은 우리 내면에 있습니다. 그것은 명상하는 즐거움이고 내면의 자신을 만나는 즐거움입니다.

영적 성장으로 삶의 태도가 변화합니다.

영적 성장으로 지혜가 계발되면 삶을 바라보는 태도가 변화합니다. 우리가 어떤 대상(사람, 사물, 관계 등)에 부여하는 가치는 의식의 발달 수준에 따라 결정되기 때문입니다.

그래서 의식이 성장하고 확장되면 가치판단의 기준이 변합니다. 이전과는 다른 태도와 각도로 삶을 바라보게 됩니다. 이전에는 갈등을 야기했던 일들이나 상황이 심각하게 보이지 않고 이전에 중요하다고 생각했던 주변 사람들과의 관계도 다르게 보입니다.

지혜를 통하여 삶의 무상함을 알기에 소중했던 물건, 소중했던 사람, 소중했던 명예도 다르게 보이기 시작합니다. 그래서 욕망은 삼가고 영원한 실재를 찾게 됩니다.

영혼은 창조자, 마음은 설계도, 육체는 그 결과물입니다.

우리 존재의 의미는 살아서 하느님에게 돌아가는 것입니다. 그리스도 의식을 다시 찾게 되는 것을 의미하는 영혼의 부활은 살아서 이루어야 할 인간의 과제입니다. 살아서 영혼이 부활하지 못하면 죽어서는 바르도를 거쳐 다시 무지와 고통의 세계로 윤회하게 됩니다. 이것을 삶과 죽음의 수레바퀴라 합니다.

신에게서 발출되어 나온 우리 영혼은 창조능력을 지니고 있습니다. 이런 창조능력은 우리가 지닌 마음의 태도에 따라 다양한 결과물을 낳습니다. 그런데 인간의 마음은 태어나면서부터 이 지구촌 사회가 전하는 그릇된 메시지에 최면이 걸립니다.

노화를 예를 들자면 과학자들은 신체가 노화하는 정확한 이유를 발견 못하고 있습니다. 잘 알려진 사실이지만 우리 몸을 이루는 세포는 계속 재생되는데 일정 나이에 이르면 이 재생 속도가 느려지고 몸의 세포는 충분하게 재생이 되지 않게 됩니다. 이렇게 되면 노화와 질병이 일어납니다. 중요한 것은 우리에게는 세포를 재생할 힘이 있지만 이것이 어떤 이유로 작동이 되지 않는다는 것입니다.

이 어떤 이유 중 하나가 마음에 새겨진 그릇된 개념 때문입니다. 태어나서 자라면서 우리는 "시간이 지나면 늙게 되고 마침내 악해져서 죽게 된다."라는 것을 배우게 되고 그 생각이 잠재의식에 깊게 심어집니다. 즉 마음에 심어진 이런 부정적 생각이 노화를 야기한다는 것입니다.

세포는 재생되고 있으므로 우리 몸은 늘 변화한다고 할 수 있습니다. 그리고 몸은 마음의 지배하에 있어서 마음에 각인된 개념이 육체에 강한 영향을 미칩니다. 그래서 마음을 조화와 빛으로 채우면 그것이 육체에 반응하여 몸은 조화롭게 됩니다. 영혼은 창조자이고 이 영혼의 창조의지가 마음에 작동하면 마음은 생각을 사용하여 육체를 다스립니다. 마음은 생각이미지 즉 설계도를 만들고 이것이 육체에 반영되어 나타납니다.

인간은 3부분 즉 육체와 마음과 영혼으로 이루어진 존재입니다. 육체 뒤에는 마음이 존재하고 마음 뒤에는 영혼이 존재합니다. 영혼은 의지를 통하여 자신을 드러내며 의지는 마음에 작동하고 마음은 생각을 사용합니다. 즉 영혼 – 의지 – 마음 – 생각 – 신체 반응의 과정을 거칩니다. 집단최면이나 집단의식에서 벗어나 마음을 빛의 생각으로 채우는 일이 중요합니다.

세속적인 성공은 행복을 보장하지 않습니다.

우리는 세속적 성공은 꿈꾸면서 내면의 성공은 생각하지 않습니다. 물질적 성공이 행복을 보장해 준다는 착각 속에 살고 있습니다. 행복은 성공과는 상관없습니다. 성공이나 출세가 행복을 보장하지 않습니다. 설사 행복을 주더라도 그 외부 조건이 변하면 사라지는 것이 행복입니다. 이것은 우리가 찾는 진정한 행복이 아닙니다. 행복은 외부조건에 상관없이 내면에서 우러나오는 삶의 충만함, 기쁨이어야 합니다. 내면의 성공은 자신이 누구인지, 삶의 참 의미가 무엇인지 아는 일입니다.

세속적 성공은 무한 경쟁이지만 내면적 성공은 자신과의 경쟁일 뿐입니다. 그래서 누구나 내면적으로 성공할 수 있고 행복해질 수 있습니다. 우리 삶의 목적은 안으로 향해야 합니다. 자신이 누구인지 알게 되면 세상을 알고 우주를 알게 됩니다. 이것이 교육의 참다운 목적이며 우리 삶의 목적입니다.

무지와의 전쟁에서 승리해야 합니다.

삶을 여러 각도에서 정의내릴 수 있는데, 나는 삶을 무지와의 전쟁으로 표현하고 싶습니다. 여기서 무지란 세속적 지식이나 정보에 대한 것이라기보다는 지혜의 부족을 말합니다. 학식이 높고 지식과 정보를 많이 가지고 있어도 지혜롭지 못한 사람이 있는가 하면 배운 것은 적어도 현명한 사람이 있습니다.

무조건 책을 많이 읽는다고 지혜가 생기는 것은 아닙니다. 어떤 책을 읽느냐의 문제이고 더 나아가 이것을 어떻게 이해하고 현실에 적용하느냐의 문제입니다. 지식과 경험을 받아들여 이것을 자신의 것으로 만들어 삶에 적용시켜 나가는 일이 중요합니다.

그러면 지혜는 어떻게 계발되는가요? 여러 종교 경전을 읽으면 될까요? 가부좌하고 명상하면 될까요? 아니면 지혜를 달라고 신에게 기도하면 될까요? 삶의 실상을 몰라서 눈에 보이는 물질에 집착하고, 집착 때문에 소유하고 싶은 갈망이 생기고, 가지려고 하나 뜻대로 되지 않으니 마음이 괴롭고 그러다 보니 인생이 괴로울 수밖에 없습니다.

무지에서 어떻게 해방될 것인가요? 삶은 자신의 무지와 싸움이고 자신과 관계되는 사람들의 무지와 싸움입니다. 자신이 누구인지, 신과 자신과의 관계는 무엇인지, 삶의 목적이 무엇인지 모르니 살아도 사는 것이 아닙니다. 꿈을 실재하는 삶이라 할 수 없듯이 자신을 모르는 삶, 존재의 의미를 모르는 삶은 꿈과 다를 것이 없습니다.

무지와의 전쟁을 끝내려면 여러 수단이 강구되어야 합니다. 진리가 여러분을 자유롭게 할 것입니다. 참 가르침과 참 수련법을 만나 이것을 배우고 익혀 무지와의 전쟁에서 승리자가 되어야 합니다.

시간을 지혜롭게 사용해야 합니다.

문명의 발달로 옛날에 비하면 현대인에게는 엄청난 시간적 여유가 생겨났습니다. 이처럼 많은 시간이 주어졌는데 여러분의 삶은 옛날보다 여유롭고 윤택한지 묻고 싶습니다. 현대인은 바쁘다고 하는데 왜 그렇게 바쁠까요? 그것은 시간의 여유를 즐기지 못하고 그 시간을 욕망충족에 사용하기 때문입니다.

우리는 더 잘 살기 위하여, 더 높은 직위에 오르려고, 더 큰 명예를 얻으려고, 시간을 투자합니다. 욕망이란 잡으려 다가가면 사라지는 아름다운 무지개 같음을 잊고 있습니다. 이런 식이라면 아무리 산업이 발전하고 소득이 높아져도 사람들은 시간에 쫓겨 허덕이며 살 수밖에 없습니다. 욕망 수준이 높아지니 그것에 투자되어야 하는 시간과 에너지는 늘어납니다. 이처럼 만족을 모르니 조금만 신경 쓰면 보이는 눈앞의 행복을 놓치고 있습니다.

여유로운 삶을 바란다면 지금 당장 삶의 방식을 바꾸어야 합니다. 먹고살만하다면 이제 세속적 욕망을 줄이고 그 노력과 시간을 내면 탐구에 투자해야 합니다. 주어진 시간은 너무 짧습니다.

외부로 향하던 시선을 내부로 돌려 자신이 누구이며 삶의 의미가 무엇인지 알아야 합니다. 이것이 태어난 우리 모두의 과제입니다. 사람들은 먹고살기 바쁜데 그런 문제는 자신에게 사치라고 주장합니다. 그러면 언제까지 이런 시급한 문제를 방치해 둘 것인가요? 죽음이 눈앞에 왔을 때 후회해도 소용이 없을 것입니다.

사람들은 젊었을 때는 욕망이 강하여 내면 성장에 시간을 투자하기 아까워합니다. 그들은 나이가 들면 마음의 양식이 되는 책을 읽고 명상도 하면서 삶의 의미를 찾겠다고 합니다. 나이가 들어 머리는 혼미하고 눈은 침침하고 힘은 달리는데 독서가 되고 명상이 될까요? 내면에 대한 탐구는 나이가 상관이 없습니다. 기억력이 좋고 힘이 넘치는 젊은 시절에 시작하는 것이 좋습니다.

요즈음 많은 사람이 환경문제에 대하여 관심이 많으며, 자신의 건강 문제에도 민감하여 땀을 뻘뻘 흘리며 몸을 관리합니다. 환경과 육체를 걱정하면서 왜 자신의 영적 결핍에 대해서는 신경 쓰지 않는가요? 자신의 주인공인 영혼을 잃고 세상을 얻는다면 무슨 소용일까요? 무엇이 중요한지 알아야 합니다. 영적인 성장과 각성이 가장 중요합니다.

현재에 머무세요.

나쁜 생각이나 나쁜 기억에 머물지 마세요. 그것은 마음을 갉아먹는 좀 벌레와 같습니다. 기쁜 생각이나 좋은 기억에 머물지 마세요. 그것은 마음을 마비시키는 마약과 같습니다.

생각만 해도 즐거운 생각이나 기억(성공, 승진, 연애, 승리, 자식성공 등)이 있습니다. 아무리 자신의 에고를 충족시켜주는 즐거운 생각이라도 깨달음을 추구하는 마음에는 도움이 되지 않습니다.

왜 과거의 생각에 매이는가요? 이것은 에고와 관련됩니다. 실패가 생각나는 것은 자존심이 손상되었기 때문이며, 좋은 일이 자주 생각나는 것은 자존심이 충족되었기 때문입니다. 그 중간 지대의 생각들은 기억 속에 오래 남아있지 않습니다. 좋거나 나쁘거나 둘 중의 하나입니다. 과거에서 경험을 얻고 현재에 충실해야 합니다. 과거 일들은 성장을 위한 소중한 경험이지만, 사람들은 경험을 얻는 대신 그 상처나 영광에 매달립니다.

업이란 현재에 충실하지 못하여 일어나는 감정의 찌꺼기입니다. 이것이 모여 커다란 카르마를 만들고 운명으로 다가옵니다. 가스가 완전히 연소하면 흔적이 없듯이 우리 삶도 현재에 충실하면 찌꺼기가 남지 않습니다. 이리저리 과거와 미래로 흔들리는 마음을 잡아 현재에 머무세요.

명상은 이완과 집중입니다.

육체와 생각, 경험, 개념이 자신이라 생각하는 하위 자아에서
육체도 생각도 아닌, 근원적인 존재로 돌아가는 것이 명상입니다.
명상의 기본은 이완입니다. 여기에 집중이 합쳐져야 합니다.

즉 이완된 집중이 명상입니다.
이완은 심신의 편안함을 가져와 긴장을 소멸시키고
집중은 현재에 머물게 합니다.
생각이 과거나 미래에 머문다면 의식이 분산되고
긴장이 일어납니다.
이 순간, 영원한 이 자리에 긴장 없이 머무는 것이 집중입니다.
삼매는 완전한 이완과 완전한 집중의 상태입니다.

눈을 감고 호흡을 가다듬습니다.
사방에서 부드럽게 물결치는 고요한 진동을 느끼세요.
세포마다 신의 숨결이 살아 숨 쉬고
온몸으로 신의 생명이 들어옴을 느끼세요.

명상법을 소개합니다.

- 긍정적 명상법 -

자세를 바로 하고 심호흡을 합니다. 자신에게 어울리는 혹은 필요한
자기긍정의 글을 평온하게 그러나 단호하게 말합니다. 예를 들면
"나는 사랑스럽고 가치 있는 존재이다."
"신은 나를 사랑하고 계신다. 신은 나의 빛이며 생명이다."
"나는 신의 일부분이며 신의 힘이 나를 통하여 흘러나오고 있다."
"내 몸에 생명나무의 빛이 찬란히 빛나고 생명나무를 통하여
 신의 눈부신 속성이 온몸으로 흘러넘친다. 신의 힘으로 나는 조화

롭고 조화롭다."

"내 안에 신이 있고 신 안에 내가 있다."

"나는 신의 일부분으로 지혜롭고 고상하며 아름답다."

"신이 온전하듯 나는 온전하다. 그러므로 나는 건강하고 부유하며 조화롭다."

"내면의 신성이 찬란히 빛나고 있다. 무지와 어둠은 물러가고 지혜와 광명이 드러난다."

-신성 빛 명상-

　부정적 생각이 일어나면 눈부시게 밝은 신성한 빛이 그 부정적 생각을 몰아내거나 정화한다고 심상합니다. 몸에 질병이 있다면 그 부위에 의식을 집중하고 신성한 빛이 몸의 부조화를 조화로 변화시키는 것을 심상합니다. 신의 빛 속에 어떤 어둠이나 부조화도 존재할 수 없기 때문입니다.

　호흡하면서 신성한 빛이 들어와 온몸을 채우는 것을 심상합니다. 숨을 내쉬면서 몸속의 부조화, 부정적인 개념 등이 나가는 것을 심상합니다. 매 순간 마음이 밝아지고 몸이 가벼워지며 점점 온몸이 빛으로 빛나고 있음을 심상합니다. 신성 빛이 우리를 통하여 흐르고 우리 몸은 빛으로 찬란히 빛나고 있음을 심상합니다. 이 순간 우리가 신과 하나로 연결되어 있음을 자각합니다.

　이제 몸과 마음이 빛으로 채워짐으로써 어둠은 접근할 수 없으며 운명은 밝게 변화하기 시작합니다.

참고 문헌

(1) 국내도서

구자만. "성경과 도마복음의 새로운 풀이". 미다스북스, 2019
권오현. "바울의 생애". 대한기독교서회, 1997
권터 보른캄. "바울". 이화여자대학교, 2006(허혁 옮김)
길희성. "보살예수". 현암사, 2004
김경재. "이름 없는 하느님". 삼인, 2002
김기홍. "역사적 예수". 창비, 2016
김용옥. "기독교 성서의 이해". 통나무, 2007
김용옥. "도올의 로마서 강해". 통나무, 2017
김우타. "구도여행과 소리 없는 소리". 하모니, 2011
김태항. "카발라의 신비열쇠". 하모니, 2009
김태항. "슬픈 예수". 하모니, 2011
김태항. "도마복음과 카발라". 하모니, 2016
김태항. "카발라와 예수 그리고 성경". 하모니, 2016
김태항. "영지주의 복음서와 카발라". 하모니, 2017
김태항. "예수에게 던진 질문, 바울은 누구입니까?".
　　　　 하모니, 2018
달라이라마. "달라이라마 예수를 말하다". 나무심는사람,
　　　　 1999(류시화 옮김)
도널드 크레이그. "모던매직". 물병자리, 2005(김태항 옮김)
랜돌프 리처즈, 브랜든 오브라이언. "바울과 편견".
　　　　 성서유니온선교회, 2017(홍병룡 옮김)
레스 페미. "오픈 포커스 브레인". 정신세계사, 2010(이재석 옮김)

레자 아슬란. "젤롯". 와이즈베리, 2014(민경식 옮김)
로돌프 카세르 외. "예수와 유다의 밀약". YBM SISA,
　　　　 2006(김환영 옮김)
루돌프 볼트만. "기독교 초대교회 형성사-서양고대종교사상사".
　　　　 이화여자대학교출판부, 1993(허혁 옮김)
리 스트로벨. "예수는 역사다". 두란노, 2002(윤관희 외 옮김)
리 스트로벨. "리 스트로벨의 예수 그리스도". 두란노,
　　　　 2009(홍종락 옮김)
리처드 킥헤퍼. "마법의 역사". 파스칼북스, 2003(김현태 옮김)
마들렌 스코펠로. "영지주의자들". 분도출판사, 2006(이수민 옮김)
마르틴 부버. "하시디즘과 현대인". 현대사상사, 1994(남정길 옮김)
마이클 베이전트 외. "사해사본의 진실". 예담, 2007(김문호 옮김)
마크 털리. "예수의 생애", 문학동네, 2004(윤희기 옮김)
문동환. "예수냐, 바울이냐". 삼인, 2015
민희식. "성서의 뿌리: 오리엔트 문명과 구약성서". 블루리본, 2008
바트 어만. "성경 왜곡의 역사". 청림출판, 2006(민경식 옮김)
바트 어만, "예수 왜곡의 역사". 청림출판, 2010(강주헌 옮김)
바트 어만. "잃어버린 기독교의 비밀". 이제, 2008(박철현 옮김)
박영돈. "톰 라이트 칭의론 다시 읽기" IVP, 2016
박형구. "바울신학의 오류". 렛츠북, 2017
브라이언 랭커스터. "유대교 입문". 김영사, 1999(문정희 옮김)
세명의 입문자. "헤르메스 가르침". 하모니, 2014(김태항 옮김)
송혜경. "신약외경 상권". 한님성서연구소, 2009
송혜경. "영지주의자들의 성서". 한님성서연구소, 2014
스티븐 힐러. "이것이 영지주의다". 샨티, 2006(이재길 옮김)
아리예 카플란. "성경과 명상". 하모니, 2012(김태항 옮김)
아리예 카플란. "유대명상". 하모니, 2011(김태항 옮김)

아리예 카플란, "카발라 명상". 하모니, 2015(김태항 옮김)
에밀 루드비히. "예수의 전기". 지호, 1998(김문호 옮김)
예후다 베르그. "내 영혼의 빛". 나무와 숲, 2002(구자명 옮김)
예후다 베르그. "신의 72가지 이름". 반디미디어, 2003(윤원섭 옮김)
오강남. "예수는 없다". 현암사, 2005
올더스 헉슬리. "영원의 철학". 김영사, 2014(오강남 해제)
윌리엄 슈니더윈드. "성경은 어떻게 책이 되었을까". 에코리브르,
    2006(박정연 옮김)
이동진. "제2의 성서". 해누리, 2005
이상성. "세계사를 뒤흔든 신의 지문". 신인문사, 2009
이재길. "성서 밖의 복음서". 정신세계사, 2007
임정환. "행복으로 보는 서양철학". 씨아이알(CIR), 2017
자크 뒤켄. "예수". 바오로딸. 2002(김현주, 피에르 메지니 옮김)
제라르 베시에르. "예수, 사랑의 율법". 시공사,
    2001(변지현 옮김)
제임스 던. "바울에 관한 새 관점". 에클레시아북스,
    2012(최현만 옮김)
제프 벤 시몬 할레비. "카발라". 안그라픽스, 1997(박태섭 옮김)
조 디스펜자. "당신이 플라시보다". 샨티, 2016(추미란 옮김)
조찬선. "기독교 죄악사". 평단출판사, 2000
찰스 폰스. "카발라". 물병자리, 1997(조하선 옮김)
톰 라이트. "이것이 복음이다", IVP, 2017(백지윤 옮김)
티모시 프리크, 피터 갠디. "예수는 신화다". 동아출판사,
    2002(승영조 옮김)
티모시 프리크. "웃고 있는 예수: 종교의 거짓말과 철학적 지혜".
    어문학사, 2009(유승종 옮김)
폴 존슨. "유대인의 역사". 살림, 2005(김한성 옮김)

허셀 셍크스. "사해 두루마리의 미스터리와 의미". 경서원,
    2007(허종열 옮김)
현진석. "예수의 미스터리 그리고 성서". 삶창(삶이보이는창), 2015

(2) 외국 도서

Aivanhov, Omaraam. "The Fruits of The Tree of Life". Los Angeles: Prosveta, 1989
Ahmed, Rollo. "The Black Art". London: Senate, 1994
Barnstone, Willis. "The Other Bible", New York: HarperSanFrancisco, 1984
Berg, Michael. "The Way: Using Wisdom of Kabbalah for Spiritual Transformation and Fulfillment". Hoboken: John Wiley & Sons, Inc, 2001
Berg, Rabbi. "Reincarnation: Wheel of a Soul". New York: The Kabbalah Learning Centre, 1991
Berg, Rabbi. "Kabbalah for the Layman". New York: The Kabbalah Learning Centre, 1991
Berg, Yehuda. "The 72 Names of God: Technology for soul". New York: The Kabbalah Centre, 2003
Berg, Yehuda. "True Prosperity", New York: The Kabbalah Centre, 2005
Cooper, David A. "God is a Verb: Kabbalah and the Practice of Mystical Judaism". New York: Riverhead Books, 1997
Dan, Joseph & kiener Ronald. "The Early kabbalah", New York: Paulist Press. 1986

Doreal, M. "Four Gospels: An Interpretation". Denver: Brotherhood of the White Temple, 1942

Doreal, M. "The Occult and Mystery teachings of Jesus". Denver: Brotherhood of the White Temple.

Doreal, M. "The life of Jesus". Denver: Brotherhood of the White Temple.

Doreal, M. "Sepher Yetzirah: The book of Creation". Denver: Brotherhood of the White Temple, 1941

Doreal, M. "Mystical teachings in the gnostic works concerning Jesus and the mytery" Denver: Brotherhood of the White Temple, 958.

Doreal, M. "The Kabbala(1~3)". Denver: Brotherhood of the White Temple, 1960

Dunn, James D. "Window of the Soul: The Kabbalah of Rabbi Isaac Luria". San Francisco: Red Wheel/Weiser, LLC, 2008

Fortune Dion. "The Mystical Qabalah". Maine: Samuel Weiser, Inc. 2000

Frank, Adolphe. "The Kabalah. Trans. John C. Wilson". New York: University Books. 1967

Gawin Shakti. "Creative Visualization". CA: New World Library. 1995

Goleman, Daniel. "The Meditative Mind". New York: Putnam Book, 1988

Goodrick-Clarke, Nicholas. "The Western Esoteric Traditions". Oxford: Oxford University Press, 2008

Green, Nan F. "Discovering Jewish Meditation". Woodstock, Vermont: Jewish Lights Publishing, 1999

Guiley, Rosemary. "Harper's Encyclopedia of Mystical and Paranormal Experience". Edison, NJ: Castle Books, 1991

Hall, Manly P. "The Secret Teachings of All Ages". New York: Penguin, 2003

Hauck, Dennis, "Alchemy", New York: Penguin Group, 2008

Holroyd, Stuart. "The Elements of Gnosticism", Rockport: Element, 1994

Hoffman, Eward. "The Wisdom of Maimonides". Boston: Trumpeter Books, 2008

Kalisch, Isidor. "Sepher Yezirah". New York: L. H. Frank & CO., Publishers and Printers, 1877

Kaplan, Aryeh. "Meditation and Kabbalah". York Beach, ME: Samuel Weiser, Inc. 1982

Kaplan, Aryeh. "Jewish Meditation: A Practical Guide". New York: Schocken Books Inc, 1985

Kaplan, Aryeh. "Sepher Yetzirah: In theory and Practice". York Beach, ME: Samuel Weiser, Inc. 1997

Kaplan, Aryeh. "Meditation and the Bible". York Beach, ME: Samuel Weiser, Inc. 1978

Kaplan, Aryeh. "Kabbalah and The age of the Universe". USA: BN Publishing. 2007

Kaplan, Aryeh. "The Bahir". York Beach, ME: Samuel Weiser, Inc. 1979

Kraig, Donald. "Modern Magick: Eleven Lessons in the High Magickal Arts". St. Paul, MN: Llewellyn Publications, 2002

Kurzweil, Arthur. "Kabbalah for Dummies". Hoboken, NJ: Wiley Publishing, Inc. 2007

Laitman, Michael. "A Guide to The Hidden Wisdom of Kabbalah". Ont, Canada: Laitman Kabbalah Publisher, 2002

Levi, Eliphas. "Transcendental Magic(Translated by Arthur E. Waite)". York Beach, ME: Samuel Weiser Books. 2001

Levi, Eliphas. "The History of Magic(Translated by Arthur E. Waite)". York Beach, ME: Samuel Weiser Books. 2001

Mathers, MacGregor. "The Kabbalah Unveiled". York Beach, ME: Samuel Weiser, Inc. 1970

Mathers, MacGregor. "The key of Solomon the King(Translated and edited from manuscripts in the British Museum)". York Beach, ME: Samuel Weiser, Inc. 1989

Matt, Daniel C. "Zohar; The Book of Enlightenment". New Jersey: Paulist Press, 1983

Matt, Daniel C. "The Essential Kabbalah". New York: HaperOne, 1995

Murphy, Joseph. "The Power of Your Subconscious Mind". New Jersey: Prentice Hall, 1963

Nataf, Andre. "Dictionary of the Occult(Translated from the French by John Davidson)". Hertfordshire: Wordsworth Editions Ltd. 1994

Oliver, Charles. "Handbook of Magic & Witchcraft". London: Senate, 1996

Parfitt, Will. "The Element of The Qabalah". Rockport, MA: Element Books, 1991

Ponce, Charles. "Kabbalah: An Introduction and Illumination for the World Today". Wheaton, IL: Quest Books, 1995

Regarie, Israel. "The Middle Pillar". St. Paul, MN: Llewellyn

Publications, 1970

Regarie, Israel. "The Tree of Life: a Study in Magic". York Beach, Maine: Samuel Weiser, Inc. 1972

Regarie, Israel. "A Garden of Pomegranates: An Outline of the Qabalah", St. Paul, Minnesota, Llewellyn Publishings, 1987

Ribner, Melinder. "Everyday Kabbalah". New York: Kensington Publishing, 1998

Ribner, Melinder. "New Age Judaism: Ancient Wisdom for the Modern World". Florida: Simcha Press, 2000

Robinson, James M. ed., "The Nag Hammadi Library In English", New York: HaperOne. 1988

Scholem, Gershom. "Kabbalah". New York: Penguin Books, 1978

Scholem, Gershom. "Origins of the Kabbalah(독일어의 영어 번역본임)". The Jewish Publication Society, 1987

Waite, Arthur Edward. "The Book of Ceremonial Magic". New York: Carol Publishing Group, 1994

Waite, Arthur Edward. "The Holy Kabbalah". Hertfordshire, England: Oracle Publishing Ltd. 1996

Wescott, W.W. "Sepher Yetzirah".
(ttp://www.mdconnect.net/~xe/qabalah/sefer_yetzirah/versions.php)

Yudelove, Eric Steven. "The Tao & The Tree of Life". Minnesota: Llewellyn Publications, 1996